不输在家庭教育上

第三十九卷

主编　石　宣

中国商业出版社

图书在版编目（CIP）数据

不输在家庭教育上．第三十九卷 / 石宣主编．-- 北京：中国商业出版社，2023.1
ISBN 978-7-5208-2309-8

Ⅰ．①不… Ⅱ．①石… Ⅲ．①家庭教育 Ⅳ．①G78

中国版本图书馆CIP数据核字(2022)第221001号

责任编辑：聂立芳
策划编辑：张　盈

中国商业出版社出版发行
（www.c-cbook.com　100053　北京广安门内报国寺1号）
总编室:010-63180647　编辑室:010-63033100
发行部:010-83120835/8286
新华书店经销
阳谷毕升印务有限公司印刷
*
787毫米×1092毫米　16开　16印张　301千字
2023年1月第1版　2023年1月第1次印刷
定价：58.00元
＊＊＊＊
（如有印装质量问题可更换）

家长学校教材
《不输在家庭教育上》
（第三十九卷）

主编/石　宣

第三十九卷学习计划表（供参考）

课程	学习方式	时间	备注
家长学校教材（100篇）	班级微信群	4篇/月	家委会选定
	班级集体	1篇/月	家委会选定
	家长自学	15篇/月	家长自选
	亲子共读	1篇/月	家长自选
	作业	1次/月	自愿：家委会选定
公益课程	视频课程	家长自选	家委会推荐二维码
	直播间课程	学校安排	家长自愿参加

投稿信箱：jiajiao68@163.com

石宣
中国大陆

咨询请加微信

不输在家庭教育上39卷微信支付

家长学校补订正版《不输在家庭教育上》第三十九卷请用微信扫一扫

英文网址：www.zhjtjyw.com

高质量的家庭教育读物能够帮您打造一流的家庭育人环境

凡购买正版《不输在家庭教育上》第三十九卷赠送家庭教育视频和直播间等公益免费课程，学习方式由家委会或网络班主任发送。

致作者：没有收到稿费的作者，看到信息请速发邮件至767807199@qq.com（或联系汶柏老师：13876383639 微信同号）。内容写明：哪卷、哪页、哪篇文章，作者姓名、电话、微信号、详细邮寄地址、收款账号等。

双减后，给父母提四个建议

文/林忠玲

双减后，新高考重思维、重能力、重情境、重价值观导向，如果父母没有家庭教育行为的矫正，则双减后，孩子很难实现高质量的成长效果。那么，双减后，父母们应该从哪些方面着力呢？给父母们提四点建议。

1. 增加伙伴关系的亲密度

日本学者佐藤学认为，学习就是对话。高质量的对话，需要亲密度高的伙伴关系。

孩子的学习伙伴来自两个方面：一是父母、老师、长辈；二是身边的同学、玩伴。父母是孩子在学习中十分重要的伙伴，父母和孩子的对话，不在于某道题如何解答，而在于给予孩子良好学习氛围的营造、学习状态的示范。

我至今都忘不了我上初中时，大字不识一个的母亲晚上陪伴我学习的场景：我坐在小煤油灯下写作业，母亲先是在老远的地方专心致志地切猪草，然后坐到我的桌子边，借着光纳鞋底。她基本不说话，但是她做事的态度影响着我，让我不好意思懈怠。

当然，父母还应该帮助、鼓励孩子找到同龄的玩伴、学友，避免“独学而无友则孤陋寡闻”的状态。

2. 增加亲子阅读的饱和度

苏霍姆林斯基提出："无限相信书籍的教育力量。"书读得多的孩子，眼中自然有光，生命的气息也会与众不同。

阅读量大的学生，大抵语言是灵动的，思维是多元而深刻的，得高分也是自然而然的。

世界经合组织有一项研究报告认为：阅读素养是所有学生当下教育及今后工作、生活中能够成功所需要的一项核心技能。

阅读是父母帮助孩子成长、自己不断成长的最廉价、最便捷、最有效的路径。父母不热爱阅读，孩子也很难爱上阅读。因此，父母要挤出时间陪孩子读书，腾出柜子给孩子装书，养成习惯陪孩子坚持。

3. 增加日常生活的体验度

我们需要思考一个问题，人接受教育到底是为什么？最浅显的回答："上好学校，找好工作，获得好收入。"细细想想，个体接受教育，终究是为了当下和未来更好的生活。因此，新教育提倡要过一种幸福完整的教育生活。

如果孩子十几年寒窗苦读，进了理想的大学，找到了一份满意的工作，但是，到了谈婚论嫁的阶段，才发现孩子的生活能力太弱，我们培养的孩子无法享受丰富多彩的生活带来的乐趣，那么我们的教育能算是成功的吗？

陶行知先生早就说过："生活教育与生俱来，与生同去。出世便是破蒙；进棺材才算毕业。"体验生活，就是在接受活生生的教育。

4. 增加艺术修养的感受度

有人说，艺术是心灵的避难所。柏拉图也有这样一个观点：艺术应该成为教育的基础。

山东省曾经作过一项调查，得出这样的结论：每周参加音乐活动三次的学生，在数学、阅读、历史、地理测试中的成绩，要比那些从不参加音乐活动的学生平均高出40%。

新教育认为，对家庭而言，艺术教育是日常生活的诗意化，是道德教育的愉悦化。双减后，父母应该抽点时间，找点空闲，陪着孩子听听音乐，看看电影，逛逛画展。

朱光潜先生在《音乐与教育》一书中这样写道：音乐不仅是最原始、最普遍的艺术，而且是最完美的艺术，可以普及深入一般民众，从根本上陶冶人的性格。如果要教育的力量普及而又深入，除了音乐还有什么其他途径呢？

目　录

品格塑造

能力提升

习惯养成

兴趣培养

亲子沟通

教子心得

指导手记

《父母之爱，是允许孩子平凡》之一：

妈妈说“孩子很平庸 我很失望”

文/小树妈妈

一个妈妈说：“孩子很平庸，我很失望。”这个妈妈说，她小的时候，她的父亲对她非常严苛，要求她样样出色，她很不喜欢这样的教育。自己有了孩子之后，本想做个平和的妈妈，可是在不知不觉中却越来越像父亲了，不能接受孩子平庸。字里行间裹不住的焦虑和急切。这个妈妈的心声，让许多妈妈感同身受。面对不领先、不拔尖的孩子，爱之深、恨之切，心里不免对孩子失望。无法接受孩子本来的样子，更无法接受孩子平庸。

1. 收获一个平庸的孩子，将是大概率的事件

英国生物学家高尔顿作过两项研究：一是如果父母的身高较高或较矮，他们的孩子还会这样吗？二是如果父母高成就，孩子也能高成就吗？

研究结果：如果父母的身高较高或较矮，孩子会向正常的状态偏移，可能会比正常人高一点或矮一点，但是大概率不会像父母那么高或那么矮；孩子的个人成就，也是这个趋势，父母高成就，则孩子高成就的概率只有36%。

尽管这个概率比正常家庭的孩子高一些，但是也表现出了回归常态的趋势。也就是说，无论父母高矮、成就高低，孩子大概率的走向都会靠近“大多数”的正常状态。

这个世界上的绝大多数人都是普通人。而那些不太普通的人，他们的孩子，大概率也会走向普通人的行列。父母都期望自己的孩子成功，这没有错，但是如果把“带着企盼性质的念头”变成真的，恐怕不是一件容易的事。

2. 承认孩子平凡，父母才更容易心平气和

孩子平凡不可怕，可怕的是父母不承认孩子平凡，抱着孩子不能平凡的执念去改造孩子。

韩国电视剧《天空之城》里的父母们坚信名次、名校、成功才是他们养育孩子的全部意义。所以，他们每天只做一件事：逼迫孩子学习。

现实中的韩国比电视剧有过之无不及。为考名校，超过75%的学生上补习班；学习时间是世界平均

水平的两倍。首尔中心区昂贵的补习班场场爆满，陪读到午夜的“江南妈妈”更是屡见不鲜。与之相对应的是韩国青少年的自杀率常年居世界前三、亚洲首位，自杀的主要原因是“成绩和升学”。

在电视剧《三十而已》里，我被剧中的一个平凡家庭深深感动：煎饼摊的一家三口，他们没有一句对白，却那么温馨、那么幸福、那么触动人心。从这个平凡家庭的身上，也许我们能够得到更多的思考与启迪。

我们必须承认，绝大部分人都成不了爱因斯坦、比尔·盖茨；在历史的长河中，在教科书上有名有姓的就那么几个人。所以，我们的孩子努力的意义，是能争取到和高手过招的机会就很好，至于是否能够成为高手，莫强求。

虽然非凡的人，可能更容易被看见和铭记；但是平凡的人，也不意味着孤独与悲怆，只要有一个稳定平和的心态，一样可以把生活过得有滋有味。

3. 即便孩子平凡，也不代表我们要放弃

有个保育员，50岁左右，对小朋友们既温柔又有爱心。一次我们聊天，她说起了她的孩子。她的第一个孩子，几个月大时发现脑瘫，那时医疗康复不像现在这么发达，孩子一岁多就离世了。

两年后，她生了第二个孩子，很不幸，依然是脑瘫，依旧在一岁多离世。几年后，她鼓足勇气生了第三个孩子，很幸运，孩子很健康，可是唯一的缺憾是，孩子上学时，脑子没有那么聪明，总是显得不开窍。

开始她也很着急，想要孩子优秀。逼迫孩子晚睡，死记死学，疯狂刷题，直到孩子不堪重负，一场大病差点酿成大祸，她才幡然醒悟。孩子有自己的节奏，强加改变不是为他将来好，而是剥夺了他现在的能量。孩子痊愈后，她放弃了不切实际的期望，却没有放弃孩子。

在孩子的能力范围内，她帮助孩子、辅导孩子、鼓舞孩子。孩子没有变得更好，也没有更落后，依然走在“大多数”的行列。虽然孩子最终也没有出人头地，上了普通大学，找了普通工作，组建了普通家庭，过着和普通人一样又喜又忧的日子，可是她却觉得，孩子能健康平安地生活，就是最大的幸福。

失去，才更懂得珍惜，也更容易活得通透。我们的孩子即使最终没有出人头地，也不代表我们就要

普通不代表我们就要放弃，任何人都需要努力。（参考答案P10）

放弃他。除了考好成绩，有高成就外，孩子能平安健康地生活，在平凡的生活中品出幸福，才是父母不放弃的初心。

4. 接纳平凡，才能把生活过得不平凡

周国平说，人世间的一切不平凡，最后都要回归平凡，都要用平凡的生活衡量其价值。伟大、精彩、成功都不算什么，只有把平凡的生活过好，人生才是圆满。

朴树说，我觉得，我没有那么好，也没有那么糟，我只不过跟大家一样，经历了一段平凡复杂的人生而已。

林语堂说，幸福很简单，一是睡在自己的床上；二是吃父母做的饭菜；三是听爱人说的情话；四是跟孩子做游戏。

平凡不等于失败，而是一种平静安宁的力量，不以物喜，不以己悲；平凡也不是平庸，而是对自己有清醒的认识和判断，在力所能及的范围内追求自我价值。以清净之心看世界，以欢喜之心过生活，感受生活的点滴幸福，你终会因为自己闪光的心，变得不再平凡。

能够在平凡的生活中，感受爱，体验幸福，发挥生命中最大的价值，就是一个孩子最大的成功。让孩子成为一个幸福的普通人，不丢人。很多父母终其一生，都难以达成这样的目标。

孩子优秀，我们开心，孩子成为不起眼的大多数，父母也不应该慌张恼火。无论哪种生命状态，孩子尽力做，我们努力过，能够让生命在陪伴、共同努力的过程中绽放光彩，这样的结果，难道不是最好的吗！

父与子小故事(1)

故事1

最近，一对父子运动的视频火了。在视频里，一个父亲带着儿子在家里兴致勃勃地做着引体向上，一大一小，两个身影，看起来十分有爱。父亲说："儿子在十岁以内的小孩里，臂力算是顶尖的。"从孩子两岁起，他就带着孩子运动，至今已经有五年了。

点评

不少网友感叹："爸爸带孩子锻炼养眼又有爱，这才是男人带孩子的正确打开方式。"心理学家麦克·闵尼指出："与那些一星期内接触父亲不到六小时的男孩相比，每天与父亲接触不少于两小时的男孩，更有男子汉气概。"

"毒友谊"一定要早发现、早远离。（参考答案P115）

文/拾遗君

《父母之爱，是允许孩子平凡》之二：

我们不该那么排斥普通

01

在这个世界上，最难的不是成功学，而是普通学。

周末在家，我重新看了一遍《鲁迅日记》。“三日晴。无事。”“十五日晴，午后风。无事。”“二十七日晴，下午风。无事。”

自1912年5月29日，鲁迅日记第一次出现“无事”的记载之后，他每年都有一二十次“无事”的记载。以前看到“无事”很不理解，觉得这是一句废话，没事你还记录什么，这不是多此一举吗？

现在，人到中年，再看到“无事”二字，一下子就明白了：人成年进入社会之后，特别是结婚生子之后，真的是太难以做到“今日无事”了。一个月如果有那么一两天“无事”，实在是一件值得庆幸和窃喜的事情。

02

曾经在网上看到一个问题：“普通人的一生应该是怎样的？”一个网友说：“生在一个普通的家庭，父母善良，没有家暴；顺利完成九年义务教育，没有遭遇过校园霸凌，再读三年普通高中，最后考上一所普通大学；顺利读完大学之后，找一份很普通的工作，然后遇到一个跟我一样普通的爱人，生下一个跟我们一样普通的孩子，我们从此过着普通的日子；生活虽然偶有坎坷，但是没有大灾；身体虽然时有小恙，但是没有重疾；就这样平淡地活到七八十岁，最后自然地去另一个世界。”

看到这个回答我想，这明明是少数人的一生，你却管这叫普通人。但是，很多网友的想法跟我的不一样，他们在后面跟帖说：“这样过一辈子，太没有意思了。”

03

很多人都很排斥“普通”，或者都不想过“普通的生活”。作家梁晓声受邀到某所大学举办讲座，与学生们交流时，一个男生语出惊人：“如果30岁之前，最迟35岁之前，我还不能脱离平凡，那么我就自杀。”梁晓声问：“那么什么是不平凡呢？”这个男生回答：“或者有一定的社会地位，或者有一笔数目可观的钱，或者掌握一定的权力。”

后来，梁晓声接待一个欧洲学者时，这个欧洲学者问梁晓声：“你

孩子心理抚育的三个关键期。（参考答案P156）

们很多人的心里好像都怕着什么，那是什么？”梁晓声回答：“怕一种平凡的东西。”欧洲学者追问：“究竟是什么？”梁晓声回答：“就是平凡的人生。”欧洲学者无比惊讶：“太不可理解了，我们大多数人都愿意做平凡的人，过平凡的生活呢！”

我们确实太害怕平凡了，我们从小受到的教育，就是必须出人头地：“如果你考不上好大学，将来就会……”“如果你进不了前三，将来就会……”“你只有足够优秀，将来才能……”“你只有足够强大，将来才能……”

04

但是，不管我们怎么努力，最后大概率也只能做个普通人。

有人讲过自己的一段经历。她去外国留学时，加入了学校的交响乐团。她特别佩服学校的小提琴手：“拉得太好了，好得让我妒忌。”一天，两人一起闲聊时，小提琴手说：“毕业后，我就去中学当音乐老师。”她问：“你为什么不进专业乐团？”小提琴手的眼睛一下子就红了：“我也很想去，但是我不够优秀。”

她很吃惊：“你还不够优秀？”小提琴手叹了一口气说：“乐团今年空缺一个小提琴的位置，但是有几十个乐手在竞争，他们每个人的水平都比我高。”听到这句话，她如遭电击：“我原来的梦想也是搞音乐，但是与小提琴手对话后，我才终于意识到，很多梦想真的不是光靠努力就能实现的。”

世界上95%的人都是普通人，4%的人有小成，1%的人能大成。所以，对绝大多数人而言，走向平凡就是我们最终的结局。

05

我们都学过《坐井观天》。一只青蛙坐在井里，一只小鸟飞来，落在井沿上。青蛙问：“你从哪里飞来？”小鸟回答：“我从远处飞来，飞了100多千米，口渴了，下来找点水喝。”

青蛙说：“别说大话了，天不过井口那么大，还用飞那么远吗？”小鸟说：“天无边无际，大得很呢！”青蛙笑了：“我天天坐在井里，一抬头就看见天，怎么会弄错呢。”小鸟说：“不信，你跳出井口看一看。”

小时候读这篇课文时，我们都嘲笑青蛙目光短浅。但是，长大以后，我对作家王建平的解读特别有同感：“即使这只青蛙知道天有多大，它也跳不出这口井呀！”

王建平曾经也梦想着要改变世界，但是努力了十几年以后，他终于发现自己不过就是个普通人：“当我扛着行李回到小县城时，我就明白了一点，我就是那只跳不出井口的青蛙。有人说，上帝给你关上一扇门时，必定会给你开一扇窗。但是在井里没有门也没有窗，只有一个洞，远远的、高高的，任你怎么扑腾都够不着。”坐井观天，其实就是我们大多数人的人生。

06

但是，“坐井观天”普通人的一生，是不是就完全不值得一过呢？我觉得不是。

曾经，苏瑾宁发了一个帖子：“我既可以说，我今年33岁了，夫妻相爱，小宝宝即将出生，买了房子，还有存款。丈夫既做家务又健身，1.8米的个头，五官端正且衣品好。婆婆人很好，像小天使，从不干涉我们的生活。我工作轻松，做的是我喜欢的事，钱多活少离家近，还不用加班。我也可以说，我今年33岁了，婚是裸结的，买了个不大的期房，还是我出的大头。丈夫有焦虑症，还有过一段失败婚姻，学历不高，挣的钱没我多。婆婆有躁郁症，时好时坏，遗传自丈夫的外婆；丈夫家族的心理疾病史，也可能会遗传给孩子。我工作进入舒适区，有时难免有些倦怠，行业太窄选择不多……”

讲完以上两种情况，苏瑾宁总结说：“按照第一种说法，我简直就是人生赢家。而如果把第二种说法发到网上，就会被人劝离，让我快跑。”

苏瑾宁为何要讲述以上两种说法呢？她就是想告诉很多人，作为普通人，虽然人生在世会有种种不如意，但是你仍可以在幸福与不幸福中做选择。你选择用哪种方式定义自己的生活，就决定了你之后的喜怒哀乐。

07

有一年，我去一个李姓朋友家做客，他家算是富裕阶层了。吃饭时，我们聊到人生最开心的事。我问李妈：“阿姨，你最开心的事是什么？”阿姨眼里闪着光，幽幽地说：“二十几年前，我们天天都要出去摆摊卖烧烤。一天晚上，顾客打电话问他爸：‘今天怎么没出来摆摊啊？’他爸回答：‘不好意思啊，我要陪我老婆过生日，就不出摊了。’那晚，他爸带着我去看了一场电影，我觉得好开心，我现在都记得那部电影的名字。”

我问李爸：“叔叔呢？”李爸眼睛一下子就湿润了：“1999年的11月，我和你阿姨去逛商场，我看上一件大衣，一看标价，我觉得贵，

着力培养孩子六个习惯，为他们的一生打下基础。（参考答案P195）

就没舍得买。那年生日那天，我打开衣柜，发现那件大衣竟然挂在里面，原来是你阿姨偷偷地给我买了下来，那是我这辈子最难忘的生日礼物。”他家算是比较有钱了，但是记忆中最开心的事情还是“穷的时候”。

08

张朝阳曾经说了一个观点：“如果你能力平平，家境普通，学历一般，怎么打拼也难以完成阶层逆袭，就不如选择与自己和解，规规矩矩做人，不给国家和社会添乱，不给年迈的父母增加负担，尽量让他们安享晚年。根据自己收入情况，该吃吃该喝喝该玩玩，保持好的心态，有个健康的身体，培养能够自娱自乐的爱好，在工作和事业上随遇而安。”

我觉得这番话说得挺在理，普通人家的孩子，不要老想着追求功成名就，要先努力成为普通人，普通人的一生也很值得过。

09

你会羡慕你父母如今的晚年生活吗？我小的时候，总觉得父母的生活太普通、太平庸，如今人到中年才领悟，作为一个普通人，能够这样平庸、顺遂地活到古稀，能够这样无大病无大灾地活一辈子，就已经是中等偏上的人生了。

一个人成年以后真正意义上的长大，就是接受自己是个普通人：我没有什么宏伟的梦想，也做不出很牛的事情，但是我并不会因此而难过。

所以，我们不要那么排斥普通，能做好普通人就很不错，要像作家夏缶那样：“太热了，早上出门前，我就噙了根冰棍在口中，边嘬边等电梯，心中一个念头闪过，我竟然过上了一觉睡醒，就能吃到雪糕的生活。天啊，怎么搞的，真是个了不起的家伙。”

父与子小故事(2)

故事2

一个爸爸，在儿子暑假，带着他骑行318国道川藏线2200千米，翻越四座海拔4000米的高山。每天的路程，相当于一个全程马拉松。男孩说：“爸爸跟我在一起，爸爸能做到，我也能做到。”

点评

心理学家说过，0~7岁的孩子，很容易出现退缩行为。因为这个阶段的孩子，可能更依赖妈妈的照顾，也更容易出现共生关系。而爸爸的出现，给予孩子向外发展的力量，有利于孩子形成独立、完整的人格。

爱玩游戏的父母，养不出爱读书的孩子。(参考答案P40)

文/安柏

《父母之爱，是允许孩子平凡》之三：普通不代表我们要放弃

案例1

我在杭州认识一个按摩师，每次回到杭州，我都会把她叫到家里来。按摩师有个儿子，和我儿子一般大，今年也上初三，我们经常会聊聊孩子的情况。

按摩师高中毕业，她最大的希望就是，儿子能上个大学，进办公室做白领。这次中考后，她的希望破灭了，她儿子没考好，上不了高中。

老师告诉她，全年级十个班，两个实验班基本都能上高中。其他八个班，如果不努力，80%的学生上不了高中。杭州的普高录取率是50%多一点，成绩特别好和成绩特别差的都是少数，大多数都是中等普通生。然而，孩子属于哪种普通生，区别却很大，中等偏上，可以上高中，中等偏下，就很难考上。

我对按摩师说："去职业学校也挺好，职业学校定位明确，培养一技之长也不错。"

按摩师说："我也在看职业学校。但是一边看一边想，我儿子怎么还是和我一样，永远也坐不了办公室。"

我赶紧说："现在有成人高考，以后孩子想读书，什么时候都能读，还能考研呢。像你也不差呀，大多数的白领赚的钱，还没有你赚得多呢。"

案例2

这个妈妈的儿子从民办初中考进了杭州最好的高中之一——杭州外国语学校。然而，期中考试后，她感慨了："牛娃太多了，我儿子就是个普通人，清华北大肯定没戏，努努力也就是浙大了。"

她希望儿子争气，考个好一点的系。

点评

每个人心中都有一个"普通人"，在清华教授心中，孩子本科上不了清华是普通人；在按摩师心中，孩子上不了高中是普通人；在公司小白领心中，月薪六千是普通人；在互联网大厂，月薪八万没有股份也是普通人。

那些不普通的人呢，其实也分两种：一种是高于均值的不普通；另一种是低于均值的不普通。也就是统计学中离均值较远的两极分化，一个是头部，另一个是尾部。

严管高控会养出"被拒敏感"的孩子。(参考答案P51)

我们大多数人是普通人，我们的孩子也大概率是个普通孩子，这并不代表我们就要放弃努力。

因为不努力，可能连均值都达不到。孩子把书读好不容易，需要付出努力，在成人的世界里，更没有“容易”这两个字。

活着本来就是一种努力。即使是睡着，你的身体里的每个细胞都还在孜孜不倦地工作。努力是每个人的标配。

学习、工作、结婚、生子、养育，哪件事不需要努力呢？努力了，我们能够在普通人的上限，不努力，我们只能在普通人的下限。

案例3

儿子小升初那年，我带着他去云南玩。我们的导游兼司机是个小伙子，他一边开车一边和我们聊天，听到我儿子快上中学了，他叫我儿子好好读书。

他对我们说，高三那年，他不想读书，觉得太苦，就辍学去打工。但是，正经工厂招工，即使不要大学文凭，也要高中文凭。他伯父给他介绍一份搬砖的工作，人家要建厂房，需要临时工，干大半天活，可以拿100元。

我儿子听到这里插嘴：“不错呀，我也可以去搬砖。”我从后视镜里，看见导游笑了：“当时，我也是这么说的。但是，做了一个星期，我就做不下去了，还把脚砸烂了。伯父向工头要医疗费，他们说没有，就给了一根烟打发了。”

我儿子问：“后来呢？”导游说：

“撒娇式”育儿

傅首尔带孩子爬山时，孩子一直说“我不想爬山、爬山太累了、我要飞到山顶上”，傅首尔各种耐心安抚、鼓励，最后使出“杀手锏”，一屁股坐到地上：太累了，我也不爬了。

这时，妈妈变成孩子的角色，孩子变成妈妈的角色。果然，孩子拉着妈妈的手说：“必须坚持。”妈妈说：“我坚持不住了，我累死了。”这情景就像孩子跟大人撒娇“我不爬了，太累了”一模一样。

在这种反转下，孩子的主观能动性被激发出来，把“被动爬山”变成“主动爬山”，甚至还有一种自豪感：妈妈都想放弃爬山，还是我坚持鼓励她爬到终点。

傅首尔总结说：“撒娇式育儿，是以示弱的方式增强孩子的自信心和行动力，强势的父母会让孩子性格懦弱，吼叫解决不了问题。”

（笑雪育儿思考）

“和搬砖比起来，上学太轻松了，我能吃搬砖的苦，难道就吃不了学习的苦吗？我又回到学校，虽然到最后也没有考上大学，但是我上了旅游专科学校，又学习开车，考了导游证，也辛苦，但是比起搬砖强多了。”

点评

普通人的取值范围，就像海洋一样广阔。然而，作为一个普通人是待在海底，还是漂在海面，生态环境和生存质量天差地别。

作为普通人，我们并没有幻想蹦出海面上天去，只不过是带着孩子使劲游，不要陷到泥里，时不时地还能到海面上透透气、晒晒太阳而已。

普通人的焦虑，不是发愁孩子上不了985大学，而是担心孩子高中都没得读。普通人的努力，也不是一心想要跨越阶层，只不过想给孩子多一点选择的机会，而不是等着被别人挑挑拣拣。今天，我们让孩子多看一页书，还不是为了以后孩子能少看别人一个脸色。

承认自己是个普通人，就是要接受自己的俗气，你来和我谈理想，我首先想的是现实；你来和我谈快乐，我觉得最重要的是生存。生活不易，普通也不易。

年轻时，我嫌生活平淡没故事；中年时，我却懂得了，故事大多是事故，没有情况就应该感恩岁月静好。每个看上去朴实、安稳的日子，背后都是别人看不见的咬牙坚持。就像毛姆所说：“我用尽了全力，过着平凡的一生。”

美国家教40句（1）

1. 对孩子提出的所有问题，都耐心、老实地回答。

2. 认真对待孩子提出的正经问题和看法。

3. 竖一个陈列架，让孩子在上面充分展示自己的作品。

4. 不因孩子房间里、书桌上很乱而责骂他，只要这与他的创作活动有关。

5. 给孩子一个房间或房间的一部分，供孩子玩耍。

6. 向孩子说明，他本身已经很可爱，用不着再表现自己。

7. 让孩子做自己力所能及的事情。

8. 帮孩子制订他的个人计划和完成计划的方法。

9. 带孩子到他感兴趣的地方去玩。

10. 帮助孩子修改他的作业。

错误地赞美会让孩子丧失进步的动力。（参考答案P89）

文/李思圆

《父母之爱，是允许孩子平凡》之四：

你的孩子只想做个普通人

01

在地铁上，我看到一对母子，正在进行一场不愉快的对话。妈妈说：“你最近成绩又下滑了，再不努力读书，就只能去扫大街了。”儿子说：“扫大街怎么了，如果没人扫大街，地上多脏啊。”此时的妈妈突然涨红了脸，愤怒地大声说：“你是专门来气我的，是吧，你以后就去扫大街吧，到时候后悔了，可不要来求我。”为什么在妈妈们的眼里，只有上名校，进名企，才叫好的人生呢？

我在微信朋友圈里，看到一个妈妈发了几张照片。照片里是她五岁的儿子，穿着黄白相间的厨师服，带着纯白色的厨师帽，在料理台前，有模有样地和着面。很多人点赞、留言，但是留言的重点，都集中在她儿子漂亮的厨师服上。

这个妈妈说，儿子的理想是长大后当个厨师。于是，妈妈为了鼓励孩子坚持梦想，就买了这套可爱的袖珍厨师服。当时，很多人都觉得不可思议。这个妈妈和她的丈夫都是大学老师，不仅学历高，家境好，还受到众人的敬仰和尊重。这样的父母怎么会甘愿让自己的儿子长大后，去当一名厨师呢？

这个妈妈说：“孩子即便是当一名厨师，只要勤奋努力，以后的生活依旧可以过得很精彩。”

在孩子的教育上，很多父母都操碎了心。他们最大的忧虑，就是孩子未来是否能有一份好工作，是否有一种优渥的生活，是否有完美的人生。其实，每个孩子都有自己的天赋和爱好，任何梦想都不应该有高低贵贱之分。只要正当，不违法，不犯罪，对人有益，并且能让自己感到快乐，都值得我们去认可。

02

我们小区有一对夫妻，为了孩子的工作，愁得焦头烂额。他们辛辛苦苦把女儿拉扯大，希望她大学毕业，就去找一份对口的工作，当一名幼儿教师。

这种工作不仅稳定，还有寒暑假，将来找男朋友更是有优势。可是女儿不想当老师，想去培训机构当一名瑜伽教练，夫妻两人十分生气。

他们觉得瑜伽教练的工作既不稳定，也不被人尊重，还没有发展前途。可是，他们的女儿却认为，

教育孩子首先不要输在家庭教育上

提升家长的家庭教育综合素养从学习家庭教育开始

在兴趣培养上，要给孩子选择和决定的权利。（参考答案P215）

自己从小到大，无论是穿衣打扮还是择校选专业，甚至是交朋友，都听从父母的安排。现在，她已经长大了，应该由她自己选择未来。

看到一则新闻，一个大学教授的孩子，本来有个安稳的体制内工作，后来居然辞职去摆地摊，专门卖自己做的各种DIY手工。当亲朋好友得知教授的女儿在摆地摊时，都来劝教授让女儿回去工作。当记者采访这个大学教授时，她说，女儿长大了，拥有了选择人生的权利，自己尊重女儿的选择，也希望女儿为自己的选择负责。希望女儿无论以后干什么，都能全身心地投入，哪怕是摆地摊，只要努力认真，也可以干出一番成绩。

在现实生活中，如此开明的父母并不多。诚然，谁不想让自己的孩子以后能少一些后顾之忧，能少受一些物资匮乏的苦，能少走一些艰难曲折的路。可是，父母却忘了，不是所有的孩子都适合考试；不是所有的孩子都愿意坐办公室，愿意当领导；不是所有的孩子都想当科学家，想扬名立万。有时，父母必须接受一个现实，那就是“自己的孩子只想成为一个普通人”。

03

一位年长的同事，说起他的育儿经历。他出身书香世家，家里几代人，各个成绩优异。他35岁那年喜得贵子，本以为凭着家族的强大基因，孩子一定不平凡。可是，老天爷似乎跟他开了个玩笑，以致他总是觉得，他的儿子是不是跟别人家的孩子抱错了。

他和妻子从小到大都是学霸，可是他们的儿子，居然有厌学心理。孩子讨厌上学，并且十分调皮。他每周至少要去学校三次，和儿子一起接受老师的批评教育。他的情商很高，妻子的性格也很开朗，两人在社交方面如鱼得水，好友遍布四方。可是，他们的儿子却经常跟同学打架。

他原本想，儿子长大后，不是高级工程师，就是大学教授，总之一定是叱咤风云的大人物。可现实是，他的儿子只是一个普通人，在一个小公司上班，虽然薪水不高，但是每天过得很开心。

后来，他释然了。他领悟到，比希望孩子成为一个厉害的人更重要的是，接受孩子是一个普通人。在这个世界上，每个孩子都是有个体差异的。不是所有的孩子都走相同的路，才叫成功；也不是有了名，有了利，才叫有出息。通常带给孩子生存压力、升学压力、就业压力的，不是社会，而是父母的期望。

很多父母还未懂得，即便孩子

什么是教育孩子的火候？（参考答案P77）

成为一个普通人，他们依旧拥有一颗善良的心，一双发现美的眼睛，一双勤劳的双手。

04

看过一段话，很多中国父母的痛苦，都是来自无法接受自己的孩子比不上别人家的孩子。而他们过高的期望会把一个“本不平庸”的孩子压成一个废材。

看过一则新闻，因为孩子考了98分，妈妈患上了抑郁症。这个妈妈是一所重点小学的老师，对于儿子的成绩，她只有一个标准：永远是100分。儿子考了98分，妈妈就忍不住地训斥他：“我班上有一半的孩子都能考100分，你为什么考不了?”

“我的孩子是世界上最聪明的孩子”，几乎所有父母都这般深信不疑。但是渐渐地，许多父母都会失望：我的孩子很普通。

作家刘继荣也有过类似的烦恼，女儿没有一样值得他们炫耀的地方：成绩平平，班上50个人，她永远是第23名；胸无大志，第一志愿是当幼儿园老师，第二志愿是做一个会做饭的妈妈。夫妻二人试过各种办法，补习、加营养、物质激励，但在压力下，女儿的成绩没进反退到第33名。于是，他们放弃了“望女成凤”的想法，这时他们发现：孩子并不平凡。郊游时，她像管家一样地细心照看着食物；堵车时，她讲笑话、做剪纸哄小朋友开心；班级问卷中，她是全班最受欢迎的人。她说：“我不想成为英雄，我想成为坐在路边鼓掌的人。”

是啊，有多少人，年少时渴望出人头地，最终却踏上了平凡之路。如果孩子可以健康快乐，做个善良的普通人，有什么不好呢?

英国教育家威廉·马丁说：“不要教育你的孩子去追求卓越的人生，把平凡活生生地展现在他们面前，不平凡自然就会出现。”最好的父母之爱，是拥抱孩子的平凡。

家教句典(1)

1. 爱子与教子

在《颜氏家训》中说：我见到社会上有些人对孩子不进行教育，只知道一味地溺爱，饮食及所作所为都由着孩子的性子。本来应该告诫的，反而进行表扬；本来应该发怒训斥的，反而笑脸相对。等到其长大懂事的时候，还以为自己的所作所为都是正确的。

启示

颜之推在此指出“无教而有爱”的危害，强调教子要严，反对溺爱。从孩子一生发展考虑，要把握好严格与慈爱的分寸。

文/桃蛋妈

《父母之爱，是允许孩子平凡》之五：

孩子终将走向平凡

继英版的《人生七年》之后，日本拍了本国的《人生七年》，在日版的《人生七年》里，记录了13个普通家庭的孩子。更新至第四季时，当初的那群孩子已经28岁了。

在这个尚且年轻的年纪，孩子们的未来还有很多变数。但是，父母们还是感觉到了一种，因为期待与现实的差距，而产生的无力感。

孩子们7岁时怀抱希望，14岁时意气风发，21岁时略带迷茫，28岁时长成了我们曾经的普通模样。

为人父母都想用自己的付出，去修正孩子的成长，让他们的人生多一些圆满，少一些遗憾。但是，无论我们如何竭尽全力，孩子们总是会因为各种原因挣脱剧本，并告诉你，那是你左右不了的——他们的人生。

那么，脱离父母期望之后，孩子们就没有好的人生了吗？看完日版的《人生七年》，有这么几段故事，特别想分享给父母们。

故事1

健太，出生在以生产大米闻名的宫城县。祖辈几代都是稻农，家里四世同堂，一家九口住在一起。作为家里的长子，健太从小就被寄予厚望，继承家里的那块3.4公顷的稻田。

那时，一家人依靠这块稻田，苦点累点，只要勤快，就没有生存压力。对这份未来，健太也是认同的。

7岁时，被问到以后想不想当稻农，他斩钉截铁地回答“想”。而且表示，自己要吃很多米饭，长得壮壮的，努力干活。

14岁时，他不想继承家里的那块稻田了。

在他成长的20多年里，日本人的主食发生了重大改变——大米的需求和产量都在逐年减少。现在一家人种稻米的收入，只有他7岁时的一半。

高中毕业后的他，在一家建材厂找到了一份工作。从临时工到合同工，然后变成全职员工。以前按小时算工钱，现在按月算，收入慢慢稳定。周末，他会回去帮助父母种田。虽然现在还没有决断，但是健太大概率是不会再回家继续种田了。

故事2

贵子，她的生活跟健太天差地

孩子叛逆是父母言而无信。（参考答案P138）

别。父母非常重视对她的教育，她的教育投入在一众孩子中是最多的。

早在21年前，兴趣班还没有那么火热时，7岁的贵子就已经辗转于各种兴趣班之间，同时学钢琴、游泳、书法、剑道。每周都要搭乘两次火车去上兴趣班。

在成长的过程中，贵子一直被挫败，初中、高中、大学，没有一次能上她首选的学校。更可怕的是，落败的自卑感已经深深地刻进了贵子的骨子里。连找工作时，她都作好了失败的准备。幸运的是，命运给了贵子一次惊喜。

她终于得到了自己首选的工作——航空公司的空姐。接到通知的时候，她喜极而泣。不仅为自己的第一次成功，也因为一直被寄予厚望的自己，终于能让父母自豪了。但是，没有想到的是，挫折接踵而至。在她工作三年后，她所在的航空公司宣布破产了。

谁能想到，这个手握优渥资源的孩子，一路走来承受了那么多的不易。

28岁时，贵子和同事们一起组织了一支啦啦队，虽然是自掏腰包，但是她总算是从失败的困境中跳了出来。这些平凡而快乐的小事，足以慰藉她的生活。看得出，她比从前快乐多了。

故事3

直树，是贵子羡慕的对象，因为他比贵子自由多了。直树的父亲是公司职员，家境不算富裕，住房也不算大。直树的父母希望孩子快乐，会适时地助推孩子一把，让他多一些竞争力。

3岁时，父母给他买了一台游戏机。7岁时，他每天可以玩两小时的游戏。14岁时，直树才开始上补习班，每周三天。

高中时，直树听说大学很轻松，成天玩，他还想着到时去学一项兴趣爱好。

21岁时，上了大学的他说："将来想当检察官。"看起来一切都走上了正轨。然而，在一次关键的法律考试中，直树没有通过，导致他的梦想破碎。之后，他的人生大转弯，他去了一家连锁咖啡店打工。从检察官到咖啡店店员，落差来得猝不及防。

28岁时，直树已经成为咖啡店的店长。他所在的店的业绩，在全国1000多家分店中名列前茅。

这个店只有他和20多名兼职员工，好与坏全靠他。这份工作让他有了自己开店的想法。知道自己的未来5～10年应该干什么。有了这个向上的态度，还有什么可担心的呢？

故事4

光平，出身于家境不错的祖传手艺人之家。他家住在著名的制陶城市伊万里，家里制造陶器已经有15代人了。

7岁时，父亲的作坊雇了十几名工人，每天制作2000个陶器。那时，他懵懵懂懂地认为，自己未来也要制陶，接爸爸的班。

14岁时，因为经济低迷，家里的作坊倒闭了，靠父亲做一些陶瓷小雕像补贴家用。光平说："让我干什么都行，千万别让我制陶。"但是一脸天真无知的光平，上了技校又退学，没有一技之长，除了制陶还能做什么呢？

21岁时，别无选择的光平跟着父亲走上了制陶这条路。不为光大门楣，只为有口饭吃。

28岁时，被迫回家继承祖传手艺的光平，不仅接受了制陶这个职业，而且开始寻找自己的风格。兜兜转转，终于又回过头来，重拾宝藏，何尝不是一种幸运。

故事5

真希和惠里，是嘉手纳一所小学的好朋友。两个孩子的父亲都在美军基地工作，一位是警卫，一位是机械师。

7岁时的真希和惠里，父母对两个女孩子的期待，无非是嫁人生子，岁月静好。

真希，高中毕业后没多久就结婚生子。婚后一年多发现丈夫嗜赌如命，家里的钱全部拿去赌了，遇人不淑的真希离婚了，独自一人带着孩子生活。她在一家设计公司做临时工，28岁时转为全职员工。

惠里，14岁时和妈妈无话不谈；21岁时，跟妈妈水火不容。高中毕业后，她一怒之下，离家出走；大学时，在外独居。对孩子的期待还没有看到雏形，母女的关系就降至冰点，恐怕也是惠里的父母未曾料到的。

跟母亲决裂后的惠里，也结婚生子了。这个自高中毕业就离家出走的孩子，在有了自己的孩子后，跟妈妈和解了。她终于理解，原来大家都是第一次当妈妈，都是一点点在尝试。

启示

健太、贵子、直树、光平、真希和惠里，不管这些孩子的父母有没有意识到，他们都在潜移默化地根据自己的阅历、见识、经济能力，给自己的孩子定制了一份“教育套餐”。可能是回家种田，可能是成为精英，可能是成为一个有立足之地的普通人，可能是继承家业，也可能是一个平安顺遂的人生。

那么，孩子们会按照父母编制的剧本走吗？至此，几乎大多数孩子都偏离了父母预设的轨道，越来越不受控制。

有的是岁月流逝、社会变革，父母指定的路已经走不通了；有的是力争上游，但是苦苦挣扎，却被更优秀的人击溃；有的是想子承父业，然而父业早早就颓败了；有的是一次关键的考试失利；有的是婚姻变故；有的是索性切断父母的牵引。

是这些孩子不够幸运、不够努力吗？不是。那些影响人生走向的因素，每个人都可能会在某个阶段跟它们狭路相逢。

比如时代变迁、被更优秀的人PK掉，几乎是所有普通人都会遇到的事情。置身其中的孩子们，理所当然会纠结、挣扎，也会面临失败和背叛。

你的孩子也许会在你的预期之外，但是别灰心，孩子们总会在挣扎和彷徨中，自己找到“出路”。给孩子铺路，无非是想让孩子少绕一些弯路，走得稳一些。然而，不按

不放弃(1)

案例

一个小女孩哭着打乒乓球的视频火了。小女孩名叫曦曦，今年三岁。她一边流着泪喊爸爸，一边叉着腰挥拍，竟然也能精准地接下每个球，真是又可爱又惹人心疼。原来小女孩刚学习了20节课，因为练习反复枯燥，就忍不住地大哭起来。

曦曦爸表示：学习乒乓球是孩子愿意的，但是孩子毕竟是孩子，累了、倦了、受批评了都会想到退缩，作为父母应该引导并且陪伴孩子去坚持。

点评

付出不是一件容易的事情，因为你无法确定付出一定会有收获。也正是因为不容易，它才会那么值得努力。

就像《老人与海》里所说：每天都是崭新的一天，有运气当然是好事，但是我宁愿做到分毫不差，这样运气来临时，就有所准备了。运气这种东西每次都以不同的形式出现，谁又能认得出来呢？只有时刻准备着的人，才能在机会来临时紧紧抓住。而这个准备，就是日复一日的努力坚持。

如何让孩子接受有赢有输的现实？（参考答案P75）

剧本走的孩子们，即使走了些弯路，吃了点亏，最终也会找到自己的出路。

那些从小不变、根植于心的东西，比父母定制的教育套餐，更能决定孩子们往哪走、走多远。

感悟

看完日版的《人生七年》，最大的体会是：不管是种田的农夫父母，还是拼命给孩子打鸡血的职员父母，虽然孩子也许不会完全按照父母设定好的剧本走。然而，孩子们有他们自己的生命力，他们会寻找自己的出路。

在英版和日版的《人生七年》里，无论什么阶层、什么性别的孩子，在历经几十年的起落后，都趋向了同一个价值观：任何人，都需要努力前进。

这个道理可能连7岁的稚子都知道，但是这么简单的一句话，在英版和日版的《人生七年》里，拍了几十段真实人生、几十年，才得以验证。

经营好一家咖啡店是一种努力，做一个会种地的建材工人是一种努力，公司破产后重拾生活信心是一种努力，认真养好一个孩子是一种努力。努力不一定要得到波澜壮阔的人生，保持活力与快乐，拥有价值与认同、护所爱之人周全，这些皆是人生的成就，用它来衡量人生，比用阶层来衡量更贴切。

年轻时，渴望波澜一生，行至耄耋之年，才发现人生最曼妙的风景，是内心的淡定和从容。

和男孩沟通的小诀窍(1)

1. 用短句子说话

无论哪个年龄段的男孩，要想得到他们的回应，最好用短句子跟他们说话："泰勒，看着我。现在是五点半了，到时间去厨房喂小雪球了。"

2. 重复你的要求

如果孩子第一遍没有反应，平静地多次重复。要有心理准备，他会忽略你。与其问"我刚刚说了什么？"然后说一些威胁的话，不如重复你对他的指示，用一种响亮，但不是教训他的语气。如果他听见了却无动于衷，他是在等你放弃，你要平静地重复你的要求，让他知道你不会让步。

要是情况紧急，就用正面聆听的技巧：蹲下来与男孩平视，把手放在他的肩膀上，看着他的眼睛，再让他重复你说的话。

和男孩沟通的技巧有哪些？（参考答案P18，P42，P58，P62，P132）

文/初桃

妈妈，同学不喜欢我怎么办

1. 孩子出现社交困难

案例1

昨天，我去幼儿园给儿子送水壶时看到了一幕：当时几个同学在玩老鹰抓小鸡，抱着奥特曼的儿子也想加入游戏，扮演老鹰的那个男孩却说：“我们不想跟你玩。”“对，我们不想跟你玩。”其他人也应和着。儿子被他们的气势吓到了，愣了几秒钟后，他把怀里的奥特曼递出去：“我的奥特曼给你们玩，我想一起玩。”

奥特曼被收走了，可是儿子依然被推搡出来。儿子抿紧小嘴，眼泪开始在眼里打转。他又把手伸进口袋，把糖果拿出来。糖果也被抢走了，可是儿子依然没能加入同学们的游戏中。“不喜欢你”这四个字如同一把小刀，割着儿子敏感脆弱的心。看着他无助的身影，我赶忙跑过去一把抱住了这个小傻瓜。儿子仰头看见是我，眼泪大颗大颗地落下来，抽抽搭搭地问我：“妈妈，同学不喜欢我怎么办？”我一时语塞，不知如何作答。

点评

美国心理学家威廉·詹姆斯说：“人类最深的渴望，就是得到别人的认可。”可是当自己的真诚，换来别人一句“不喜欢你”时，孩子的内心无疑是崩塌的。

案例2

有个妈妈说，四岁的女儿乖巧懂事，可是却被同学欺负。奇怪的是，女儿不但不远离这些同学，反而还一直跟在她们后面。把新玩具送给她们，把零食送给她们，甚至还把自己最心爱的芭比娃娃也送给她们。妈妈问她：“为什么还要跟这群欺负你的同学一起玩？”她回答：“因为我希望她们喜欢我。”

点评

儿童心理学研究表明：孩子三岁后，社交意识开始觉醒，他们渴望得到群体的接纳。当不被群体接纳和喜欢时，孩子年幼的心就会受到打击和伤害。如果父母忽视孩子的内心感受和社交需求，没有给予正确的引导和帮助，就会让孩子的社交问题越发严峻。

2. 这三种回答，伤孩子最深

当孩子在社交过程中遇到困惑、受到委屈时，会第一时间向父母求助。这个时候，父母的回答至关重要，因为孩子得到的答案，不仅会

批评的目的是激励，而不是打击。（参考答案P176）

影响他们的社交思维，还可能影响他们的一生。以下三种错误的回答，千万别说出口：

（1）不喜欢就不喜欢，别理他

案例1

在电视剧《隐秘的角落》里，朱朝阳是个成绩优异的孩子，可是他性格内向，不善表达，也不爱与同学打交道。成绩好却内向，这让朱朝阳受到很多同学的排挤。在篮球场被推倒，矿泉水瓶里被塞进橡皮擦……在家长会上，班主任跟朝阳妈提及朝阳不被喜欢的事，朝阳妈却回答："学生应该以学习为主，交朋友是走入社会以后的事情。"

点评

在朝阳妈看来，孩子只要成绩好，就是优秀的，如果别人不喜欢，那是别人的问题。"不喜欢就不喜欢，别理他"，也是很多父母的态度。当孩子不被同学喜欢时，很多父母总是第一时间维护自己的孩子，不帮助孩子探寻背后的原因，一味地让孩子选择远离。殊不知，这种远离是一种逃避，不仅不能帮助孩子解决社交问题，还会让孩子形成回避问题和推卸责任的习惯。

（2）就你这个样子，谁会喜欢你

案例2

小时候，他是一个敏感的孩子，别人一个不友好的眼神或者一句直白的话，都会让他幼小的心灵受伤。一天，他从幼儿园回来，哭着告诉妈妈："同学们说不喜欢我。"没想到，妈妈看见他哭鼻子，不耐烦地说："哭哭哭，就你这个样子，谁会喜欢你？"

点评

就是这句话，成为他一生的阴影：连妈妈都认为是我的错，看来真是自己差劲，所以别人才不喜欢我。都说孩子对父母的爱，超乎我们的想象。可是孩子爱我们越深，就越容易被我们所伤。当他们在外面被排挤时，需要的是父母的安慰，而不是父母的冷嘲热讽。

（3）给同学拿点吃的，他们就喜欢你了

案例3

我上小学时，班上有个男孩因为太胖，总是被同学们嘲笑。每次分组做游戏，大家都不愿意跟他一组。他妈妈知道后告诉他："给他们拿点吃的，他们就喜欢你了。"于是，妈妈买了一大袋零食，让他拿到学校分给同学们。那天，我看着他提着零食袋，逐个地分给大家。每递出一包零食，他脸上的笑容都更卖力。小小的孩子，已经学着讨好别人，着实令人心疼。

点评

当孩子不被喜欢时，父母将大

让孩子去评价、批判一些事情。（参考答案P47）

人的“处世之道”教给孩子，企图让孩子通过物质付出交换别人的喜欢，无疑就是在教孩子降低身份，讨好别人，这是错误的。

3. 用爱为孩子的社交注入能量

当一个孩子格外在意别人喜不喜欢自己时，原因有两个：一是不认可自己，别人的不喜欢会让他全盘否认自己；二是不自信，别人一句不喜欢就可以将自己击倒。所以，父母应该用行动引导孩子正确看待自己，认可自己，还要帮助孩子建立自信。

（1）通过赞美，让孩子认可自己

故事1

看过一则故事，小和尚勤奋刻苦，每天总是第一个起来，学法念经，因此深受老和尚的喜欢。可是老和尚的喜欢，却换来其他师兄弟对他的嫉妒与排斥。小和尚难过地问老和尚：“师父，怎么才能让大家都喜欢我呢？”老和尚笑着说：“喜欢你的人，就算你浑身缺点，他也觉得你可爱；不喜欢你的人，就算你十全十美，他也觉得你可恶。”小和尚恍然大悟，别人喜不喜欢，与自己好不好没有关系。

点评

喜欢与否，只是别人的选择。父母应该通过赞美教会孩子喜欢自己。父母的赞美认可，如同春雨滋养着孩子的心灵，让孩子从心底生出一份爱自己的勇气。一个足够爱自己的人，不会因为别人的一句不喜欢而否认自己。还可以通过给孩子读绘本的方式，让孩子从绘本的故事中了解当自己被拒绝时，应该怎么办。

（2）通过鼓励，让孩子建立自信

故事2

在《奇迹男孩》中，主人公奥吉从小经历了27次手术，才10岁的他，脸上全是术后的疤痕。这让他受到同学们的嘲笑和排斥，他非常受伤。奥吉的妈妈却告诉他：“努力做好自己。自信的人，什么都不怕。”于是奥吉刻苦学习，成绩时常名列前茅。妈妈的鼓励和引导，让奥吉把在意别人的时间花在自我修炼上，最终收获了一份坚不可摧的自信。

点评

所有的教育，都是爱的教育。当孩子在外面遇到社交障碍，父母应该用满满的爱给他们安慰，而不该用简单粗暴的语言加深孩子内心的伤痛，更不该给他们错误的指导。孩子幼小的心灵需要父母的呵护，而父母的赞美和鼓励就是最好的呵护。认可自己和自信，是孩子解决社交问题的最佳武器。

当孩子对学习不感兴趣时，父母这么做。（参考答案P213）

文/乔伴伴

本是花季少女却心生老相

以下一个个案例，都是真实的案例，并无半点水分。

案例1

16岁的女孩，披头散发地来到我的门诊，本是花季少女，却心生老相，眉眼紧皱，即使戴着口罩，也难以掩饰无尽的悲哀与无望。哽咽当中，她描述了刚刚在家中发生的一幕：妈妈打了她一顿，原因是她戴着耳机在听歌，随着音乐在摇摆。

看她的头部，有几缕头发没了，头皮上还有未干涸的血迹。再看她的胳膊，一排排的牙印，红的、紫的，甚至还有皮开肉绽的。她告诉我，头发是妈妈拉扯下来的，胳膊是她自己咬的。

她说，她10岁时，爸爸因车祸意外离世，妈妈不曾改嫁，一个人带着她和弟弟生活。从那时起，妈妈就变了，开始抱怨与指责："你爸这个死鬼丢下我们，我拼死拼活，吃喝都不如别人，你们一个个还不听话。"后来，演变为谩骂与暴打。

女孩还说："不过，妈妈说的是事实，她现在生活很苦，我怎么能听音乐享受呢？"

案例2

在湖南卫视《少年说》里，有一期节目令我印象深刻。有个男孩一上台，就向他的妈妈喊话："别再给我吃苹果和鸡蛋了。"

上小学时，妈妈要求他每天吃一个苹果，直到小学毕业，他共计吃了2190个苹果；小学毕业后，妈妈又要求他每天吃一个鸡蛋，他整整吃了一年半，共计吃了548个鸡蛋。

案例3

17岁的小华，高三在读，因为感觉生活乏味无力而自杀，未遂后由父母带来就诊。连续十多次的咨询，渐渐呈现出养育中的问题。

一切都是父母决定：用什么寝具，睡姿、坐姿、发型、笑容，几点吃饭、几点睡觉、几点起床、几点学语文、几点学数学、看几分钟电视，就连看课外书，正看到精彩之处，也得放下，因为眼睛需要休息，必须眺望窗外，保护眼睛。

案例4

在《少年说》里，有个在看台上喊话不想练拳击的孩子，妈妈坚持让他练拳击。在训练场里，他永远都是那个被打的对象。他不想练拳击，他想学街舞。但是这可能吗？妈妈不想让他学街舞，妈妈觉得拳击好，街舞算什么！孩子的梦想算什么！

观点

可是，孩子的独立人格和意志在哪里？人活在世上，是为了展开自己的生命。否则，不就是替别人活吗？

曾经在父母面前事事顺从的我们，长大后也会以同样的方式养育自己的孩子，虽然我们也不想成为那样的父母，但又身不由己。这就是心理学上的强迫性重复。那么，我们应该怎么做呢？答案就是——先爱自己。

把自己滋养好了，才有爱别人的能力。未曾修复旧伤的父母，就像撑着一把破旧的伞给孩子遮风挡雨，依然全是风雨。所以，在养育孩子之前，先把自己滋养好。

对策

（1）对自己好一点

从小事开始，给予自己。你已经有了足够的经济实力，可以对自己负责了。

（2）做自己想做的事情

尝试去做你想做但做了又心不安的事情。比如去睡懒觉、去养鸟、去撸猫、去浪费不敢浪费的时间。做完后，你会感觉很好，你会很开心。

（3）做自己情绪的主人

做自己情绪的主人，想哭就淋漓尽致地哭，有怒就大胆表达，真实远比隐忍活得更有质量。当然，你也可以选择去学习、去咨询、去疗愈自己，因为我们经常都是“触现在的景，生过去的情”。

美国家教40句(2)

11. 帮助孩子与来自不同社会文化阶层的孩子正常交往。

12. 父母养成合理的行为习惯并留心使孩子学着去做。

13. 从来不对孩子说他比别的孩子差。

14. 允许孩子参与计划家务和外出旅行的事情。

15. 向孩子提供书籍和材料，让孩子干自己喜爱的事情。

16. 教孩子与各种成年人自由交往。

17. 定期为孩子读点东西。

18. 让孩子从小养成读书的习惯。

19. 鼓励孩子编故事，去幻想。

20. 认真对待孩子的个人要求。

文/茉莉

有三种小孩显得格外难养

有三种小孩显得格外难养。如果父母看不到孩子的需求，更无法支持和帮助孩子，就会养出一个问题小孩；假如父母接纳孩子，“我生了一个特别的小孩”，并恰当地引导孩子，找到和孩子的相处之道，反而更容易养出一个有出息的小孩。

1. 敏感的小孩

案例

一个妈妈说，她的儿子很“古怪”。从窗帘的缝隙透进来的太阳光斑都能把他吓哭；家里来人说话声音大点，他都受不了地哭；别人都闻不到有气味，他却捂着鼻子说“臭”；家里有任何一个小变动，他都能第一个发现；脾气更是难以捉摸，你做什么事情，他都不满意，动不动就哭鼻子。

妈妈说：“这个小孩太难搞了。”后来，她求助一位育儿专家。育儿专家告诉她：“你的小孩不是难搞，他只是高敏感。”

点评

据说，每五个人当中，就会有一个人属于高敏感的类型。高敏感孩子的主要特征是：对外界刺激的反应很敏锐，比如对声音、气味、碰触都很敏锐。

当然，他们也会对环境变化、人的情绪变化异常敏锐。很多父母误以为，这些孩子“玻璃心”“难搞”。但是心理学家却将高敏感的孩子比作“高档乐器”，特别金贵，若能被悉心养育，便能奏出世界上最美妙的乐音。

建议

育儿专家的建议是：接纳孩子的性格特质，避免用特别严厉的方式惩罚孩子。

事实上，你的一个眼神、一声叹息都会被孩子收入眼中，令他们心中内疚、恐惧不已。当然，不是让你放任孩子不管，而是管的时候要注意言辞、方法以及时机。

通俗地说，高敏感的孩子“吃软不吃硬”，所以，多用积极正向的语言和他们沟通，切忌当众教子，一定要呵护好他们的自尊心。

2. 倔强的小孩

案例

美国杂志*Cosmopolitan*报道的一项研究报告显示：比起乖巧懂事的小孩，性格固执的小孩长大后成功的概率更高。

该项研究跟踪了700多名9～12岁的儿童。初期，研究者的主要关注点在孩子的注意力、情绪和行为等方面。40年后，研究者们继续追踪这些孩子，还特意把他们童年时表现出来的优缺点和成年时的职业成就联系起来，结果显示：成年后从事理想事业，并且薪资待遇更为丰厚的人，他们的童年都有一个共同点，就是非常倔强。

点评

当然，倔强的小孩成才的前提是，他们都能被恰当地养育。父母不能硬碰硬，因为可能导致孩子变得怯懦，或者越发暴躁、行事不计后果；也不能撒手不管，因为可能会导致孩子为所欲为、人际关系连同整个人生都陷入困境。

建议

育儿专家的建议是：允许孩子有脾气，允许孩子说“不”。一个比较好用的话术是：“好的，我看到你舍不得停下来呢，你想再玩三分钟，还是五分钟呢?”也许，那个倔强的小孩会回答：“八分钟或者十分钟。”没关系，他至少作出了一个选择。

然后，我们需要做的就是耐心地等待并提醒，但凡孩子做到了就要及时鼓励。慢慢地磨合下来，孩子的配合度就会越来越高。

3.“多动”的小孩

案例

研究超常儿童的施建农教授讲过一个故事：一个男孩上课总是不好好听讲，手里小动作特别多，考试成绩一直不理想，还经常被老师点名批评“注意力不集中”“多动”“该去看看病了”，父母找到施教授求助。

三分钟定律(1)

1. 说话斟酌三分钟

俗话说：水深则流缓，人贵则语迟。说出去的话，就像泼出去的水，收不回来。说话是一门艺术，有些人，有些话，不经过大脑思考，轻易就说出口，即使没有恶意，也很容易伤害到别人，给自己造成祸患。

琅琊王氏，是中国历史上最显赫的家族之一。族中传有六字家训：“言宜慢，心宜善。”王氏的始祖王吉，正是因为恪守了前三个字，才能在险恶的官场上，顺利地渡过各种难关，从一名小吏，一跃成为朝廷重臣。

话说出之前，一定要在脑子里面过滤一遍。要想清楚，话一出口，会给自己和他人，造成什么样的后果。不得不说的话，应该怎么说，要讲究方式方法，能少说，绝不多说；能慢说，绝不快说；能委婉地说，绝不直白地说。管住嘴，你就赢了。

开始，施教授问话，男孩都是爱搭不理；后来，施教授跟他聊坦克，孩子的话匣子一下子就打开了。施教授发现孩子没“病”，他只是对课堂不感兴趣。事实上，这个男孩痴迷坦克，对坦克的构造有相当深入的了解。父母给他的零花钱，他几乎都用来买各种关于坦克的书和杂志了。

施教授点拨孩子：“你如果想研究坦克，那么以后就读大学的坦克专业，从现在起，好好读书，为你的梦想努力吧！”男孩听得眼睛放光。慢慢地，他的成绩上来了。

点评

施建农教授表示：“很多超常儿童因为飞速掌握了课堂知识，不愿意再听讲，于是经常被判定为‘多动’。如果孩子一直都得不到理解和帮助，这个高智商儿童的天分，就会被耽搁了。”当然，并非每个“多动”的、学习成绩看似不理想的孩子都是超常儿童。但是，每个孩子都有他的天赋所在。

建议

这个案例给我们的警示是：千万不要把考试成绩当作评判孩子的唯一标准。多跟孩子交流，关注孩子的喜好，尽可能地为孩子提供支持，每个孩子都能找到绽放自己的途径。

那些所谓的“毛病”，并非真正的缺点，而是特点，它们不需要被消除掉，也不可能被消除掉。

美国心理学家伊莱恩·阿伦说：“一定是因为你内心渴求一个独特的孩子，上天才赐给你这样神奇的礼物。”换个角度想，拥有一个不一样的孩子，何尝不是幸运的事？去接纳和了解孩子的特点，用正确的养育方法对待他吧，他一定会给你惊喜。

这五种人最好命(1)

1. 爱干净的人

契诃夫说：“人的一切都应该是干净的，无论是面孔、衣裳，还是心灵、思想。”干净，是人最舒服的样子。一个干净的人，衣着简约朴素，不沾污渍；住所整齐干净，不染尘埃；举止端庄优雅，不损气质。

干净，不只是外形，精神世界也要干净。精神世界干净的人，没有太多不良嗜好，闲时品茶、闻香，或者下棋、书画；放松时莳花弄草；忙碌时井然有序。爱干净的人，仅仅是站着，就给人一种舒适的感觉，人们更愿意与干净的人相处。干净到让人喜欢，福气自会上门。

我意引导父母看全文，而不是看一部分。（参考答案P38）

文/葡萄妈

孩子优秀不是打出来的

1. 被打的孩子身心都是伤

案例1

一个男孩总挨父亲打。他说，他上小学的时候，有个同学丢了钱，有同学说看见他上体育课的时候，偷偷地跑回了教室。因为教室里没有监控，所以尽管他费尽口舌，甚至把书包里、衣服口袋里的东西都翻出来，也没人相信他是清白的。

后来，老师打电话给他父母。父亲来到学校，二话不说，就打了他一巴掌，打得他耳鸣。回家后，父亲抄起扫把，又打了他一顿。他一直大声地告诉父亲“我没有偷钱”，但是父亲却说他不知悔改，打得更狠了，他的腿上、后背上都是青紫的伤痕。

一次，期末考试后，几个家庭聚餐，饭桌上大家聊起了孩子的成绩，父亲听说别人的儿子成绩比他好，回家就踹了他几脚，说他不争气、丢人。

直到高考后，他才告别了挨打的生涯。

参加工作后，他才意识到，因为从小到大一直挨打，他的自信已完全崩塌：在工作中，他习惯听从别人的命令，没有自己的主见；他觉得自己什么都做不好，就应该被别人修理。

案例2

一个女孩，他的父母总是打她，所以她总是畏畏缩缩，很少说话，也很少笑。

一天，她不小心把妈妈给她买的白裙子弄脏了，她哭了整整一个下午，第二天，她来到学校，她的小腿后面，布满了鞭打的伤痕。

点评

有些父母觉得，打孩子、骂孩子是一种教育方法，其实这些都是父母的一种情绪宣泄。而打人的画面，将成为孩子幼小人生中最恐怖的过往，由内向外地打碎了孩子的精神世界。在父母的拳头下，他们无力反抗，只能内耗，甚至放弃自己。

不管以什么名义打孩子，最后为此买单的永远都是孩子。父母的拳脚相向，日积月累下来，就像高速公路上的连环追尾，让孩子不断地受到伤害。而孩子终其一生，都难以治愈内心巨大的创伤。

2. 父母暴力会遗传给孩子

案例1

国际犯罪学专家大卫·法顿说：“那些肢体受到摧残、受到忽视的儿童，长大后很可能成为暴力的攻击者。”

研究人员找了66个3～6岁的孩子，把他们分成两组，分别让他们看视频。第一组孩子看到的是“一个人在暴力殴打玩偶”；第二组孩子看到的是“一个人在安安静静地玩”。看完视频后，工作人员又把这些孩子分别带到另一个房间，让他们在房间里自由地玩耍。

观察发现，那些看到“别人在安安静静地玩”的孩子，再顽皮也没有攻击行为；而那些看到“别人在暴力殴打玩偶”的孩子，很多都出现了攻击行为，就连女孩也不例外。

案例2

在电影《愤怒的公牛》中，一代拳王杰克·拉莫塔经常被父亲殴打，身体和心灵伤痕累累。

长大后，他心理扭曲。自卑、多疑、傲慢、嫉妒、狂躁，充满攻击性，习惯用暴力解决问题。他不信任妻子，会抽妻子耳光；会暴打弟弟，充满戾气。

点评

经常被打的孩子，除了会让他们变得懦弱自卑、悲观厌世，还会让他们走向另一个极端——具有暴力倾向。

父母打孩子，等于给孩子做了一个不良的示范，让孩子认为这样的行为是合理的。正因为有样学样，生活在暴力之下的孩子，渐渐地也会把暴力当成解决问题的方式。

暴力的家庭会有暴力的孩子，它像一场无止境的轮回，不断地在孩子身上复制。当孩子也学会举起

三分钟定律(2)

2. 生气冷静三分钟

在生活中，难免遇到一些不顺心的事。学会控制情绪，不要任由火气冒上来。人在生气时，行事很容易冲动。这时说的话、做的事，只能伤人伤己。

王阳明平定宁王之乱前，很多老将对他不服气，时常围在军营外面百般谩骂，寻衅闹事。王阳明稳坐帐中，丝毫不为所动。他表示：愤怒之类的偏颇情绪，人心之中怎么会没有呢？而动怒控制不住感情，便会过度。

控制愤怒最好的方法是舒缓。与其事后悔恨，不如让自己冷静三分钟，等情绪缓和些再做决定。在日常小事上，刻意磨炼自己，学会控制情绪，时间长了，看问题就不会那么偏激。学会冷处理后，才发现原本想不通的事，根本不值得你生气。

习惯用情绪解决问题的危害性，你知道吗？（参考答案P54）

拳头的时候，就是另一个悲剧的开始。

3. 孩子优秀不是打出来的

案例

童话大王郑渊洁说，他教育儿子和女儿，从来不打他们。孩子做错事情的时候，他会耐心地沟通和引导。他说："世界上最丑恶的武力，就是打孩子，这是恃强凌弱。"

他的孩子比很多同龄人都优秀。儿子郑亚旗从18岁开始就自己养活自己了，后来成为一名企业家；女儿郑亚飞是名副其实的学霸，被美国知名大学录取，还获得了全额奖学金。

点评

孩子的优秀，从来都不是打出来的。真正有效的教育，都源于父母的爱和智慧。

纽约市儿童医院儿童心理科医生拉希勒·布里格斯说："你如果打孩子，就等于告诉他们，这是一种处理问题的方法。但是，如果你使用其他管教方法，就能教授孩子更高级的认知技巧、自制力、因果关系以及逻辑思维能力。"影响孩子成长的不是父母的管教，而是错误的管教方法。

英国有句谚语："父母对孩子的态度，决定他的命运。"父母的循循善诱，以身作则，才是孩子最需要的养分。

李玫瑾教授说："孩子成为什么样的人，在于他有怎样的观念，接受怎样的教育。"

决定孩子将来的要素，渗透在父母的一言一行中。父母不要把自己的拳头落在孩子身上，别亲手把孩子推向悲剧的人生。希望所有的孩子，在回忆起自己的父母时，内心充满的是温暖和勇气，而不是心酸和失望。

美国家教40句(3)

21. 每天都抽出时间和孩子单独在一起。

22. 不用辱骂来惩治孩子。

23. 不能因为孩子犯错误而戏弄他。

24. 表扬孩子会背诗、讲故事和唱歌曲。

25. 让孩子独立去思考问题。

26. 详细制订实验计划，帮助孩子了解更多的事情。

27. 允许孩子玩各种安全的废弃物。

28. 鼓励孩子发现问题，随后解决这些问题。

29. 在孩子干的事情中，不断寻找值得赞许的地方。

30. 不要空洞和不真诚地表扬孩子。

文/孙公子

别再限制小孩看电视了

现在的父母们为了让孩子少看电视，对他们接触电视、电脑、手机、平板设置了各种障碍。

可是，你以为现在的孩子都很容易对付吗？道高一尺，魔高一丈，为了看电视，孩子们发挥了“主观能动性”。

1. 为了看电视，小孩个个是人才

案例1

一个爸爸上班前嘱咐儿子在房间写作业，怎料爸爸刚出门，儿子就偷偷地跑出来看电视。随后，儿子听见楼下熟悉的车声，立即切断电源跑回房间。当电视彻底停止的那个瞬间，爸爸刚好推门而入。时间管理恰到好处，比猫抓老鼠还刺激。

网上有个段子：以后别再说小孩干什么都磨磨蹭蹭了，一个偷看电视的小孩，能在10秒之内完成频道复位、拔掉电源、罩上罩子、冲回房间、假装写作业的全过程。动作之快速、流畅、完整，心理素质之稳定、有序、镇静，没有长时间高频次的练习是很难完成的。

案例2

一个妈妈发现，儿子每天早晨起来，总是拿着遥控器对着隔壁邻居家的客厅比比画画。开始，妈妈并没有放在心上，以为孩子是在玩。

经过多次观察，发现真相后，她笑喷了。原来，小男孩偶然发现，自己家的遥控器居然可以遥控对面的电视机。于是，他每天早晨起来后，就眼巴巴地守着，等到隔壁家的小哥哥起来、打开电视，然后他就用自己手里的遥控器调台。面对此现象，隔壁家总以为是电视机出了故障。

案例3

一个三岁的小女孩，爸爸为了防止她近视，每天只让她看15分钟电视。可是时间不够怎么办呢？小女孩很快有了对策：在爸爸关掉电视后，小女孩每天准时趴在窗台上盯着对面看，一动不动，一坐就是一小时。

开始，爸爸以为她是在玩。后来因为好奇，爸爸顺着小女孩的视线仔细一看，才发现惊天秘密。原来，对面邻居家的电视机里，正在播放动画片。小女孩边看动画片边吃着零食，别提多美了。

案例4

一个八岁的小男孩，平时喜欢

夫妻吵架的正确方式是就事论事。(参考答案P105)

看动画片，但是妈妈总是在他看得最尽兴的时候，叫他去写作业。为了避开妈妈的视线，无拘无束地看电视，他网购了一件舞台演出隐身衣。这天，他穿上隐身衣，小心翼翼地贴着墙边站着，打算去客厅看电视。他站了许久，发现没人注意到他，便大摇大摆地往客厅走去。一边走一边想，看不见，老板没骗我。可是这隐身衣连眼睛都被遮得严严实实，穿上它能看见电视吗？

案例5

一个小孩坐在床边看电视，妈妈想捣乱，于是，便把脚稍稍地伸向孩子，用脚尖戳了戳孩子，发现孩子完全没有反应。过了一会，妈妈又把脚伸过去戳了戳孩子，孩子接下来的动作让妈妈感动。孩子并没有回头看妈妈，两只眼睛依然盯着电视看，但是感受到妈妈从后面伸过来的脚，就把妈妈的脚抱起来放在自己的怀里。

当时，妈妈的脚非常凉，看到孩子这个举动后，妈妈觉得非常暖心，还忍心阻止孩子吗？

案例6

一个爸爸发现家里的电表被封了。封条上写着：电表即将进入冬眠期，冬眠期间不影响用电，可以放心使用。电表要避免光照、要保养，所以严禁撕毁封条。如果私自解封，就不再省电，后果自负。冬眠期从1月1日至2月16日，跨越整个寒假。

电表还冬眠？看到恶作剧，这个爸爸很生气，打电话投诉。结果真相大白，原来是儿子干的。儿子害怕爸爸通过电表，发现自己看电视，就出此奇招。本来爸爸可能还不知道儿子在偷看电视，这下全知道了。

案例7

现在的父母不容易，一眼看不到，小孩就要作妖。所以，为了能多只眼睛观全局、稳家庭，很多父母在家里安装了监控。

这个爸爸因为要外出五天，为了防止孩子在家里偷看电视，爸爸在客厅里安装了一个监控，能时刻掌控电视机前的情况。没想到，爸爸走后，孩子把监控拆下来了，把摄像头对准了事先打印好的客厅无人的图片。这智商、这计谋，大人都自叹不如。

案例8

一天，小学三年级的语文老师在家长群里发了一条消息：今天有一篇作文，孩子们要在家完成，请家长们监督一下。消息刚发完，就收到一个家长的回复：林琛不用写作文，他要看电视。消息下面还配上了一张以电视屏幕为背景的照片。

这条回复一下子令家长们侧目。但是，百密必有一疏，在那张照片里，竟然有个人影，而且人影的胸前，分明有一条鲜艳的红领巾。

孩子没想到，自己被红领巾出卖了。果然，稍后爸爸回家了，主动向老师戳破真相：此条信息是孩子一手炮制。

2. 到底该不该让小孩看电视

心理学家说，不必禁止孩子看电视，有些好处父母意想不到。

心理学家还说，孩子看电视的现象，越来越“正常化”。为什么这么说呢？因为除了家里的电视外，还有手机、电脑、视频广告屏，到处都是电子产品，孩子随时随地都能看到。你在家里不让他看电视，他在外面可以看的东西有很多，你能都禁止吗？显然不能。所以，大环境下，我们很难一下子不让孩子看电视。如果强行禁止，还可能让孩子产生逆反心理，你不让我看，我偏要看，如以上案例所述。到了这种地步，父母就很被动了。

1997年，心理学家莫尔林对小学四年级到六年级的孩子们做了一系列的记忆实验。他发现通过看电视的形式，让孩子记住的内容，比

不放弃(2)

案例

1984年，才两岁的郎朗，在家里看动画片《猫和老鼠》。郎朗一边哼着里面的音乐，一边跑到钢琴前，模仿着汤姆弹琴的动作，弹出一首完整的曲子。这件事让郎父欣喜若狂，他认定儿子绝对是个音乐天才。他雷厉风行地找到沈阳音乐学院的朱雅芬教授，并让郎朗拜师学钢琴。从此，郎朗快乐的童年，就停在了两岁。

从学琴开始，郎朗都遵守着父亲制定的异于常人的作息时间。早晨5:45起床，练琴一小时；放学后，先练琴两小时，再吃晚饭；晚饭后，再练琴两小时，然后才能写作业，等到睡觉，已经是深夜了。就连大年三十，郎朗都必须练琴八小时后再吃年夜饭。仅仅两年，郎朗就赢得了东三省少儿钢琴比赛的第一名；之后，郎朗又陆续获得好几个奖项；五岁那年，郎父为郎朗举办了一次钢琴演奏会。

点评

安杰拉·达克沃思教授通过研究发现：一个人能否成功，坚毅的品质起到重要作用，这种品质的作用，比天赋更加重要。很多世界级大师的成功，都是经过长期的刻意练习。因此，他建议让刻意练习成为一种习惯。

三个方法培养孩子自律。(参考答案P94)

通过看书的效果要好得多。

后来，科学家们也发现，经常看科教频道的儿童，其语言发展水平略高于从不看电视的孩子。说到这里，也不难理解，因为我们会发现，有些孩子背古诗、背课文很困难，而有些广告词却朗朗上口。电视的画面活泼、生动，方便孩子理解，虽然只是单向输出，却能让孩子学得更快。

所以，如果父母能够把控孩子看电视的内容和时长，看电视或许对孩子并不是一件坏事。有些父母甚至认为，孩子跟着电视中的少儿频道，学了很多知识，而父母单纯地给孩子讲解，却达不到这样的效果。

3. 适当看电视，三个规定先提出来

即使我们了解了，看电视可能给孩子带来一定的好处，但是也不能什么都不管，把孩子交给电视。

（1）控制好时间

小孩看电视的时间，确实不宜太长。比如三岁以内的儿童，每天看电视的时间控制在30分钟以内。

（2）规定好内容

孩子看电视，还是要先规定好内容。比如一些偶像剧、抗战片等情节不适合孩子看的，就要少看，或者不看。孩子看的电视，一定要符合他的认知水平。比如现在网络电视有些认知启蒙、识字App，是可以在电视上观看的；有些交互式的学习App，也是可以让孩子看的。

（3）拓展兴趣爱好

有些孩子看电视，纯属无事可做，也不知道自己玩什么，干脆对着电视看起来，二郎腿一跷，沙发上一躺，无休无止了。所以，父母可以培养孩子一两个兴趣爱好，帮助孩子从现状中抽离出来，不至于那么被动地被电视“看着”。比如看书画画，都是不错的兴趣爱好。

这五种人最好命(2)

2. 爱笑的人

英国作家萨克雷说：“生活就像一面镜子，你笑，它也笑；你哭，它也哭。”

在《送你一朵小红花》里，马小远五岁就患有脑瘤。但是生活并没有将她击倒，她反而将乐观传递给别人。生活拮据不能出远门，就在城市里造微景观感受自然之美；路边撸串，街旁跳舞，在大风大浪中感受生活。虽然，最终依然被病魔夺去生命，但是马小远的一生，写满了“人间值得”。乐观爱笑的人，都能像马小远一样，把生活过成诗，把时光酿成蜜。

教育孩子首先不要输在家庭教育上

提升家长的家庭教育综合素养从学习家庭教育开始

父母的三观正确，孩子善良且强大。（参考答案P167）

文/可乐妈

高度成功的人是怎么培养出来的

美国哈佛大学教授罗纳德·弗格森带领他的团队历时15年，对200多名高度成功的人士进行了研究，结论是：成功人士之所以成功，是因为他们的父母在孩子的特定时期，都扮演了以下八种角色。

1. 早期学习伙伴

扮演这个角色意味着父母能够帮助孩子，在他们还没有进入学校前，就对学习产生兴趣，弗格森把这个角色称为最重要的一个。

孩子都有遗传父母的潜能，但其中有多少能够得到发挥则取决于父母，父母是孩子成长环境中最重要的学习因素。比如孩子有学说话的本能，如果没有父母的帮助，他们就不会说话。比如父母与学龄前的孩子玩游戏，能带给孩子很大的优势，特别是能帮助孩子获得领先于其他孩子的学习优势。

奥地利动物学家康拉德·洛伦茨是推广“关键期”的第一人，但是他广为人知的发现却是“关键期依恋原则”。关键期也叫“敏感期”，从孩子出生到五岁期间达到峰值，一直延续到小学低年级，这个时期也被称为儿童的“发育可塑阶段”。

在这个时期，孩子对刺激特别敏感，学习起来最轻松，大脑像海绵一样能大量且快速地吸收知识。关键期提供了令人难以置信的学习机会，如果错过了，就无法弥补了。

人类大脑的发育具有“用进废退”的特性，如果加以培养，潜能就会蓬勃发展；如果受到忽视，它们就会枯萎凋零。

2. 飞行工程师

弗格森说，他和妻子扮演这个角色的时候，是在他们的女儿遇到一位不能公平对待她的老师时。需要注意的是，要将这一概念与“直升机父母”区分开。

直升机父母是那种过度参与孩子的生活，不给他们空间去发展独立关系、为自己协商争取、寻找自己兴趣的父母。

看过一个家长群聊天记录：一个家长因为孩子找不到教室给老师发信息，让老师到学校门口来接孩子；一个家长让老师出来给孩子送水杯；还有一个家长提出不要安排孩子打扫班级卫生，因为他是家中唯一的男孩。

而飞行工程师是那种注意监测

女孩有五种表现时不要制止，你知道吗？（参考答案P87）

孩子的成长环境，确保孩子能够得到所需要的东西，并在他们的需要无法得到时，及时进行干预。

一个小学一年级的孩子，在学校的学习状态不好，不能认真学习，和同学的关系也不好，老师对孩子的评价也比较差，比如孩子的注意力不集中，不能完全听从老师的指令，孩子坐不住，孩子成绩不好等。父亲知道孩子的情况后，对孩子进行了观察。观察之后，父亲发现孩子很聪明，只是成熟度不够。因为成熟度落后于同龄的孩子，所以各方面的表现才落后于同龄的孩子。为此，父亲决定让孩子晚上学一年。在第二年上学的时候，孩子的学习状态就特别好了。这位父亲选择了观察孩子，了解孩子的情况，从而为孩子选择了正确的教育环境和教育机会。

3. 铺路搭桥者

扮演这个角色要求父母确保不放过任何能让孩子进步的机会，并且不因为资源不足而阻碍孩子的进步。好父母也可能生活贫困，但是当他们看到孩子有取得成功的机会时，会努力冲破屏障去争取。

在研究中，有多位来自家境贫寒的家庭，其中有位妈妈是蓝领工人，有两孩子，老大被判刑15年，于是，妈妈决定给弟弟最好的教育，结果弟弟成为顶尖人才，全国知名。

有个爸爸，女儿上初一，成绩中等，对学习没兴趣。为了帮助女儿，爸爸每天接送女儿上下学，在路上跟女儿沟通学习情况；还利用空闲时间学习女儿的教材，起得比女儿早，睡得比女儿晚；戒掉了网瘾，拒绝一切酒局、牌局，陪伴女儿阅读各种课外书。在最近一次考试中，女儿班级排名前15，年级排名进步200多个名次。

4. 揭示者

扮演这个角色的父母会帮助孩子探索世界，带他们去博物馆、图书馆、展览馆，或者任何可以拓宽孩子世界观的场合。即使生活条件不佳、资源匮乏，但是这件事只要父母想做仍然能够做到。

学习不仅仅发生在课堂上，父母要让孩子接触新思想、新事物和扩展想象力。更重要的是要帮助孩子了解自己未来的可能性，思考自己想成为什么样的人，并树立努力的方向，增强自驱力。

哈佛大学曾经选择一群出身、智力、学历都相差无几的年轻人进行一项关于目标规划对人生影响的跟踪调查，调查发现：27%的人没有理想，生活没有目标；60%的人有些想法，但目标模糊；10%的人虽有目标，但只有短期规划；只有3%的人有明确的理想，并制订了清晰、可行的长期规划。

25年后，3%的人成为社会精英、行业领袖；10%的人做了医生、律师、工程师，成为社会的中产阶级；60%的人虽然生活稳定，但没有耀眼的成绩；27%的人失业、被救济，终日抱怨，沦为社会底层。

根据美国南加州大学教授针对中学生的相关研究表明，年轻人对未来的预见越清晰，就越能增强他们的能动意识，从而更有可能实现他们的目标和梦想。

5. 哲学家

这是仅次于早期学习伙伴的第二个重要的角色，因为它能够帮助孩子找到使命感。擅长当哲学家的父母，会提出深层次的有关生命的问题，或者解答孩子提出的这类问题，并绝不会低估孩子理解生命及其意义的能力。

北大教授徐凯文说：在北大一年级新生中，包括本科生和研究生，30.4%的学生厌恶学习，认为学习没有意义；40.4%的学生更是觉得人生没有意义，最极端的甚至会放弃生命。

徐教授将这种现象称为“空心病”，患上空心病的孩子，虽然在成长过程中没有明显的创伤，个人条件优越，但他们的内心却是一片荒芜。徐教授认为，在孩子的周围，一切以分数为标准：上辅导班是有用的，玩沙子是没用的；考第一是有用的，做家务是没用的；上名校是有用的，幸福和快乐是没用的。

可是，教育绝不只是一个谋生的工具，一个获取地位的手段；而是让孩子有尊严、有价值、有意义地活着。所以，父母要同孩子分享自己的世界观，赋予孩子使命感，帮助孩子找到人生的意义和目标。

6. 楷模

不管在哪种教育观里，言传身教都是很关键的一部分。只有对价值观足够明确，并且每天贯彻到生活中的父母，才能激励孩子效仿自己塑造的形象。

看过一个案例，一个女孩升高中后，成绩波动，甚至厌学。为了激励她，45岁的妈妈决定考研，妈妈每天抽空看书，做题到深夜，最终考上重庆大学的研究生。这个女孩说：妈妈用行动告诉我，永远不要给自己设限，人生有无限可能。

很多时候，父母不知道如何与孩子沟通。其实做好自己，就已经足够。当父母做好自己，老师认真

哪些孩子更容易被欺负？（参考答案P122）

教书，医生救死扶伤，工人努力工作，农民踏实种地，孩子自然就能够从我们的身上，汲取成长需要的养分。做孩子的楷模，胜过千言万语的道理。

7. 谈判者

教导孩子为自己发声很重要，同时教会他们以尊重的态度来争取也很重要。尤其是在孩子步入社会以后，他们要面对形形色色的人，因此父母更需要以谈判者的身份，教他们如何应对这种情况，学会与人打交道。

洛克菲勒作为父亲，他对儿子说：不论你从事哪个行业，比如做石油、地产生意，还是做总裁、雇员，都是在从事一个行业，那就是与人打交道。

洛克菲勒还说：与人打交道的过程，就是与人谈判的过程。在谈判的过程中，不了解自己，不了解别人，就无法达成谈判。

所以，父母要善于创造机会让孩子多做练习：谈判前，除了要了解孩子的需要，也要让孩子了解你的底线，知己知彼；谈判时，允许孩子讨价还价，还可以妥协，找到亲子双方都满意的方案，让孩子游刃有余、懂得思考全局。

8. 导航仪

这个角色指的是父母长期的养育对孩子产生的影响，就像当孩子离开家后，父母的声音仍会在他们的脑海中响起，指导他们面对生活中的不同境遇。

在动画片《冲破天际》中，以主人公的太空梦为背景，讲述了她回忆起父亲在世时的情景，受到鼓舞，从此不懈努力，并成功踏上月球的故事。虽然故事简单，人物没有台词，却道出了教育的道理。

所以，父母要让那些不会随着时光的流逝而褪色的东西，渗透到孩子的血肉里，成为他们人生中的一部分，帮助他们作出正确抉择。

心的距离远了

教授问学生们：“为什么人生气时，说话要用喊？”一个学生举手回答：“因为丧失了冷静，所以要喊。”教授又问：“可是，为什么别人就在你身边，你还是要喊呢，难道不能小声点说吗？”学生们七嘴八舌地议论开了，但是没有一个答案是令教授满意的。最后，教授解释说：“生气的时候，心的距离很远，为了穿越心的距离，使对方能够听见，于是声音很大。”父母总是大声教育孩子，也会把孩子的心越推越远。

文/Gloria

现代社会对情商的关注越来越多

一天，亲戚带着孩子到我家玩，丈夫给他的孩子包了个红包。孩子打开一看嫌少，立刻翻脸："怎么才200元，太少了吧？"孩子这番话让大家都很尴尬。其实，这是情商低的表现。

美国哈佛大学心理学家戈尔曼说："一个人成功与否，智商只占20%，而情商却占80%。"所以，情商低的孩子，智商再高也难以成功。

1. 孩子情商低的六种表现

（1）一言不合就发脾气

声嘶力竭地大哭大叫，以获得认同；毫无征兆地情绪失控；小霸王"附体"，把规则抛到脑后。

（2）说话过于直接，不懂共情

情商低的人，处事缺乏技巧，说话过于直接。他们不懂换位思考，说出去的话，通常让人不舒服。

（3）听不懂他人的弦外之音

不懂察觉他人的情绪变化，即使他人生气的时候所说的话，他也很少能听懂他人的弦外之音。

（4）情绪化，不懂控制情绪

不懂控制自己的情绪，受情绪的钳制与影响。受到他人语言侵害时，第一反应就是气急败坏，或者情绪低落。这种情绪化，导致他们遇事不冷静，处理问题也不理性，经常意气用事，不成熟。

（5）喜欢依赖他人

依赖他人是对自己做事没有信心，无论发生什么事情，都不敢单独去面对。

（6）钝感力不够，受不了打击

钝感力是心理学的一个概念——迟钝的力量。钝感力差的人对他人的批评耿耿于怀，受不了他人的打击。钝感力差，就是情商低。

2. 情商低的人很难有出息

案例1

在《虎妈猫爸》里，有个叫茜茜的孩子，被奶奶宠爱。一次，家人带茜茜去农场玩，遇到一个同龄的小女孩，小女孩给茜茜摘黄瓜吃，茜茜却嫌脏，还将湿巾塞进小女孩的嘴里，给小女孩"消毒"。

案例2

他重点大学毕业，被公司当作后备干部培养。但是，他的团队意识淡薄，不善于沟通，经常得罪人，但凡他参与的项目，进度都难以推进。后来，他被公司边缘化。

点评

研究证明，情商高的人在社会

上更容易立足，因为他能够很快地调节自己的情绪，有良好的人际关系，环境适应能力也比较强，善于抓住机会。而情商低的人，所展现出来的一些行为，经常让他人产生不满情绪，这样的人无论是做人还是做事都很容易碰壁。

3. 如何培养孩子的高情商

（1）同理孩子的情绪

案例

在超市里，有个孩子大哭，爸爸一脸严肃："我数到三，马上停止。"爸爸刚数到三，孩子的哭声立刻收住了，孩子抽噎着很努力地吞下了哭声，爸爸心满意足地带着孩子走了。

指导

哈佛大学心理学教授戈特曼认为，有三种做法不利于培养高情商的孩子：一是忽视孩子的负面情绪，觉得无关紧要；二是对孩子的负面情绪不满，甚至指责处罚；三是接纳孩子的负面情绪，却没有引导孩子处理情绪。

所以，当孩子哭时，同理他的伤心情绪："我知道你很难过，我能为你做什么吗?"当孩子生气时，理解他的愤怒，和孩子促膝谈心，并告诉他，你理解他的感受。沟通时多用"嗯""哇""对不起"，抚平孩子的内心，释放孩子的负面情绪。

（2）培养乐观的态度

案例

有个小孩特别乐观，摔倒了自己爬起来，还不忘挥挥拳头大喊一声"看我的厉害"；小朋友不分享玩具，他自我安慰："没关系，我等会再玩。"乐观是孩子高情商的表现，乐观的孩子积极面对问题，抗挫能力强，不容易受环境影响，有自我鼓励的精神。

指导

情商专家张怡筠建议："在日常生活中加入幽默感和想象力。"平时让孩子养成"没关系"的口头禅，让孩子以开朗的心态面对明天。

（3）创造交往的机会

美国《育儿百科》指出：孩子学习与他人相处的最好方式就是多为他创造交往的机会，虽然他现在的行为不利于和他人交往，但是父母还是应该积极地创造机会，让他和别的孩子一起玩。

比如与小朋友谈分享：妈妈觉得你分享玩具给小朋友玩，是件非常开心的事，也可以和小朋友交换玩具玩；再比如与小朋友们一起滑滑梯：谁先来，谁就先滑，有秩序才玩得开心。父母是孩子最好的情商教练，只要有耐心，细心引导，孩子的情商就会越来越高。

文/乐秋

是什么在影响孩子的学习成绩

苏州市曾经发布了教育教学质量监测报告，对本市277所中学28万余名学生进行教学监测。在报告中，有这么几组数据很有意思：每天在家吃早餐的学生，比在外面吃早餐的学生学习成绩更好；父母用手机的时间越短，学生的学习成绩越好；有兴趣爱好的学生，学习成绩更好。早餐、手机、兴趣爱好，父母平时不太在意的细节，却成为影响孩子学习成绩的重要因素。

1. 在家吃早餐比在外面吃，成绩高51分

据统计，同样是吃早餐，在家吃比在外面吃，成绩高51分。

新加坡某医院调查发现：不吃早餐的学生，注意力比较差，并且反应也慢。

《健康报》也有数据显示：学生经常吃早餐，能增强大脑发育、增强记忆力、提高学习成绩。每天早上吃早餐的孩子，除了有益于身体健康、大脑发育之外，还可以让脑细胞兴奋起来，更有益于孩子一天的学习。

霍启刚和郭晶晶经常晒给三个孩子做早餐的图片，一家人围着小桌子吃早餐，氛围非常好。

黄磊只要在家，就会亲手为女儿多多做早餐，多多说早餐还没吃完爸爸就做午餐了。

所以，不是吃早餐使孩子的成绩好，而是父母给孩子做早餐，传递的是父母的爱和生活态度。我们如何对待自己的生活，孩子就会如何对待他们的生活和学习。

清华附中的校长王殿军曾经说过：安抚青春期的孩子，最好的办法就是父母多做饭、少说话。经常在家吃饭的孩子，与父母的关系也更亲近。

2. 爱玩游戏的父母，养不出爱读书的孩子

爸爸经常在孩子面前玩手机，让孩子对手机也产生了浓厚兴趣：“为什么爸爸能玩，我就不能玩。”父母自身就有爱玩手机的行为，自然对孩子的行为纠正没有说服力。

一个朋友讲述了他和他儿子的一段对话。朋友说：“儿子，你这几天总是玩游戏，就不能控制一下自己，把精力用到学习上吗？”儿子回答说：“爷爷经常告诉你，不要在外面打麻将，你怎么还是经常在外面打麻将呢？”

父母对孩子的影响是深远的，

爱玩手机的父母，养不出爱读书的孩子。很多父母总是叮嘱孩子要多学习，要多看书，但是自己却不学习、不读书。“言传”还要“身教”。对于孩子的教育，要在日常生活中去影响、打动孩子。

其身正，不令则从。放下手机，把自己的言行当作“教材”。父母爱读书，孩子也爱读书，父母主动在读书中寻找乐趣，孩子也愿意寻找书海中的精神盛宴。

3. 有兴趣爱好的学生成绩高，最多高60分

据统计，有兴趣爱好的学生成绩高，最多高60分。

浙江省也有数据显示：拥有3~4项固定兴趣爱好的小学生，学习成绩更好。可见，鼓励孩子挖掘自己的兴趣爱好，有利于孩子的成绩提升。

广西高考文科状元韩思雨，兴趣爱好就很广泛，在学习之余，画画、弹琴、看漫画、刷电视剧，样样不落；四川理科状元黎雨佳喜欢音乐，学习吉他，周杰伦是她的挚爱。从很多案例中都可以看出，成绩好的孩子并不是死读书，而是兴趣广泛、思维开阔。

钟南山教授也说：“学生别只看成绩，爱好和成绩一样重要。”

三分钟定律(3)

3. 遇事提前三分钟

《礼记》有言：“凡事预则立，不预则废。”做任何事情，一定要有提前量。事先准备好才会成功，没有准备就容易失败。一旦养成迟到的习惯，到头来吃亏的一定是自己。

张良在下邳时，遇见一位谈吐不俗的老人。老人对张良说：“五天后的早上，你来桥上见我。”张良连忙应是，五天后按时赴约。可是他没想到，老人来得比他早，已经等他很久了。老人见到张良，训斥道：“跟长者约定，也敢迟到？五天后早些来见我。”说完老人头也不回地离开了。又过了五天，张良一听到鸡叫，就急忙赶去赴约。这次，老人见张良来得这么早，满意地点头，并拿出一本书交给张良，就是著名的《太公兵法》。张良仔细研读这本书，最终成就了一番事业。

凡事提前三分钟，是对别人的一种尊重。给人留下好印象，让人看到你的真诚，这样的人，无论走到哪里，都会受人欢迎。凡事提前三分钟，也是对自己的一种负责。给自己预留出缓冲的时间，不至于手忙脚乱、丢三落四。哪怕遇见什么突发情况，也能够从容应对。

兴趣爱好可以让孩子在学习之余换换脑子，接触一些新鲜信息，适当的运动更能帮助孩子释放压力、保持身体健康。

兴趣爱好也是孩子的伙伴，滋养孩子身心，陪伴孩子终身。拥有兴趣爱好的孩子，一定是被父母充分尊重的孩子。

人们都说孩子“开窍”后，就会主动学习，“开窍”就是孩子发现自己到底想要什么了。当我们充分尊重孩子，鼓励孩子做他想要做的事情时，孩子就会感受到支持和信任，孩子内心就会更充盈，就会逐步“开窍”。

4. 提升孩子成绩的最佳方式

一个人只有成为真正的自己，生命的热情才会被点燃，生命的创造力才会被释放，而这样的人生，才是属于他的、真正的一生。

有人说：教育是一场马拉松，需要漫长的坚持。其实，教育更像是一场接力赛，父母的格局和高度，就是孩子的起点。

一朵花的成长需要肥料、阳光、雨露以及时间。孩子的成长又何尝不是呢？

爱心早餐能够体验一家人在一起吃饭的幸福；放下手机，是为了成为更好的自己；尊重孩子的兴趣爱好，就像重新呵护自己曾经的童年。

不必担心孩子能否成为学霸，因为当孩子找到真正属于自己的人生方向，学习就会成为他实现人生理想的方法和手段。这样的内驱力，胜过无数说教和所谓的“名师指路”。

和男孩沟通的小诀窍(2)

3. 保持平和的语气

语气中的微小差别，男孩是听不出来的，因此你对着男孩叹气或挖苦都没用。要是他留意到了，他更有可能觉得迷惑、难过，而不会起到激励作用。等男孩进入青春期，他对父母的语气超级敏感，敏感到你要训练自己怎么说话，才能听起来更轻松一些，以及如何掩饰你的好恶之情，也许你现在就要开始训练了。

4. 不要使用机器人式的语调跟他说话

也许男孩会喋喋不休，但是你要保持你的语速适当。男孩语言能力的发展比女孩慢，包括聆听技巧和说话技巧。你说话时要放松，注意别用机器人般的刻板节奏来嘲笑他，比如“请、把、碗、放、进、水、槽、里”这种一字一顿的语气。

文/百合妈妈

女儿有本事边看电视边写作业

01

作家刘墉曾经说过："女儿刘倚帆从小成绩就很好，能趴在地毯上，一边看电视一边写作业，她有本事这样每科照样拿A，我有什么话可说呢？"刘倚帆14岁便获得美国"总统奖"，以第一名的成绩考入哥伦比亚大学新闻系，毕业后工作三年，又考入沃顿商学院，后在某企业任高管。

邻居家有个男孩，从小到大没有写过家庭作业，当别的孩子在奋笔疾书、挑灯夜战时，他却自由自在地做自己喜欢的事情，但是每次考试，不论大考小考都是全年级第一。

我儿子小的时候，每次老师布置了背诵作业，他都是直接跑过来给我背，从来不需要专门花时间去背，他说"课堂上老师讲的时候就已经记住了"。

02

在我们身边确实有许多孩子看上去比别的孩子聪明，当别的孩子还在一团乱麻、苦思冥想时，他们早已举一反三、烂熟于心，在学习上似乎毫不费力。

有的父母认为，这些孩子天生智商高，不是所有孩子都能做到。其实，每个先天没有缺陷的孩子，出生后的智力都相差无几，真正拉开孩子之间距离的，在于父母后天的教育引导。

观察一下那些聪明的孩子，就可以发现，他们的判断力、推理能力、观察能力、专注力、创造力都很好，也就是我们说的智商高，但是更准确的说法是逻辑思维能力强。

03

逻辑学界畅销书作者于雷曾经说过："人的智商从科学上而言取决于三个部分：神经智力、经验智力

七句大实话，藏着七大社会真相(1)

1. 关于生活：世人皆苦，唯有自度

在成人的世界里，从来没有"容易"二字。王小波说："生活是一个不断受锤的过程。"这个过程，就是把人打磨光滑，把棱角磨平。

生活总是一地鸡毛，问题叠着问题。许多人表面上光鲜亮丽，内心早已千疮百孔。遇过许多人，经过许多事，逐渐明白了生活的艰难。而在突如其来的灾难面前，我们每个人更是显得那样渺小。勇于扛起生活的千斤重担，就是自己的平凡英雄。

和反省智力。其中，我们大多数人的神经智力都差不多；经验智力就是重复做一件事情，能够达到的水平；反省智力就是你对于事情的判断、应对和积极心态。这是智力当中把人和人真正拉开距离的部分，也是最重要的部分。我们所谓的聪明人，反省智力都比较高，而反省智力是一种逻辑思维能力，它能够把成功的结果放大。"

好的逻辑思维能力，不仅对孩子的学习有帮助，对孩子将来的生活、工作也有帮助。那么，如果父母注重一些养育细节，加强对孩子逻辑思维能力的培养，就等于让孩子赢在了起跑线上。

04

孩子一般从两三岁起，就变得特别爱问大人"为什么"，这就是孩子最初逻辑概念的萌芽，他们开始对世界思考，表现出来的就是不断地向大人提问题，随着年龄的增长，他们提的问题会越来越多，甚至千奇百怪。

面对孩子的问题，父母不能简单地从自己的视角和认知给孩子一个深奥笼统的答案，这样的答案只会让孩子感到费解，也无法解开孩子心中的疑团，更无法培养孩子的逻辑思维能力。

父母应该充分考虑孩子的理解能力，以孩子能够理解与接受的方式讲给他听，或者问他一些启发性的问题。

当孩子说出自己的答案或想法时，父母要及时地回应和肯定，就算孩子的答案是错误的也不重要，因为这不是关键，关键是让孩子从这个过程中学会运用逻辑关系去思考，建立起最初的逻辑思维的框架。也可以通过读一些绘本，对孩子进行逻辑思维能力的启蒙，通常会达到事半功倍的效果。

假期带孩子做这些事比补课强(1)

1. 带孩子干一次农活

每年的暑假，我都会带着儿子回乡下的老家小住几天。除了放松身心之外，更重要的是带他体验一下劳作的辛苦。去田里种种菜、去山上放放羊，去圈里喂喂猪；每次干完活，孩子总是满头大汗，吃什么都香。自从体验到劳动的辛苦后，他终于下定决心好好学习，再也不抱怨苦与累了。

泡在蜜罐里的孩子，感受不到生活的不易，也意识不到读书对于人生的重要性。给这些"小树苗"以磨砺，让他们适当地吃些苦，才能让他们脱胎换骨，更珍惜现在的学习时光。

文/赵若冰

80%的学习困难与压力有关

01

一个孩子期中考试全校第一，妈妈却如临大敌。因为孩子自从上学开始，成绩就是忽高忽低，这次成绩好，下次一定糟糕。不管这次夸奖也罢、叮嘱也好，孩子总是会规律性地逃不出下次糟糕。

这是孩子升初中后的第一次成绩“高开”，妈妈来不及开心又开始担忧：一边对即将面临的“低走”惴惴不安，一边反思自己的教育是不是要赶紧调整。

其实，这个妈妈的做法有些欠妥。都说要胜不骄败不馁，但是妈妈这种莫须有的紧张和担忧，无形中给孩子添加压力。我们都理所当然地认为，成绩差的孩子，压力就大一些；殊不知成绩好的孩子，压力也不小。那么，对于孩子的压力，父母有没有办法帮助他们缓解、释压呢？

02

有一组关于孩子压力的统计很有趣，父母不妨看一看，认真思考一下自己的行为。

（1）对于成绩差的孩子

父母的态度不管是鼓励还是否定，对于孩子的压力缓解很少有作用，因为成绩差本身就是一种巨大的、无法逃脱的压力。

（2）对于成绩中等的孩子

父母的态度越是高鼓励的，孩子的学习压力就越小；父母的态度越是高否定的，孩子的学习压力就越大。高鼓励，63.9%的孩子感到压力不大，27.7%的孩子有中等压力，8.4%的孩子有很大压力；高否定，64.3%的孩子有中等压力，35.7%的孩子有很大压力。

（3）对于成绩优秀的孩子

父母的态度越是高鼓励的，孩子的压力就越小；父母的态度越是高否定的，孩子的压力就越大。高鼓励，5.6%的孩子感到压力大，27.8%的孩子有中等压力，66.7%的孩子几乎没有压力。高否定，66.7%的孩子感到压力很大。

由此得出结论：除非是孩子的成绩特别差，需要特殊帮助，其他大部分孩子无论成绩中等还是上等，父母的鼓励都会大大地减轻孩子的压力，而父母的否定将会增加孩子的压力。

这与教育研究者高登的认知很符合：孩子80%的学习困难与压力有关，解除这个压力，孩子就能解决那些困难。

03

除学习之外，父母给予的精神压力也不小。

（1）强迫孩子

父母不考虑孩子的需求，强迫孩子按照自己的意志行事，无论是申辩、愤怒还是反抗都不行。从而导致这些孩子胆小怕事，遇事退缩，没有担当，不够果敢。

（2）冷漠孩子

父母对孩子的需求漠不关心，缺少亲近感，总是高高在上一言堂。若是孩子有过失，不是耐心教育，而是冷漠地对待孩子。导致这些孩子很孤单，性格内向，不善言辞，悲观无主见。

（3）过度保护孩子

父母对孩子的学习生活事无巨细地关注，经常检查孩子的日记，不允许孩子有任何秘密；不让孩子承担除学习以外的事情，比如做家务、和朋友一起玩等，导致这些孩子盲目自大，性格乖张，受不得委屈，更易一蹶不振。

父母总是打着“爱”孩子的旗号，做着毫无预见性的事情，对孩子的成长毫无帮助。只要父母能够给予孩子们更多的理解、尊重和鼓励，就能解除他们的压力，学习困难迎刃而解。

情商很低的四个迹象(1)

1. 冲动易怒

拿破仑说：“控制自己的情绪，比拿下一座城池更伟大。”

北宋宰相文彦博在益州当官。一日，宴请宾客的时候下大雪，宴会到了半夜还没有结束。随从的士兵发怒，把外面的井亭拆掉烧了避寒。宾客见到后，以为士兵造反，吓得腿打战。文彦博却镇定自若地饮酒说：“天气也确实冷，就让他们烧了烤火吧。”士兵见状，没了发泄的地方，就没再闹事。文彦博的一句话巧妙地化解了这场危机。第二天，文彦博查清了是谁先动手拆的井亭，把此人杖责一顿打发走了。如果文彦博当场发作，可能会激起兵变，到时只怕闹得不可收拾。

真正厉害的人都不是情绪动物。他们处变不惊，面对人生的突发状况，总能保持冷静，找到最优解。相反那些冲动的人，则是第一时间就把事情搞砸。唯有控制自己的情绪，才能真正掌控自己的人生。

询问式教育 倾听孩子的看法

文/李蔚红

中国的大多数父母和老师，习惯对孩子使用“你要这样”“你应该这样”的训导式教育；而西方的大多数父母和老师，习惯对孩子使用询问式教育：“尼克，你怎么想?”“安娜，你怎么看这件事?”

询问式教育，除了平等和尊重孩子，还能够倾听一下孩子对一些事物的看法。经常听听孩子们的看法、困惑和需求，我们才能正确地理解、养育和帮助他们。

1. 倾听孩子对一些事物的看法

第一个孩子说：“我知道爸爸妈妈很爱我，只是他们挣钱少，我们家买不起汽车。妈妈每天骑自行车送我上学，而有些同学都是爸爸妈妈开着汽车接送。一天下大雨，妈妈载着我重重地摔倒了，我们的衣服被弄得又脏又湿，很难看。我想我一定要学会自己骑车，不用妈妈送我了。”

第二个孩子说：“我和同桌课间到操场上玩，耽误了上课。而老师却把我一个人叫到办公室里罚站，都没有批评同桌，因为同桌家里有钱有势，老师不敢得罪他，这件事让我觉得很不公平。”

第三个孩子是巴西的女孩乔安娜，一天，她和妈妈乘车回家，她们看见了市中心正在进行的市长竞选活动；她们的车子离开市中心后，她们又看见了一群衣衫褴褛、正在垃圾堆里翻找食物的穷人，乔安娜突然有了想当市长的念头。她认为，她当了市长，一定能让那些穷人有衣服穿、有饭吃、有房子住。回家后，她查阅了很多资料、和父母讨论，想了很多为穷人服务的办法，并把她的政见写在信里，寄给市长。

以上三个孩子，虽然年幼、纯真，却看到了生存中的一些真实现象。比如艰辛的妈妈、学校里的不平等，以及政治人物是否真正关心社会底层等现象。

2. 让孩子去评价、批判一些事情

“为什么大人可以批评孩子，孩子就不能批评大人呢?”“语文老师很粗暴，谁写错作业，就撕谁的作业本。今天她还揪住一个男同学的耳朵。”“在我们村里，很多人乱扔垃圾，塑料袋、碎玻璃、破砖头、狗屎到处都是，看着脏极了，也没有人管。我多么希望我们的村庄能够干净、美丽起来。”“禽流感来了，我们家把鸡、鸭都杀了，听到它们的惨叫声，我很难过，难道人生病了也要被杀吗？我们应该为这些鸡、鸭治病。”

孩子们的这些叙述，为我们呈现出他们看到的世界，他们的一些经历、他们的一些想法。他们就是在这些经历和懵懂的认知中成长着，一点点地形成他们的人生观和价值观。

一个三岁的孩子看见一辆汽车，也许会把它当成一种动物；而到了13岁，他就会明白汽车是一种交通、运输工具；到了23岁，他可能就会开汽车了。

随着孩子们的不断成长，他们经历的事情越来越多，他们对世界的看法也在不断地变化。让他们用自己的方式，写下他们对世界上各种事物的看法，那些真实的、用他们自己的眼睛看到的、大脑想过的事物，这样他们就能够逐渐成为一个有思想的人，一个愿意表达自己的人。

3. 让孩子去设想未来的生活

包括他们喜欢的景物、所爱的人，他们热衷的事情。这样的设想也是他们的理想，如果他们能为之努力，并且拥有能力，设想总有一天能成为现实。

在美国的希尔斯代尔市，一个刚满18岁的高中生塞申斯的父母双双失业，艰难的生活让塞申斯总想着去做点什么，不仅仅为他们一家人，也为所有艰难生存的人。于是，塞申斯用自己打工所得的700美元作为经费，参加了市长竞选。他做了切实可行的竞选计划，最后击败了现任市长，成为希尔斯代尔市真正的市长。他将为胜任这一职务而学习并付出人生更多的努力。

世界上所有的童话、神话都不是空幻的，它们都来自真实的生活和人性，并且不时地成为现实。人类就是这样发明了各种飞行器，到达月球，又有了电视、录像，能够在几分钟内就联系上远在天涯海角的亲人。

尊重孩子，让他们说出和写下自己看到的事物，倾听他们的观点和认识、他们对大人和社会的意见，这不只是形式，而是要引导他们在生活中去发现和思考，并且激发他们去为理想而奋斗，改变和创造一些环境，由此生活得更为美好。

七个细节看清一个人的教养(1)

1. 关门的力度

关门是一件小事。但是没有教养的人，关门会随心所欲，只顾自己舒服。有人是压根没有注意到这个问题，有人则是刻意为之。前者是不懂为别人着想，后者则是真的没素质、没礼貌。

有教养的人，关门时会自觉考虑到别人的感受。他们知道轻轻开门再轻轻关上，才是对别人最好的尊重。

承认孩子独特 他才敢做自己

文/芭蕉

1. 很多父母把孩子当成自我的延伸

案例1

有个孩子学习成绩班级倒数第一，妈妈愁白了头。孩子虽然成绩不好，却诚实、踏实，喜欢画画。但是妈妈却说：“成绩不好，其他全是零。”为了孩子的成绩，妈妈十分焦虑。

案例2

妈妈为了孩子放弃了工作，给孩子报了绘画、英语、舞蹈和音乐兴趣班，妈妈不仅在少年宫附近买了房，为孩子能上重点小学，还买了学区房。背负着妈妈的理想，女儿越来越不快乐。

分析

美国著名作家斯科特·派克在《少有人走的路》中写道：“有的父母不尊重孩子的独立人格，把孩子当成自我的延伸。孩子就像他们昂贵的衣服、漂亮的首饰、修剪整齐的草坪、擦拭一新的汽车一样，代表着他们的社会地位和生活水平。父母的这种自恋情结，看上去没有什么大不了，但是却有着惊人的破坏力。”

父母在不知不觉中，把自己和孩子的关系变成了“债主”和“债务人”的关系，他们希望孩子“还债”。

这些要求背后，是父母脆弱的内心和梦想的转嫁，是对自我成长的逃避和对未来的恐惧。

父母说“我爱孩子”“我希望孩子更好”，其实是让孩子满足自己的期待，没有把孩子当成有独立人格的人。

2. 承认孩子独特，他才敢做自己

案例

著名漫画家朱德庸是一个用漫画带给大家快乐的人，可是在《朗读者》中他却说：“我的童年不快乐。”

小时候，朱德庸是名副其实的学渣，成绩是他的噩梦。因为成绩不好，老师批评他，同学们排挤他，他觉得没有人喜欢他，他唯一的快乐就是画画。

但是，爸爸从来不骂他，而且非常支持他画画。因为家里穷，买不起本子，爸爸就买来纸，用线缝成本子。爸爸带他去动物园，并告诉他：“动物园里有各种动物，如果你是狮子就做一只狮子，如果你是老虎就做一只老虎，不要轻易改变你的样子。”

点评

朱德庸是幸运的，他的独特被爸爸小心地呵护和守候着。有人曾经说过：“每个人都有自己的天分，如果要用会不会爬树去衡量一条鱼的能力，它会绝望。”

我见过很多朱德庸式的孩子，可是他们的父母却总是对着孩子嘶吼：“看你考的那点分，还有脸画画。”甚至夺过孩子手中的画纸，撕得粉碎，逼着孩子去做作业、上辅导班。尊重孩子敢于给孩子兜底的父母，才是真爱孩子的父母。

3. 真正优秀的父母，无条件地接受孩子

案例

哈佛博士詹青云，20多年前是个“输在起跑线上”的孩子，甚至是个问题小孩。

詹青云上小学时，是班级学习最差的学生。从小学到高中，她六次转学，每到一所新学校，都是落后分子。老师说她是“笨猪”，甚至预言她“考不上高中”。可是，妈妈并不焦虑，总是胸有成竹地告诉她：“别着急，你会变成好学生的。”

父母无条件的爱，使她不缺乏安全感。她爱玩滑板、打排球，爸爸就把客厅改造成运动场；她弄坏地板、砸坏吊灯、晚睡晚起、痴迷武侠小说，父母从不嫌弃她。30多岁了不成家，面对亲朋好友的异样目光，父母还给她支招遮掩。

点评

看过一个漫画故事《安的种子》，老和尚给本、静和安每人一颗莲花种子。

本想要第一个种出莲花，他立刻把种子埋在雪地里。等了很长一段时间，种子也没有发芽，本愤怒地刨了地，摔断锄头，不干了。

静立刻查阅书籍，搬来金花盆，在最温暖的房间里，用最名贵的药水和花土，种下了种子。种子发芽后，他用金罩子罩住它。因为得不到阳光和氧气，幼芽很快就枯死了。

而安则把种子装进小布袋里，挂在胸前。他还是过着和以前一样的生活，去集市、做斋饭、早晨挑水、晚上散步。到了春天，他在池塘的一角，种下了种子。不久，种子发芽了，安收获了花开。

很多父母都希望像安一样，种出优秀的种子，却在不知不觉中做了静和本。每个优秀孩子的背后，都有一个优秀的父母。

文/粟言点点

让孩子成为一个会讨好自己的人

在心理学上，希望讨好别人，又不能自如地提出要求，害怕被别人拒绝的心理状态，叫“被拒敏感”。

案例

周末，我和儿子去公园玩，碰到同事和她的女儿。不远处，一群小孩子正在踢沙包，我儿子来了兴致，大喊一声：“妈妈，我和他们去踢沙包了。”

同事的女儿黏在同事的身边，眼巴巴地看着，眼神里充满了羡慕和渴望。同事问她想不想玩？她点点头。同事就让她自己去说，她却不动，同事鼓励她，越鼓励，她越往后躲。

观点

1. 严管高控的父母，容易养出被拒敏感的孩子

案例

鹏鹏上小学二年级，经常因为小事和同学们发生冲突。他想看看同桌新买的钢笔，但又怕同桌不让他看，他就抢过来；他的书掉到了地上，他想让同桌帮忙捡一下，又怕同桌拒绝，就故意把同桌的书也扔到地上；同学们踢足球，他想参加，但又怕大家拒绝，他就抱着球跑，干扰大家玩。

鹏鹏爸爸家教十分严苛，给鹏鹏立下许多规矩。爸爸叫鹏鹏过来，鹏鹏慢一点，爸爸就会批评他。爸爸让鹏鹏做事，鹏鹏不能有异议，否则爸爸就教育他：“我让你做，你就做，哪有那么多的废话。”

点评

被拒敏感型的人，生活在一个长期被拒绝的家庭环境中。父母对孩子严管高控，制定太多“不允许”的规定，“你不能”“你不要”“你如果不，就会……”。

父母忽视孩子的情绪，不尊重孩子的想法，不允许孩子对自己说不，如果孩子表达和父母不同的观点，父母就会批评、斥责，甚至打骂孩子。

有被拒敏感倾向的人，经常对他人的拒绝产生过度情绪及行为反应，总是焦虑地预期自己会被拒绝，在一些模棱两可的情境中，更容易感觉自己被拒绝。

2. 不敢拒绝的孩子更容易形成“讨好型人格”

案例

芳芳小的时候，周围人都比她大、比她厉害，她感到自卑，她从来不敢反驳他们，即使觉得对方说

得不正确，她也不敢表达自己的真实情绪，害怕起冲突，害怕让对方不高兴。

一次，她跟男友闹矛盾，对方打电话过来，她一直道歉，道歉了两个多小时；和朋友相处时，即使她不满，也不会展示自己愤怒的一面；在工作中，她总是不敢反驳，习惯性地笑着说“好”。

点评

不敢拒绝是一种比“被拒敏感”更严重的病。不敢拒绝的人，总是高度关注他人的反应和需求，依赖他人的认同，害怕自己不被接纳。对他们而言，拒绝和被拒绝都是一种伤痛。为了获得重视和好感，他们会不自觉地“讨好”别人。

美国心理治疗师维吉尼亚·萨提亚认为：“讨好”是人在压力状态下的一种应对姿态。“讨好型人格”的孩子，总是努力地迁就和讨好”别人，委屈自己。慢慢地，“讨好”成为他们的一种行为习惯。

他们因为过度迎合别人，而失去很多快乐和幸福，注定成为一个内心缺乏幸福感的人。

3. 让孩子成为一个会“讨好”自己的人

（1）父母要立即停止的行为

第一，习惯性地贬低孩子的行为。这样的教育会让孩子越来越贬低自己的价值，认为自己是个无能的人，只有讨好他人，才能不被人讨厌。

第二，控制孩子的一切的行为。这样的教育会让孩子迷失自己，失

三分钟定律(4)

4. 待人自省三分钟

老子曰：“大道之行，不责于人。”人性的弱点之一，就是习惯两只眼睛都向外看。总是紧盯着别人的错处，唯独看不到自己的缺点。

《世说新语》记载，周处年轻时蛮横无理，他却自我标榜为侠义之士，立志要为乡亲们除“三害”。乡亲们告诉他，前两害是山中的恶虎、海里的蛟龙。周处就上山射虎、下海杀蛟，三天没回家。乡亲们以为周处死了，互相庆贺。周处听闻，才知道自己就是与恶虎、蛟龙并称的第三害。自此悔过自新，弃恶从善，终成一代名将。

与人相处时，学会一只眼看世界，一只眼审视自己。挑剔别人，只会显得自己非常低级。有时间抱怨别人，不如尽全力改变自己。

孟子曰：“行有不得，反求诸己。”遇到问题，首先要从自己身上找原因。不推诿、不逃避，每次失败都是成长的时机。

（儒风君）

去主见，他们习惯于依附他人，而为了达到这个目的，他们就会表现出讨好行为。

第三，进行讨好型教育的行为。许多父母喜欢对孩子说：你要顾及别人的感受，忍一忍就过去了，不要和别人起冲突。于是，孩子过于重视他人的感受而忽略自己的感受。

（2）给孩子足够多的安全感

我们要让孩子做自己，就要给孩子一个充满安全感的环境。不要让孩子觉得，当他和父母意见不一致时，就会失去爱。鼓励孩子说出自己的心声，勇于表达自己，并给予充分的尊重与信任。

（3）给孩子提供强大的动力

也许我们的孩子，终其一生都只是一个平凡的人，所以我们就要从为人父母那天起，就有这样的心理准备和认知。在孩子的成长过程中，不管孩子变得更好，还是变得更差；也不管他们有没有按照我们期望的方向成长，只有始终对孩子怀有无条件的爱，才能给孩子做自己提供最大的动力。

（4）给孩子最好的爱

对于孩子而言，再好的教育都比不上父母的用心陪伴。几乎每个问题小孩，都有童年时期父母缺席的印记。所以，再忙也别忘了预留时间给孩子，一旦发现孩子有失去自我的倾向时，及时发现孩子的心理需求，给予孩子安慰或疏导，帮助孩子做回自己。

（5）让孩子学会拒绝

乐于助人是美德，但有时也要学会拒绝。“我自己有事要做、不能答应你”，或者“你这样的行为，让我感到不开心，所以我要拒绝你”。让孩子建立“自己很重要”的意识，告诉他在和别人相处的时候，应该在意自己的想法。

人要懂得低头(1)

在古希腊的时候，有人故意为难苏格拉底：“你既然是天下最有学问的人，那么你说天与地之间的高度是多少？”苏格拉底毫不迟疑地说：“三尺。”那人听后大笑并取笑他说：“如果天与地之间只有三尺，那么我们这五尺高的身体还不把天戳个窟窿？”苏格拉底意味深长地说：“所以，人要懂得低头啊。”

古人言：“平生不做圆软态，此是丈夫；而能软而不失方刚之气，此是大丈夫。”

在社会竞争如此激烈，人际关系如此复杂，生存境遇各种坎坷的今天，如果能够让一家和睦，让争执平息，让生命安全，如果可以避免大量无谓的时间浪费，甚至生命的牺牲。那么，适时低头，是智者之举。

文/紫苏子

替孩子强出头不是帮而是害

案例

一个妈妈来到孩子所在的幼儿园，生气地对班里的老师说，她家的龙龙遭遇了校园暴力，“施暴者”是班里的小强。

原来，课间小强在班里拍篮球，不小心撞到了龙龙，龙龙骂了小强一句，小强被激怒了，当即回骂了一句。两个孩子各不相让，扭打到一起。龙龙的耳朵、下巴都被抓出了血印；小强的手上也有一道长长的抓痕。

其实，老师已经知道了，并且引导两个孩子相互道歉了。但是龙龙的妈妈却觉得这是霸凌，并撂下狠话，再有此事，就去找校长。

分析

（1）冲突，是孩子社会化的必经之路

在《晚熟时代》中，作者讲述了自己的成长环境。作者家里有四个孩子，都相隔三岁，从小就在打打闹闹中长大。今天是我联合弟弟打哥哥一顿，明天是哥哥联合弟弟打我一顿。在这种永无止境的合纵连横中，大家学会了如何相处。孩子们的占有欲和以自我为中心的思想，也被相互之间的同情、同理和尊重所取代。

玩在一起的邻居，经常相互欺负，有些行为，免不了过火，孩子们却能在“今天是盟友，明天是对手”的竞争和游戏中，发展出和同辈交往的能力。不仅拥有了最初的社会能力，也懂得了人与人之间的相处之道。

心理学研究表明，孩子之间绝大部分的矛盾和冲突是儿童发展和社会化的正常途径。

以前的孩子，因为有兄弟姐妹，而且父母的干预少，同龄人之间的互动多，所以在他们的人际关系中，水平面向的能力非常发达。现在的孩子，虽然擅长和长辈、权威互动，可是大部分是独生子女，除非上学，很少有和同龄人交往的机会，所以人际关系中水平面向的能力发展得很慢。

父母对孩子交往的过分担心、干涉，试图抹平孩子成长中的一切冲突，更是剥夺了他们在矛盾和冲突中学习交往的机会。孩子们的世界，有他们自己的规则。他们只有亲自去感受、去经历，才能获得存在感，才能游刃有余。

（2）过分干预，伤害的是自己的孩子

看过一个视频，幼儿园的两个

孩子发生冲突，其中一个小男孩的爸爸大怒，扬起胳膊朝着对方小男孩的脸狠狠挥去，可怜的小男孩毫无防备，一个趔趄，重重地躺在地上。旁边的孩子们和老师，都被吓坏了。

有人评论说：“当着这么多孩子的面打人，以后谁家的孩子还敢跟你家的孩子相处呢？”

在心理学上，有一种情绪处理方式叫“情绪应对”。这个爸爸的做法给孩子做了坏示范：用情绪解决问题，用暴力解决矛盾。

孩子在交往的过程中，难免不起冲突。一旦孩子学会带着愤怒的情绪，用暴力去解决矛盾，对他一生的影响都是极坏的。

孩子在成长的路上，需要玩伴。父母过分干预，会不自觉地强化孩子不如意就去找父母解决的意识，也会把孩子导向“受害者”“无能”的位置。孩子会越来越胆小，很难交到朋友，甚至被孤立，越来越孤僻。

真正为孩子长远计的父母，不是自以为是地为孩子筑起一道“安全墙”，而是教孩子自己去面对和解决。

指导

儿子和欣欣是形影不离的“铁哥们”，一起玩耍、一起学习。他们现在的和谐却是从曾经的打闹、矛盾中磨合出来的。争吵时，我们帮助他们灭火、帮助他们黏合；玩得开心时，我们为他们高兴；相互帮助时，我们为他们感动。

（1）关注孩子的情绪

先不要追问“谁干的”，更不要指责“为什么被欺负的总是你”，父母要看到，孩子的心情很糟糕，他需要你的抱抱，你要给他安全感。

（2）父母要管理好自己的情绪

不要教导孩子打回去。打回去是在孩子心中种下报复的种子，收获的是两败俱伤。等孩子情绪稳定后，认真倾听他，帮助他分析，和他一起寻找解决问题的方法。如果是孩子做错了，鼓励孩子主动道歉；如果不是孩子做错了，就让孩子明白“没关系”比“对不起”更重要，教会孩子宽以待人。

总之，孩子需要玩伴、需要交往，就像植物需要水一样。孩子在交往中学习交往，在相处中懂得相处，就像在学习中获得知识一样。

孩子的成长拼的是父母的格局、眼界，更是父母的修行。替孩子强出头，不是为他筑起“安全墙”，而是在他的成长路上“挖坑”。把孩子当作独立思想体，勇敢放手，让他们自己去面对、自己去负责，才是真爱。

如何让网络游戏助攻孩子学习

文/芭蕉

案例1

商丘一个三年级的男孩，沉迷王者荣耀，四天里，竟然刷了15000元买游戏角色皮肤，而这是妈妈近半年的工资。妈妈坦言孩子买零食时，告诉过孩子支付密码，没想到孩子会这么做。

案例2

一个12岁的孩子玩游戏，竟然前前后后充钱二三十万。为了获取密码，小小年纪用胶带提取妈妈手机上的指纹，反复尝试，成功解锁了密码。

案例3

为教育沉迷游戏的儿子，爸爸当着他的面，砸碎了游戏机。看到破碎的游戏机，孩子躺在床上，痛哭流涕。爸爸走近孩子时，孩子狂怒不已，对着爸爸声嘶力竭地吼：“走，走开。”事实是，爸爸只想吓吓孩子，刚刚砸碎的是坏掉的游戏机。知道真相后，孩子依然情绪激动，痛苦地喊着：“你骗了我。”

案例4

为惩罚沉迷游戏的儿子，爸爸强迫儿子亲手砸碎游戏机。看到儿子不忍下手，爸爸索性自己搬起石头砸了两下，又开车反复碾轧游戏机。看着碎了一地的游戏机，孩子一直强忍着泪水，一脸痛苦。

点评

很多父母把网络游戏视为孩子学习的头号公敌，为阻止孩子上网，收手机、删游戏、断Wi-Fi，各种惩罚措施。可是，即使管住了孩子的行为，却管不住孩子的心，甚至导致亲子关系恶化。

中国社科院等机构发布的《青少年蓝皮书》，整理了孩子最不喜欢父母说的五句话，其中一句就是：“不许看手机、不许看电视、不许玩游戏。”

亲子间面对网络游戏时的心理博弈，在心理学上称“禁果效应”。即越是禁止的东西，人们越要得到手；越希望掩盖某个信息不让别人知道，越能激起人们的窥探欲，越容易造成逆反现象。

父母越不让孩子玩手机，孩子越好奇，这种压制反而会引起孩子的逆反心理，致使孩子“越不让玩越想玩”。

孩子沉迷游戏，最终投射的是亲子关系。父母的不理解、坏示范以及错误管教，经常使亲子关系出现隔阂。当父母站到游戏的对立面时，就等于亲手把孩子推进了游戏的怀抱。

指导

（1）及时疏导

案例

一个爸爸是游戏策划师，他说游戏设计的目的，就是让玩家沉迷于此，父母强硬禁止不现实。他的儿子上小学，他非但不阻止儿子玩游戏，还买高质量的游戏让他体验。在他看来，孩子见识越多，就越对低级的刺激不敏感。而且高质量的游戏教给孩子的东西并不比书本少。

更称奇的是，他用引导新手玩游戏的方法，引导孩子学习。在引导孩子的学习中，他会给孩子设置合理目标，即使完不成任务，也不会惩罚孩子，反而给予奖励，因而孩子不但不气馁，反而跃跃欲试，孩子的成绩也一步步得到提高。

建议

游戏不是孩子不能触碰的“禁果”，而是和骑车、做饭一样，就是一项生活技能。父母以平常心态视之，通过智慧的行为示范和沟通引导，让孩子自我管控，才是王道。

（2）正确引导

①父母言行示范

父母沉迷游戏，孩子经常备受冷落，内心孤独。面对父母的自我放纵，孩子有样学样，在不知不觉中对游戏过分依赖。

简·尼尔森指出，“如果你过度使用网络，就无法让孩子相信过度使用网络不好。相反，如果你过着一种平衡的生活，就能为孩子过一种平衡的生活打下坚实的基础。”父母的言行，是孩子最好的参照物，父母理性地保持和游戏的安全距离，就是最好的行为示范。只有父母做好了，孩子才能做好。

②建立规则意识

案例

一个孩子是学霸，游戏也玩得很好。妈妈并不反对孩子上网，而是和他签订了一份“君子约定”。

每个周末，孩子有一小时的游戏时间，但是要先完成作业。每周孩子做足两小时家务，追加一小时游戏时间。每个学期末，成绩优秀，给孩子买游戏装备，作为奖励。妈妈觉得玩游戏并没有影响孩子的学习，反而锻炼了孩子的自我约束能力。

建议

任何活动都可能上瘾，不止是电子产品，禁止不是办法，关键是掌握度。自控力才是孩子身处网络世界的头等能力。和孩子聊聊游戏上瘾，让他们知道你的担心；和孩子协商制定网络使用规则，通过规则来管束，帮助孩子逐渐自律。

③解锁网络学习功能

案例

美国17岁的男生莫拉尔高中毕业之后，又拿到了哈佛大学的毕业证，成为首位同时从高中、哈佛大学毕业的学生。

11岁时，莫拉尔就开始通过网络自学哈佛大学的课程。他从小学习能力过人，为了激励他的兴趣和成长，家人给他报了哈佛大学的网课，经过六年学习，他如愿毕业。

建议

很多父母上网只刷微信、看抖音、玩王者、逛淘宝，孩子对网络的认识，也被局限于此。网络上有优质的学习资源，父母要帮助孩子解锁网络的一些新功能，让网络成为学习的神助攻。聪明的父母会合理引导，让网络成为孩子看世界的桥梁。网络就像孩子正餐后的那款“甜点”。不时吃一点，只会怡心，不会上瘾。

和男孩沟通的小诀窍(3)

5. 不要总是说“赶紧的，说重点”

语言障碍病理学家阿利亚·施密特·珊德林把男孩身上越来越常见的结巴现象，归咎于父母制造的压力，因为父母经常要求男孩“赶紧的，说重点”。当与男孩说话时，你要训练自己允许他们说话有停顿“嗯”。

要注意，他们说的话未必总会有一个清晰的点，他们也许只是在告诉你一丁点的信息而已。如果让他们重复你刚才对他们说的话，要给他们足够的时间慢慢说，对他们温柔一些，因为他们需要停顿，努力回忆脑子里的信息。

6. 对孩子说话时，请面对孩子

当你和男孩说话时，记得要面对着他。如果他正在玩耍，你可以坐到地板上。毕竟他不像女孩那样能敏锐地阅读大人的表情，他需要看着你的脸来集中注意力。要是他无视你，给他一个严厉的眼神，或者一个微微摇头的否决，但是别对他生气，他也许真的没有看出来。你要放松双肩与双臂，不要摇动手臂，或者用手在空中指来指去。

你可以用手拍出简单的节奏（啪-啪-啪，啪-啪-啪），这是老师吸引学生注意力的常用招数。这对男孩而言，也是个有用的策略，因为他们会对响亮的声音做出反应，其中还带有一点玩游戏的感觉，特别能吸引他们，比你大声嚷嚷好多了。

男孩更需要"抱抱"

文/粟言

1. 经常被拥抱的孩子，更有安全感

男孩和同学们踢足球赢了，兴奋地扑到妈妈的怀里。可是，一位阿姨却开玩笑地说："都10岁了，还让妈妈抱，羞不羞啊？"男孩瞬间尴尬，并迅速地从妈妈的怀里挣脱出来，杵在原地，不知所措。以前，男孩很喜欢让妈妈抱。可是，这件事后，男孩再也不让妈妈抱了。妈妈要抱男孩，男孩就躲开，说怕人嘲笑。

其实，父母的拥抱是爱的无声表达，是孩子构建安全感的港湾和健康成长的秘诀。对于男孩，更是如此。

美国语言学家艾伯特·梅瑞宾通过研究发现：人与人之间的沟通只有7%是通过语言进行的，93%都是通过非语言进行的。沟通的总效果7%是语言、38%是音调、55%是肢体语言。

对于年幼的孩子而言，肢体语言比语言更有力量。经常被父母拥抱的孩子，更有安全感。拥抱让孩子远离不良情绪的干扰，还会使生长激素分泌处于最佳状态，促进身体发育。

美国一个学前智能教育研究室，曾经对200多名两岁的孩子进行三年的跟踪测试，发现有些孩子的智能数据和正面性格上升很快，有些却下降了。

研究者对数据上升和下降程度大的孩子进行了家访，结论让人吃惊：孩子智能发育的快慢、正面性格的养成，主要取决于父母与孩子的交流频率和准确性。与父母交流的频率和准确性最高的，竟然是经常被父母抱着、背着的孩子。

2. 男孩更需要多关怀、多触摸

一个妈妈怕儿子太依赖，从三岁开始就有意识地训练儿子。每次儿子抱她时，她就狠狠地推开儿子。渐渐地儿子不抱妈妈了，但是无论走到哪里，都抱着妈妈的背心，尤其是到了晚上，找不到背心，就哭闹，不睡觉。妈妈把背心藏起来，他就抱着妈妈的袜子。都上一年级了，只有带着妈妈的袜子，他才能安心上学。

有调查显示，中国孩子远比美国孩子被拥抱的次数少，甚至10岁之后，便很少有人再抱和亲吻他们了。当孩子让抱抱时，很多父母都认为孩子黏人，尤其是男孩。为了让男孩坚强，许多父母都会刻意地减少肢体接触，甚至把孩子推开。

不抱男孩，其实是“对男孩的情感误导”。父母很少爱抚和拥抱男孩，只会让男孩陷入情感孤独，远离健康的依恋关系。男孩的大脑左右半球的连接比女孩少，这使语言能力和表达能力成为男孩的两大弱项，因此，男孩更容易受到情绪的困扰和操控。他们渴望得到父母和同伴的爱和认同，却不知如何表达。

尤其是进入青春期后，男孩变得敏感脆弱，内心又非常孤独，更加排斥父母的说教。这时，父母的拥抱就如无声的语言，可以滋润男孩无处安放的心。

儿童心理学研究发现，男孩的大脑发育速度比同龄的女孩慢，男孩的情感依恋需求也比同龄的女孩更强烈。男孩更需要多关怀、多触摸。父母经常拥抱孩子，会对孩子的心理产生良好的刺激，大脑的兴奋和抑制变得自然协调。

3. 父亲的拥抱，会让男孩的心变软

李嘉诚曾经深情地说：“最难忘的是父亲的拥抱，我至今还清楚地记得，稳健而富有涵养的父亲与我亲密接触时，经常会忍不住地、紧紧地拥抱我，并把我举得很高。”

拥抱是爱的表达，更是爱的回应。当男孩恐惧、愤怒时，主动拥抱他，用行动让他感受到你一直和他在一起。当男孩犯错，告诉他要好好反省，一定不要忘了给他一个拥抱，让他知道你依然爱他。

美国教育家老卡尔·威特说：“孩子有时希望在心理和情感上保留一些自己的空间，或者他的情感波动很大，非常需要安慰而不是提问时，这时我会拥抱、抚摸儿子，传达给他沉默而温暖的信号。”拥抱是孩子心灵的最好滋补品。

父爱如山，比之于妈妈，父亲更不喜欢表达情感，他们对男孩也更严格。父亲是男孩最重要的男性榜样，父亲的沉默和不表达，使父子间更容易产生隔阂和误会，男孩会不自觉地受到父亲的影响，把自己深藏起来。

父亲的拥抱对于男孩是一种特别的认可和支撑，他会让男孩的心变得柔软，更愿意敞开心扉，更有担当。父亲的拥抱，能给焦躁而愤怒的男孩一个缓冲的空间，是接近孩子内心的机会。对孩子而言，一个拥抱胜过千言万语，胜过无数声的“我爱你”。

父母的爱抚和拥抱让孩子远离“皮肤饥饿”，懂得敞开心扉。父母的拥抱不会宠坏孩子，只会给孩子温暖、爱和力量。

文/William

世上有一种感情叫亲情

莎士比亚说："父母对子女的爱是这世间最伟大的爱，唯有上帝之爱能与之媲美。"每个父母能够给予的物质条件或许有差别，但是付出的爱和辛劳却是一样的。

故事1

父亲去大学看望许久没有回家的女儿，女儿的穿着干干净净，甚至是光鲜亮丽，而父亲的穿着却有些寒酸。

女儿站在这样的父亲面前，想要生活费又难以启齿。父亲看出女儿的心思，赶紧从口袋里拿出所有的钱递过去。

女儿看着父亲手里皱皱巴巴的几张钞票，她知道这些钱都是父亲在工地上打散工攒下来的血汗钱，推辞之下，钱掉在地上。父亲艰难地撑着膝盖弯下腰捡起钱又递过去，此时的女儿早已泪流满面。

点评

作家王承冰说："父爱母爱，是我一生还不完的债。"他们能给予孩子的也许不是豪宅汽车，不是家财万贯，但是已经倾尽所有。有人说，世上最深的执念，便是父母对子女的爱，即使忘记爱自己，也不会忘记爱子女。

故事2

有网友上传了一个视频：一位面容消瘦的父亲，默默地看着自己的两个女儿吃炸鸡，自己面前却什么都没有。

患有轻度中风的父亲没钱治病，一直住在贫民窟，父女三人相依为命，他每天的收入不到200披索（约人民币28元）。即使如此，父亲依然供着两个女儿上学，他说日子再苦也要让两个女儿完成学业。

那天，他给孩子交完学费，用身上所有的钱点了两份肯德基，庆祝女儿升学，但是他自己什么都没点，他说自己不喜欢吃。

点评

诗人恩扎拖千说："有一种人很伟大，把一生的精力都奉献于子女，而我们只是亲切地叫他们一声父母。实际上，我们所能还给他们的少之又少。"倘若世间真有天使，便是父母的模样。

故事3

网上有一个三分钟的视频：在女儿眼里，爸爸是最帅、最聪明、最富有的人。突然有一天，女儿看见了一个匆忙的背影，才知道这一切都是谎言。

他说自己有一份好工作，可是他却不断地奔波于劳务市场；他说自己很有钱，女儿想吃什么就可以买什么，可是他连公交车都舍不得坐，每天在街上发传单、扛麻袋、擦玻璃，拿着最廉价的工资；他说自己不累也不饿，却躺在地上休息，喝水充饥。“原来他在撒谎，他只是为了我。”

点评

作家刘墉说：“父亲的感情经常是内敛的，他偷偷地观察、暗暗地注意。他以孩子的未来为目标，趁着年轻，不断地拼、不断地冲。”为了给你最好的，他藏起所有的辛苦和无奈，只留下一个温柔的笑脸。

故事4

在电影《长江七号》中，周星驰饰演的周铁穷得吃不上饭，朋友看不下去了问：“你自己不吃不喝，就为了让儿子读贵族学校？”“我能给他的就是让他读得好点，不想让他以后跟我一样。”“你只是个散工，顶得住吗？”“顶得住。”

点评

美国作家马克·吐温说：“世上有一种感情，付出是毫无保留的，关心是时时刻刻的，这种感情叫亲情。”世上有一种爱，一味地付出，从不求回报，这种爱就是父母的爱。父母宁愿自己负重前行，也希望子女岁月静好。

你永远不知道，那个对你说“我们都很好，不用担心”的人，独自走过了多少风雨。他们的好，只是希望你过得好。

和男孩沟通的小诀窍（4）

7. 不要打断孩子说话

与孩子平起平坐，眼睛和孩子平视，保持眼神接触，控制自己不要打断孩子说话，这样才能传达出你希望聆听孩子的渴望，因为他说的话是精彩而重要的，值得你认真对待。这样的交流时刻能抚慰孩子的心灵，给予他陪伴，帮助他去应对每天的烦恼和困惑。很少有父母能每次和孩子对话时都这么做，但是这些习惯值得慢慢培养，因为的确有效。

8. 响亮清晰地说出你的要求

孩子的注意力维持的时间有限，你跟他说话时，也许他正在发呆，因此你要简明扼要地说出要求和指示，声音要响亮清晰。有些父母很匆忙，他们总是在已经踏出房门的瞬间匆匆扔下一些指令；要是都走远了，还没听到孩子的回答，就会用一种更加焦躁的语气，大声地重复一遍指令。而在孩子看来，这就像有一头巨型怪兽，在冲着他们嚷嚷。

将孩子呵护进心底的男人

文/Neo

01

我的老家在南方的一座小镇上，我是家中长子。在我的记忆中，父亲一直都是一副沉默寡言、严肃古板的样子。我和他一直不亲近，所以10年前我离开小镇求学、工作后，除了每年春节探亲一次，平时为数不多的几次电话，也只剩下两句话：“吃了吗？”“吃了。”“还好吧？”“嗯。”

这10年，遇到任何难事，我都没有向父亲开口，因为我知道他也帮不上什么忙。直到我有了一段稳定的感情，春节带女友回家，告诉父母，我们打算在城里安家落户。没想到春节后，我的银行卡里突然多了40万元，转账人是父亲的名字。当时我愣了，这笔钱对于父亲而言，就是一个天文数字，不是一时半会能拿出来的。

我匆忙回家一趟，原来父亲不仅将自己经营多年的一家小饭馆转让给了别人，还瞒着我向亲朋好友借了十几万。

为还债，他到建筑工地做起了钢筋工。父亲见到我时，脸上露出了从未有过的尴尬：“你怎么回来了？钱收到了吧？你爸没本事，能帮你的只有这些了。”

这是他对儿子这辈子说过的最多的一段话，语气极尽温柔。我喊了一声爸，喉咙像堵上了一块铅，再也吐不出半个字，一瞬间视线在泪水中迷失。父亲这辈子没对谁弯下的脊梁，为了我，他的头低进了尘埃。

02

在微博上看到一则新闻：加拿大电影制片人查理·泰里尔曝光了父亲去世后留下的录像带和录音带。小时候，他们以为那里藏着父亲“不能说的秘密”，最后却发现那是父亲留给他们的一世温柔。

查理的父亲是一个警察，在外人面前坚毅果敢，但是在孩子们的心中，他却是一个不折不扣的“笨拙木讷”之人。他会学习自己不擅长的手工技艺，用笨拙的方式，哄孩子们开心；他会和附近的一家小型机场的飞行员们套近乎，还主动帮助他们修理飞机，只为完成儿子一时兴起的“飞行员梦想”。

孩子们惹他生气，他上一秒就要暴怒，下一秒却又牢牢地压住愤怒，在孩子们看来，这和他威猛的警察形象大相径庭，孩子们既感到费解，又觉得父亲有些“懦弱”。直到父亲去世后的第10年，孩子们在整理他的遗物时，才从一盘盘录像带和录音带中，知道了父亲的良苦用心。

父亲小的时候，他的母亲动不动就打他，他成家立业后，她依然如故。在这样的环境中，父亲能有好脾气吗？为了中止“暴力传承”，他从结婚开始，就跟妻子约法三章：绝不当着孩子们的面吵架，更不能打骂孩子。父亲用录像带和录音带记录下了自己小时候的悲惨，又用录像带和录音带记录下孩子们的快乐。他希望有朝一日，已经成家的孩子们看到和听到这些录像和录音，能以上一代人的行为为戒，努力创造自己的快乐生活。

03

曾经，在热播剧《归去来》中，王志文和罗晋的一对父子对手戏刷爆了朋友圈。面对儿子从小到大的不理解，在父子分别之际，王志文意味深长地说：“每位受过挫折、吃过苦、挨过累的父亲，都会天真地希望孩子能够免于生活的困苦，无忧无虑地度过一生。不为斗米折腰，不为金钱媚骨，我的辛苦是想让你能够轻松一点。”那一刻，罗晋泪崩。少年不识双亲意，成人方知父母恩。父亲，那个一生倔强坚强的男人，原来始终怀揣着人世间最温柔的爱。

英国经济学家杨格有句名言：“男人最是铁石心肠，但是只要当了父亲，就有一颗温柔的心。”也许我们的父亲没有理想中那般伟大，但是他却给了我们最宝贵的一份财产，让我们见证了这个世界上父亲最伟大的情感。

作家耳根曾写道：父爱，与母爱完全不同，他更含蓄，更无言，如山一样。你幼年去看，他是你的保护神；少年去看，他似乎变成了阻挡你眼睛的障碍；青年时，或许你会觉得，他变矮了，你认为你已比他高。可中年时，当你再次去看那座山，你会忽然发现，他一直都在那里，一直都在默默地看着自己的骄傲、狂妄、自私，以及狭隘，他都在包容，无声无息地包容。你会心底酸楚，你会恍然大悟，这就是父爱。

经历最多风雨的是父亲，得到最少传颂的也是父亲。他将满身的泥泞留给自己，却将孩子呵护进心底。

文/hong zhuang

他爱你，远胜过自己

01

看到一段视频，在上海浦东机场，一个男子趴在地上，透过隔板的狭小细缝隙，朝着海关窗口窥望。原来，他的孩子出国留学，他前来相送。孩子站在护照检验的行列里，慢慢地向前挪动，不一会，就隐入了海关窗口后。他进不去，只能以这样的姿势，静静地目送已经入关的孩子。

曾经，我们大步流星地向前走，父亲小心翼翼地在身后追。终于在某一刻，他们追不动了，只能站在原地，目送我们渐行渐远，就像浦东机场的这位父亲一样，在对孩子的担心与守候中，慢慢地模糊成了一个佝偻的背影。

我不禁想起另一个父亲的背影。1917年，朱自清的祖母去世，他连忙从北京赶回徐州，跟父亲一起回家奔丧。办完丧事后，他回北京念书，父亲到南京谋事，于是父子二人便同行。临行前，父亲穿过长长的月台去给他买橘子，“他戴着黑布小帽，穿着黑布大马褂，深青布棉袍，蹒跚地走到铁道边，慢慢探身下去，尚不太难，可是他穿过铁道，要爬上那边的月台，就不容易了。他用两手攀着上面，两脚再向上缩；他肥胖的身子向左微倾，显出努力的样子。”看着父亲的背影，朱自清泪流满面。

02

朱自清是家中长子，父亲朱鸿钧对他寄予厚望，盼他有朝一日能光宗耀祖。因而，父亲对朱自清格外严厉，督教甚苛。小时候，朱自清眼中的父亲就是高山一般地存在，威武有力，但是冰冷坚硬。

1916年，凭借优异成绩，朱自清考入北京大学。在北京大学期间，朱自清积极参加了五四爱国运动和平民教育讲演团，这让他萌生了追求人格独立的新思想。却不想，这也让本就生疏的父子关系雪上加霜。

朱鸿钧生于同治八年，大半辈子都活在清代，所以他深信“父为子纲”。他觉得，朱自清的争取解放是在挑战自己的权威。更重要的是，他担心朱自清会自毁前程。

所以，儿子追求民主，在父亲眼中就成了忤逆不孝；而父亲的一番苦心，也在儿子心中变作固执迂腐。父子关系最尖锐的时候，朱鸿钧甚至将不远千里归乡的儿子拒于家门之外。

此后，父子二人数年不曾联系。

直到1925年，朱自清接到远在扬州的父亲寄来的家书，里面一句“我身体平安，唯膀子疼痛厉害，举箸提笔，诸多不便，大约大去之期不远矣”，深深地刺痛了已为人父的朱自清。

他回忆起关于父亲的点点滴滴，想起八年前父亲在车站送别自己的场景，突然明白了父亲从前的苦心。于是，在晶莹的泪光中，他创作了名篇《背影》。文中，朱自清感慨：“最近两年不见，他终于忘却我的不好，只是惦记着我，惦记着他的儿子。”

03

少年不识严父情，成人方知慈父恩。父亲这个倔强、强硬了一生的男人，原来始终在心里为我们留下一块最柔软的地方，放着他最温柔的爱意。就像朱自清的父亲，晚年时，他总以想念孙子为由给朱自清写信，但是，信里信外，他挂念更多的都是朱自清。

朱自清与父亲朱鸿钧之间的关系，是很多中国式父子的写照。一个年少倔强，只想脱离管教，以证自己独立；一个中年执拗，强行为子女铺路，只为不愿意子女遭受自己受过的苦。

他们一次次的渴望沟通，又一次次欲言又止。从幼时的依赖，到少年时的叛逆；从成年时的嫌弃，到中年时的理解，我们明白，父亲沉默寡言的背后藏着深沉厚重的爱，即使我们一时无法逾越与父亲之间的那座无形的大山，无法回应父亲无言的期待，但在未来人生中的某一刻，我们终会明白：父爱如山，无关岁月。

小时候，总觉得那个不苟言笑、与我们话不投机的男人对自己不疼不爱。直至人到中年，自己也为人父、为人母之后，才恍然大悟：原来，父亲冰冷的面孔背后，藏着的是滚烫的舐犊之情。

每次遇到困难，去解决的是那个你觉得不疼你的男人；每次碰到危险，挡在你身前的是那个你认为不爱你的男人。他用血肉之躯将生活的荆棘挡在家门之外，他爱你，远胜过爱自己。

微小说(1)

1. 牵手的样子

爸喜欢叫我和他一起去买菜，遇到卖水果的，我就直接要，他也喜欢买给我吃，他总是把小手指留给我牵着。高中住在姨家，一次回家，他让我跟他去买菜，我走在他后面，他把小手指翘着，一如我小时候牵着他的样子，我忍不住哭了。

文/青稞

妈妈的味道

看过一个采访，记者问路人：妈妈的味道是什么样的？有人说是凉拌黄瓜、炸酥肉；也有人说是白灼大虾、铁锅焖面；还有人说是辣椒炒肉、土豆炖牛腩。大概每个人的记忆深处都有这样一道菜，它是我们漂泊时最思念的味道，也是我们沮丧时最温暖的守候。

日本实业家稻盛和夫说，他记忆中最温暖的食物，就是小豆粥。小时候，母亲经常端给他一碗用黑糖煮的小豆粥，然后微笑着坐在咕嘟咕嘟冒着热气的小豆粥的对面，用温柔的目光注视着他，这一切都被记录在他的书里。或许为人父母给孩子提供一个优越的物质环境并不是最重要的，但是在孩子的成长过程中，让孩子感受到爱，却是对他们最大的保护。

1. 妈妈的情绪，是孩子的世界观

稻盛和夫的母亲是一个坚强乐观的女人。早年间，家里开着印刷厂，日子过得还算富足。然而好景不长，战争爆发摧毁了平民百姓的小日子，家里所有的机器全部被毁。父亲备受打击，状态低迷。但是，生活还得继续，总要有人支撑起这个家。母亲没有消沉，她把自己好一点的和服拿出去卖了，又起早贪黑地做小生意换粮食。哪怕生活举步维艰，母亲也从未想过让孩子辍学，她每天都做好便当，让孩子们带去学校。

稻盛和夫在书里写道：“母亲所做的，只有日复一日开朗乐观地面对生活，真实地把自己勤奋努力的样子展示给孩子们看，并且用她那无与伦比的爱，守护着孩子们。”正是这样的爱，给了稻盛和夫勇气，在人生的每个时刻，他都可以直面生活的刁难。

作家莫言也讲述过自己的母亲。那时，家中日子惨淡，母亲疾病缠身，但是她从未丧失希望，每天依旧辛苦劳作，嘴里还哼唱着小曲。有段时间，父亲被人诬陷，母亲旧病复发，无钱医治。孩子们都很害怕母亲自寻短见，但是母亲坚定地告诉孩子们：“放心吧！阎王爷不叫我，我是不会去的。”就是这么一句话，给了孩子们莫大的安慰和希望。在回忆起这些往事时，莫言说：“母亲这句话里所包含的面对苦难挣扎着活下去的勇气，将永远伴随着我、激励着我。”

2. 妈妈的陪伴，让孩子有安全感

在稻盛和夫的记忆中，父母是

忙碌操劳的。为了维持印刷厂薄利多销的业务，父亲每天从早忙到晚，连星期天也不例外。母亲更是操劳，她要负责家务活和照顾孩子们，还要协助处理工人的事情。但是只要休息，父母就会带着孩子们出去玩。他们一起摘枇杷，一起泡温泉疗养，还热热闹闹地去吃寿喜锅。

在邓超和孙俪的微博上，很多都是与孩子们的日常互动：陪孩子查字典、玩游戏，带孩子挖红薯，在大街上摆摊卖东西等。他们的工作非常忙碌，但是他们深知，这部戏不接还有下一部，而孩子们的成长，一旦错过了，就再也回不来了。在一次采访中，孙俪说邓超特别忙的时候，会牺牲休息时间赶回家，陪孩子吃一顿饭。平时学校有亲子活动，他们也会参加。

在《奇葩说》中，提到一个观点：我们也许会因为从小缺少陪伴，而合理化“不需要陪伴”这件事。但是，当孩子长大，和父母出现分歧，以至于无法交流时，我们才明白，小时候那些被错过的重要瞬间，组成了如今横亘在孩子与父母之间的鸿沟。

对于一个小生命而言，成长的每一天都可能遇到新挑战。父母的陪伴会让孩子更有安全感、更勇敢，同时也会促进彼此深入了解，营造更融洽的亲子关系。

3. 妈妈的信任，是力量的源泉

稻盛和夫在书中写道：“回想起来，在我的一生中，对我影响最大的是母亲，她的爱在我的身体里生根发芽，成为我的巨大支撑。”

稻盛和夫27岁的时候，在京都创建了陶瓷制造公司。从最开始的工业陶瓷，逐渐拓展到电子零部件加工和通信设备制造，公司发展得越来越好，稻盛和夫的实力也越来

美国家教40句(4)

31. 诚实地评价自己对孩子的感情。
32. 不存在父母完全不能与孩子讨论的话题。
33. 让孩子有机会真正作决定。
34. 帮助孩子成为有个性的人。
35. 帮助孩子寻找值得注意的电视节目。
36. 发挥孩子积极认识自己才干的能力。
37. 不对孩子的失败表示瞧不起。
38. 鼓励孩子尽量不依靠成年人。
39. 相信孩子的理智并信任他。
40. 让孩子独立完成他所从事的工作的基本部分，哪怕不会有积极的结果。

(戴维)

越强。但是，每次面临挑战，保守的父亲还是会流露出担心。而母亲却很坦然，她满怀信心地对父亲说："孩子作的决定是对的，让他去做吧。"就是这样一份信任，即使遭遇困苦，稻盛和夫也能去面对、去努力，并创造出一个又一个的商业奇迹，把"京瓷"和"KDDI"都做成了世界500强企业。

钟南山院士分享过母亲对他的影响。读小学时，钟南山学习成绩不好，又叛逆、又顽皮，逃学是家常便饭。但是，在一次考试中，他取得了不错的成绩。母亲非常开心地说："你还是可以的呀！"就这么一句话，让钟南山记了一辈子。妈妈的认可让他获得了成就感，从此他开始踏踏实实地读书。

教育家陶行知说："教育孩子的全部秘密在于相信孩子和解放孩子。"相信孩子，首先要赏识孩子，认可他们的想法，支持他们的决定，在这种教育环境下长大的孩子，自律性更高、自驱力更强。哪怕生活处处是刁难，他们也不会就此消沉，而是想尽办法解决问题。因为他们知道，不能辜负父母的那份信任。

情商很低的四个迹象（2）

2. 喜欢抬杠

作家王蒙写过一篇小小说《雄辩症》，内容如下：一位医生向我介绍，他们在门诊中接触了一位雄辩症病人。医生说："请坐。"病人说："为什么要坐呢？难道你要剥夺我的不坐权吗？"医生无可奈何，倒了一杯水，说："请喝水吧。"病人说："并不是所有的水都能喝。例如你在水里掺了氰化钾，这水就绝对不能喝。"医生说："我并没有放毒药，你放心。"病人说："谁说你放毒药了？难道我诬告你放毒药？难道检察院起诉你放毒药？我没说你放毒药，而你说我说你放毒药，你这是放了比毒药还毒的毒药。"

医生毫无办法，换了一个话题说："今天天气不错。"病人说："纯粹胡说八道，你这里天气不错，并不等于全世界在今天都是好天气。例如北极，今天天气就很坏，刮着大风，漫漫长夜，冰山正在撞击。"医生忍不住反驳："我们这里并不是北极。"病人说："你不应该否认北极的存在。你否认北极的存在，就是歪曲事实，就是别有用心。"医生说："你走吧。"病人说："你无权命令我走。这里是医院，不是公安机关，你不可能逮捕我，你不可能枪毙我。"

其实生活中有很多这样的人，习惯性抬杠。语欲胜人，是最大的关系杀手。

文/真心爸妈

七个方法教会孩子管理时间

1. 把时间交给孩子

想要孩子自己管理时间，首先要有他自己可以管理的时间。如果孩子的时间都被父母安排得满满的，那么孩子就只能被动地服从父母的安排，而学不会自己管理时间。

从孩子上小学开始，我们就把时间交给孩子自己管理。孩子从不上课外班，学校有校内的兴趣班，从小学一年级开始，我们就让孩子自己选择上什么班、哪天上；课余时间、周末时间都由孩子自己管理；做作业的时间、阅读的时间、玩电脑的时间、打游戏的时间、洗澡的时间、上床睡觉的时间、周末起床的时间，都由孩子自己安排。你可能会惊呼了：这还了得，这不是“放羊”了吗？

其实，不用担心，孩子越没有自己的时间，一旦捞到大把时间可以自由支配，才越容易“失控”；越能在时间上自主，反而越理性，知道哪些事必须在什么时间完成，哪些事需要节制。因为他们明白，如果做不到，父母就不会把时间交给他们自己管理。

当然，把时间交给孩子管理也是有要求的，我们对孩子的要求是：作业要保质保量地完成，其余时间自由安排，不用跟父母汇报；容易失控的时间，比如玩手机、电脑的时间，每学期和父母约定时长。

我们的约定是：周一到周四可以看一小时手机，不可以玩电脑游戏；周五、周六、周日看手机和玩电脑游戏的时间为两小时。

2. 别用大人的方法教孩子

孩子不是成人，尤其是小学到初中阶段的孩子，他们在时间管理上做不到那么理性，所以不要用成人的时间管理方法去教孩子。

孩子时间管理的重点是：建立一些时间和事务管理的概念；掌握一些提高时间效率的原则；在一个具有弹性的范围内，控制好自己的活动时间。

小学及初中阶段的孩子，能做到这些，已经很不错了，大人不能对孩子要求过高。

3. 不是挤出时间做更多的事

父母要避免一个误区：教孩子时间管理是为挤出时间，给孩子安排更多的事。

比如你跟孩子说：“周末你要早

点做作业，还要快点做完，因为妈妈想让你去上兴趣班。”孩子一听，可能马上就被吓到了：“我做得越快，任务越重，我干脆磨蹭点好了。”

如果你跟孩子说：“你抓紧一点，提高一点效率，周末就能腾出时间玩了。”孩子提高效率的积极性就会提高。

成人的时间管理，也是让自己从“时间完全不够用”的状态中解脱出来，然后享受高质量的生活、休闲、娱乐，而不是想方设法地挤出时间，然后再把腾出来的时间塞满，做各种不想做的事。

4. 要事第一

美国管理学家史蒂芬·柯维在他的著作中强调时间管理的象限法则，就是把事务按照是否紧急、是否重要分成四个象限和对应的四个优先级：第一优先级，重要且紧急，第二优先级，重要不紧急，第三优先级，紧急不重要，第四优先级，不紧急不重要。

柯维认为高效能的人士应该专注于前两个优先级的事务，而不应该在后两个优先级的事务上占据时间。对照柯维的理念，我们会发现，大部分人的没时间，其实都是被后两个优先级的事务困扰。

所以，教孩子时间管理时，要告诉他的原则就是：要事第一。要让孩子知道什么是重要且紧急的事，比如明天要交的作业；重要不紧急，比如要读的书，要优先做完，不能拖到最后；而那些无论是否紧急，都不那么重要的事，比如在同学群里聊天、玩电脑游戏，应该在重要的事完成之后，在相对空闲的时候再去做。

5. 一次只做一件事

做事效率不高的人，经常会出现的一个状况，就是把好几件事搅和到一起做，做每件事的效率都不高。总体花的时间一点不少，但是每件事完成得都很勉强、没有品质。如果孩子习惯于此，那么他的专注力会大受影响——做事时特别毛躁，很难认认真真、全神贯注地把一件事从头至尾做完。

所以，我们要告诉孩子，一次只做一件事，尽量高效、高品质地完成，不返工。比如要看书，就专心地看书，不能一边看电脑，一边看书；要做作业，就把手机放到一边，专心致志地做作业；要玩，就好好玩，不要一边玩，一边惦记着做作业。

父母不要催促孩子：“快点快点，不要磨磨蹭蹭的。”这样，孩子才能有相对从容的心态，踏踏实实地做好眼前的事。

6. 高效率地完成简单的小事

时间不够用，经常是在简单的小事上花费太多时间。

按照帕累托法则（80/20法则）、帕累托定律分析我们每天的时间，你可能会发现，80%的时间，被20%的小事占据；而可以产生80%成果的那些事，没有时间完成了，因为余下的20%的时间，被浪费掉了。

很多孩子的时间，都是这样浪费掉的。比如他的书包凌乱，找一个本子，就花了一刻钟；比如备用文具放得到处都是，找一根铅笔，也要喊父母帮忙。

其实，未必是孩子想磨蹭，他只是还没有掌握高效完成这些小事的方法。父母要在日常生活中多多留心，发现这些小磨蹭，马上教孩子高效地做好。

比如收拾书包，你说一百次他的书包乱，然后帮他收拾，都不如踏踏实实地坐下来，花上十几分钟，教他把课本、作业本、试卷分门别类地整理好、放好，这样找起来就方便多了。你教会孩子做小事的方法越多，孩子在这些小事上浪费的时间就越少。

7. 做时间管理的示范

比如不拖延。如果父母做事总拖延，总是到最后一刻才惊叫“哎呀，我的××事还没做呢”，孩子也很容易从父母这里学会拖延。

比如做事有条不紊。如果父母总是毛毛糙糙的，做事不分轻重缓急、眉毛胡子一把抓、丢三落四，孩子也会从日常生活中习得这种做事风格。

比如按时完成计划。如果父母一想起要做的事情就抱怨“真麻烦，还有一大推事没做呢”，孩子做事的态度，也会表现得很厌烦；如果父母经常肯定地说“我今天一定要把这件事做完”，孩子对做事的态度，也会积极、从容。

这五种人最好命(3)

3. 喜欢阅读的人

肤浅的人才会比颜值，成熟的人都比见识。一个有见识的人，往往更受人尊重，对事物的看法，也更深层。

喜欢阅读的人，就是在增长自己的见识。在一篇篇文章、一本本书里，不断增加自己的阅历，慢慢地与同龄人拉开距离。喜欢阅读的人，每年都在变化，见识一年比一年高远。一个有见识的人，能作出更正确的决定，也能有更好的回报。

文/镜子

三个方法 让孩子愿意坚持

案例

看到一个视频，男孩一边弹钢琴，一边号啕大哭。男孩的妈妈说，孩子弹钢琴不到一年，平时为了逃避练习，“戏”特别多。现在已经进步很多，因为他知道，即便哭得再厉害，还是得练。

实际上，大部分孩子在做一件事时，都会习惯性地想放弃，因为坚持本身就很难，即使是大人尚且如此，更何况孩子。

分析

科学家罗伊·鲍迈斯特提出过一个有趣的理论：人的意志力就像肌肉一样有限。它在使用后会渐渐地疲惫，如同运动后不让肌肉休息，就会失去力量一样。

神经学科学家发现，每次在使用意志力之后，大脑的自控力系统活跃程度就会降低，正如疲惫的双腿会放弃跑动一样，大脑也会罢工。即人在使用意志力时，会消耗身体的能量，而能量的消耗又会削弱意志力本身。

这就很好地解释了孩子为什么会出现“三分钟热度”，因为“坚持”本身就是“违背生理常规”的一件事情。

所以，父母的监督和引导是十分必要的，否则孩子的“三分钟热度”会导致他在今后的生活中，遇见困难就习惯性地放弃，最终什么事都做不好。

英国文学评论家约翰逊·S.说：“伟大的作品不是靠力量，而是靠坚持来完成。”

三个方法，让孩子愿意坚持。

方法

（1）激发孩子的内驱力

《小王子》的作者圣埃克苏佩里说：如果你想让人们造一艘船，不要雇人去收集木头，不要发号施令，也不要分配任务，而是激发他们对海洋的渴望。

有个孩子从小患心肌炎，医生不建议他进行太多的激烈运动。但是，他无比热爱街舞，在医生的关照下，他没有放弃街舞。终于有一天，他登上了舞台，他的名字叫王一博。

是什么力量让他一直坚持热爱并且执着于追求热爱呢？这就是内驱力。内驱力如何培养呢？从王一博的故事里可以得到启发：允许孩子追求他的热爱，并且做他的欣赏者。提高孩子的内驱力，是一种持久的学习动机。父母可以通过培养孩子的职业理想和远大抱负来强化内驱力，鼓励孩子参与竞争，让孩子体会到赢和上升的感觉。

（2）带头坚持去做一件事

父母应该帮助孩子去坚持一件事，而不是陪着他随意放弃。“不喜欢的事，就可以不做”，这是一句错话。我们必须明白，许多事孩子不坚持，只是因为我们大人不够坚持。

时常有父母会问，孩子怎么学英语？如何让孩子爱上艺术？怎么才能培养孩子的好习惯？在回答这些问题的时候，我无一例外地都会提到两个字：坚持。

荀子曰：“骐骥一跃，不能十步；驽马十驾，功在不舍。锲而舍之，朽木不折；锲而不舍，金石可镂。”坚持可以让我们更好地实现目标，更可能给我们带来人生的成功。在孩子的成长过程中，父母对孩子的鼓励和信任，是孩子的信心之源；父母以身作则的坚持，会将信心传递给孩子，帮助孩子建立真正的自信。

（3）让孩子知道这只是过程，不是结束

芝加哥有所学校，如果学生没有通过毕业考试，成绩单上不会写“不及格”，而是写“暂时没有通过”。因为“不及格”，他就会这么想，我考试失败了，但是“暂时没有通过”，他就会这么想，我的学习没有到此为止，我要接着努力，争取下次通过考试。

如果你的孩子成绩不好，你可以告诉孩子，这只是暂时的，只要你努力学习，成绩就能够得到提高。跟孩子强调暂时性，这种暂时性是可以随着时间，凭借自己的努力而发生改变的。

这五种人最好命(4)

4. 大度的人

张小娴说：“诸事不顺，还是因为有脾气。有脾气，苦了别人，也苦了自己。”有修养的人肯定知道，发脾气解决不了任何问题，反而容易激化矛盾。遇到不顺心的事情，关键要想办法解决，用一种积极的心态去面对。

佛经里有一个典故。据传，寒山和拾得原本是佛界的两位罗汉，在凡间化作两位苦行僧。一日，寒山受人侮辱，气愤至极，便问拾得：“世间有人谤我、欺我、辱我、笑我、轻我、贱我、恶我、骗我，如何处治乎？”谁料拾得答道：“只要忍他、让他、由他、避他、耐他、敬他，不要理他，再待几年你且看他。”大度之人，便有大度之福。努力让自己变成这样一类人，生活中的阴霾也会少了很多。

文/赵若冰

怎么让孩子拥有“输赢”的平常心

案例

和孩子玩“石头剪刀布”的时候，他总是想方设法地要赢。如果他输了，他就会要赖用“三局两胜”“五局三胜”要求我不断地和他玩，直到他“赢”为止。

很多父母都很苦恼：究竟该不该让着孩子。如果让他们接受输的现实，他们就会不高兴；如果让他们高高兴兴地“赢”，又担心他们的抗挫能力太弱，对成长不利。怎么办呢？

对策

（1）事先讲好规则

比如在玩游戏之前，妈妈要先和孩子讲好规则：玩游戏，有赢有输，你会赢，妈妈也会赢，谁赢我们都要一起击掌祝贺一下。

第一次玩的时候，妈妈要尽量去赢。赢了之后立即要求和孩子击掌，孩子知道规则，即便输了，也会接受规则，和妈妈击掌庆祝。

第二次玩的时候，妈妈要尽量去输，让孩子感受到赢的快乐。

第三次玩的时候，妈妈要继续去输，这时妈妈也可以要赖，就像孩子日常要赖一样，或者不玩了，或者闹情绪。这时，孩子多半会安慰妈妈：“有赢有输、我会赢、妈妈也会赢，谁赢都要击掌庆祝。”

当孩子学会了用规则安抚和制约别人时，接下来的游戏，即使他输了，他也不好意思再要赖了。

强者定律(1)

1. 金蝉定律

在新版电视剧《三国演义》中，司马懿发动高平陵政变后，制服大将军曹爽。曹爽怒讽司马懿：“你只用了一天时间，却夺取我们曹氏四代君臣建立的江山。”司马懿却感叹道：“我挥剑只有一次，可是磨剑却磨了十几年啊。”

任何一种成功，都不是一蹴而就的。所有横空出世的背后，都有不为人知的艰辛，要么是汗，要么是泪。就像蝉一样，在暗无天日的地底下，蛰伏了数年。它们忍受着孤独，吮吸着树根的汁，然后破土而出，飞向天空，鸣一个盛夏。

德国19世纪伟大的哲学家尼采说：“谁终将声震人间，必长久深自缄默。岁月看似不语，却会见证所有的努力。”每个人都渴求成功，可是想要有烈火烹油之时，要先熬过无人问津之日。在不慌不忙中学会成长，在缄默中积蓄力量，时间终会给到我们想要的结果。

经过如此这般不断地练习，先失败，然后感受胜利的喜悦，再失败再胜利，孩子逐渐学会了接受失败并承认自己技能的局限性。

（2）平常心待之

孩子总是要面对这个现实的世界，温暖也好，残酷也罢，只要能够以平常心待之，用乐观和豁达的态度去面对，就能真正地让自己获得幸福。

所以，教会孩子“胜不骄、败不馁”很重要，尤其是在孩子因为输，而情绪低落的时候，父母的鼓励和引导，是帮助他们勇敢面对挫折的力量。

父母应该做的是，让孩子把情绪发泄出来，然后在孩子心平气和的时候，跟孩子分析一下失败的原因，以及有无反败为胜的机会；并且告诉孩子努力的意义。

印度哲学家泰戈尔说过：天空不留下鸟的痕迹，但我已飞过。

这就说明了过程对于一个人的重要性，只要我经历过，只要我努力过，只要我付出过，结果就不那么重要，因为我已经问心无愧了。

这就是一种心态，能够让孩子勇往直前、无所畏惧。

（3）父母以身作则

面对孩子的各种耍赖，父母的态度尤为重要。如果一味地退让，孩子步步紧逼，完全不接受输的现实也是在所难免；如果强硬地指责，孩子胆怯懦弱、孤僻怕事的表现也是自然而然的。

所以，父母的态度一定要“温暖而坚定”：给孩子一个温暖的怀抱和一个坚定的态度，输了就是输了，接受就好，丝毫不影响父母爱你，更不影响父母对你的信任。

平时，父母要注意自己的言行，不要当着孩子的面，流露出争强好胜的心理。赢了不沾沾自喜、妄自尊大；输了也不乱发脾气、抱怨指责。在宽松的环境下，用言传身教的方式，教孩子看淡输赢、体验胜利和失败、丰富自己的人生经历和经验。

七个细节看清一个人的教养(2)

2. 吃饭的规矩

夫礼之初，始诸饮食。中国人的礼仪，始于餐桌上的规矩，吃顿饭的工夫，就能看清对方有没有教养，懂不懂礼节。

吃饭前，要等长辈先落座动筷；用餐时，别用自己的私筷胡乱翻动；不要吧唧嘴，不要发出异样的声音，最好是细嚼慢咽；正在吃东西时，不能讲话，等把饭菜咽下去，再与人交谈；如果客人没有结束用餐，主人不能先起身离桌。

文/沫沫

什么是教育孩子的“火候”

《学记》中说：“当其可之谓时，不陵节而施之谓孙，相观而善之谓摩。”简单地解释就是，在适当的时候进行教育，叫作及时；不超越受教育者的才能和年龄特征而进行教育，叫作合乎顺序；互相取长补短，叫作相互研讨。

教育孩子的时机，就如同炒菜时的火候一样，增之一分则多，少之一分则弱，短短的几分钟，却决定了菜色、口感、味道。而教育孩子，也是如此，及时才有效，过往则不究。那么，什么是教育孩子的“火候”呢？

1. 当孩子对某件事情感兴趣的时候

在“太空课堂”上，孩子对太空产生了浓厚的兴趣，虽然他对宇宙飞船、金星、火星、大气层都是一无所知，但是并不影响他愿意探究的好奇心。

所以，在短短的一段时间里，他大致了解了火箭的飞行、载人航空飞行的意义、地球以及其他星球的一些概念。这些知识点，有的来自他听到的故事，有的来自爸爸的讲解。但凡涉及这类话题，他一定是双眼亮晶晶、聚精会神地去听，不懂就问；问不明白，就催我去查资料、找答案。

所以，在这段时间里，他对航天的、太空的相关内容，接受得很快，学习态度也很端正。

2. 当孩子遇到困难或者失败的时候

她心态很好，小时候考试考砸了“没关系，下次肯定能考好”；长大了工作不顺心“没关系，很正常，我一定能解决”；结婚后夫妻之间有矛盾“没关系，牙齿和舌头还打架呢”。

大家都说，好像什么不顺心的事，在她眼里都是常态。而正是因为她有这种心态，所以只要取得一点成绩，她就开心幸福一整天。

这种好心态并不是与生俱来，而是和她的父亲有关，即能够把握教育孩子的时机。比如她上小学三年级的时候，在一次象棋比赛中失败了，这让她很沮丧，一度想要放弃象棋。后来，父亲带她到河边，指着弯弯曲曲的河流问她：“为什么河流不走直路而走弯路呢？”她企图用所学为父亲科普，但父亲却不紧不慢地说："根本的原因是，走弯路是自然界的常态，走直路反而是非常态，就和人一样。"

所以，每次遇到困难，她都告诉自己："人生走弯路是正常的，只要继续努力，没有过不去的坎。"

3. 当孩子的不良行为刚刚出现的时候

大量事实证明，孩子养成坏习惯，与他第一次出现不良行为，未能得到及时指正密不可分。因为孩子做错事，或者行为不端，他们并不自知。比如第一次撒谎、第一次骂人、第一次发脾气，都是不良习惯，都需要父母及时调整。

如果父母能够在孩子不良行为刚刚出现时，就紧紧地抓住这个时机及时纠正，帮助孩子明辨是非、详陈利弊，孩子就能够有意识地纠正。如果孩子已经养成习惯，那么剩下的就是父母的无尽唠叨和孩子的视若无睹了。

所以，父母教育孩子不一定非要抽出时间、正襟危坐、一本正经地进行，只要善于捕捉教育孩子的时机，随时随地、见缝插针地进行，就能对孩子进行潜移默化的熏陶。

当然，这种教育的过程，一定要杜绝无休止的唠叨、不着重点的说教，以及"上梁不正"导致的"下梁歪"。

强者定律(2)

2. 蚂蚁定律

日本北海道大学的进化生物研究小组做过一个实验。他们对蚁群进行追踪，观察它们的分工情况，发现大部分蚂蚁都很勤快，清理蚁穴、搬运食物、照顾幼蚁，几乎没有停歇。然而，有少部分蚂蚁却无所事事，终日东张西望。生物学家把这部分"懒蚂蚁"做了标记。当研究小组断绝蚁群食物的来源时，那些勤劳的蚂蚁乱成一团；而"懒蚂蚁"们则不慌不忙，带领蚁群向新的食物源转移。原来，懒蚂蚁们不是懒，而是把大部分时间都花在思考和侦察上，这就是著名的"懒蚂蚁效应"。没有深度思考，所有勤奋都会事倍功半；没有把准舵的方向，就容易在原地兜圈子。

爱因斯坦说过一段话："如果给我一个小时解答一道决定我生死的问题，我会花55分钟来弄清楚这道题到底在问什么。一旦清楚了它到底在问什么，剩下的5分钟足够回答这个问题。"我们与其急着出发，不如先扪心自问一下，现在脚下的这条路是通往哪里。

文/小树妈妈

孩子突然有点“作”怎么办

平时挺乐观的孩子，突然显得有点“作”，而且怎么哄都哄不好。我摸索出一些简单有效的方法，包括但不限于处理孩子闹情绪的问题，分享给大家。

1. 天大的事情吃饱再说

案例

我家是双胞胎女儿，孩子小时候，我带她们出去玩，本来玩得好好的，但是一出景区她们就发脾气。后来，我发现她们吃点东西后就会好很多。这里的科学原理，就是情绪和血糖会相互影响。

人在感觉饿的时候，血糖水平会降低，而葡萄糖是大脑注意力和思维能力的燃料。孩子玩了一天，累了、饿了、血糖低了，大脑控制行为的能力就会下降，跟人沟通时，就会比平时更困难，结果就是暴躁、易怒、无法心平气和。

很多孩子的无名火、起床气，都跟孩子没有好好吃东西有关。意识到这一点，我就会在包里放点牛肉干、小面包之类的零食。在外面的时候，隔三岔五地给孩子补充点糖分和能量，孩子的气就顺了。

现在，女儿们已经长大了。有时我想让她们学点什么，通常也是先拿出点好吃的诱惑一下。孩子没吃东西的时候，就容易闹情绪，说自己多累多么辛苦，哼哼唧唧地不配合。孩子吃饱了，就万事好商量。

这个小技巧也可以用在逛街之前、作重要决定之前、跟孩子爸和孩子讨论问题之前。天大的事情，都吃饱了再说，胃得到满足了，心就舒服了。

2. 提要求时加上“因为”

这个灵感来自哈佛大学社会心理学家埃伦兰格做的一个实验。埃伦兰格让实验人员跑到图书馆，请求排队等候复印的人，让他插队复印五页纸的资料。

他们准备了三种话术，一是“对不起，我有五页纸要复印，能不能让我先复印呢”；二是“对不起，我有五页纸要复印，能不能让我先复印呢？因为我有急事”；三是“对不起，我有五页纸要复印，能不能让我先复印呢？因为我要复印几张纸”。

经过反复实验得出数据：采用第一种话术，有60%的人同意这个请求；采用第二种、第三种话术，同意的比例高达94%和93%。

而且大家分析后会发现，第三种话术的理由根本站不住脚，研究人员在“因为”后面只是简单重复一下自己要复印几张纸，效果竟然也是一样好。这个实验证明了人的一个固定的行为模式——我们喜欢为自己所做的事情找个理由。

“因为”这个词，能激发人们下意识地顺从反应，即使“因为”后面没有给出令人顺从的原因。同理，如果我们对孩子提出一个要求，后面也加上“因为”，效果就会好很多。

比如你告诉孩子不要在地板上跳，他可能不理你。但是如果你说“不要在地板上跳，因为楼下的奶奶身体不好，你这么跳，奶奶的心脏很难受”，孩子就更容易接受。如果你再加上一句：“因为你是一个懂道理、知道为别人着想的孩子，所以你不会再跳，对吧？”那么，孩子答应的概率就会增大。

3. 以夸为主激发行动

这个灵感来自日本一个女记者岛泽优子的故事。岛泽优子曾经吐槽她丈夫的行为：“我怀第一个孩子的时候叫他帮忙洗碗，他把碗往水池里一浸就不管了。”结婚前，她丈夫从未做过家务。但是，在她一步步的引导下，她丈夫不仅做家务，而且厨艺大增。

她用了三个方法，一是多跟丈夫聊工作，增进夫妻之间对彼此的欣赏感；二是自己先做一部分家务，让丈夫收尾，大概三七开，她做七，丈夫做三；三是降低要求，不要求对方马上做，或者做完美，只要做就夸，给丈夫留下美好的记忆。

比如她想让丈夫洗床单，“床单上有块污渍（引起注意），用上次买的柔软剂洗洗吧（引起兴趣），晚上睡在干净的床单上很舒服，要是你能把女儿的床单也一起洗一洗，她一定会夸你是世界上最好的爸爸（唤起渴望）。”

当丈夫洗完床单后夸奖他，并跟他一起躺在舒服的床单上（留下记忆）；多经历几次，他就会喜欢上这种感觉，就会主动做家务（家务行动）。

岛泽优子的丈夫从此有了这样的自觉，把家打扫得干干净净。与其说岛泽优子让丈夫喜欢上做家务，不如说岛泽优子让丈夫找到了做家务的成就感。

平时，我们希望孩子持续做一件事，也可以用这个方法。就是说一些好听的话，让对方感受到被爱、被尊重、被需要，内驱力就会大增。

父母对"霸凌"事件的误区

文/魏蔻蔻

误区1："以暴制暴"，教孩子使用武器反击

举例

有个妈妈说："难道眼睁睁地看着孩子挨打吗？我让孩子带上刀反击。孩子被欺负时，掏出刀去追那些欺负他的人。他们吓坏了，从此再也不敢欺负我家孩子了。就算捅死砍伤那些坏孩子也没什么，谁让他们先欺负人的，我们这是正当防卫。再说孩子小，不需要承担刑事责任。"

在留言区我看到，许多父母都支持"以暴制暴"，而且"以暴制暴"的方式都是教孩子用凶器，包括刀、砖、硫酸等。

点评

根据欧美校园霸凌的数据看，超过85%的受害者，致伤、致残、致死的，都是发生在受害者使用武器反击时，武器被施害者夺取后，反过来伤害受害者造成的。

可见，使用武器成功反击的状况，只占很小的比例。如果有通过武器杜绝"霸凌"的，也不能说这是正确方式。在多数情况下，施害者会抢夺和利用武器，加剧对受害者的伤害。

误区2：孩子霸道比被人欺负好

举例

有个妈妈说她女儿从小就很泼

情商很低的四个迹象(3)

3. 任性自我

《论语》里讲："己欲立而立人，己欲达而达人。"一个人想要成事，就要帮助别人成事。人和人之间相互体谅，相互帮助，才能携手共进。但是在生活中我们会遇到一些人，总是以自我为中心，无论做什么事，都只考虑自己。这样的人，相处起来非常困难。

在《人世间》里，周蓉就是一个典型的例子。为了追求爱情，抛下家庭跑到遥远的大山里。父亲不远千里来看她，她却威胁父亲，如果不同意这桩婚事，自己就和家庭断绝关系。她把女儿丢在父母家让母亲带着；母亲因为担心她而脑出血；弟弟周秉昆受她丈夫冯化成连累而坐牢。自始至终，她自己活得潇洒得意，却从没考虑过别人的感受。

人与人之间不是一座座孤岛，大家彼此连接，共存共辱。如果只考虑自己，自私自利，时间久了，自然会招人厌恶。

辣，喜欢咬人、抓人和打人，经常咬爷爷奶奶。上幼儿园后，老师说她经常欺负其他小朋友。她和她先生以及两边的老人都觉得，不用管孩子，女孩子本来就是弱者，容易被欺负。她欺负别人、打别人，总比别人打她好。她这样，大人们也放心，至少别人不敢欺负她。

点评

其实，并非霸道的孩子就会远离霸凌。相反，有暴力倾向的孩子会诱发他人的暴力反噬，非常容易被同学们排挤和遭受冷暴力，对孩子的身心健康和成长都不利。

所以，发现孩子有暴力表现，父母要立即制止，教导孩子尊重他人，与大家和睦快乐、有情有爱地相处，并且教会孩子舒缓焦虑的方法，不要用暴力解决问题。如果像这个妈妈一样，认为孩子打别人没有关系，那么如果遇到“以暴制暴”的情况，孩子被残暴地反抗，后果不堪设想。

误区3：校园霸凌并不是普遍现象

举例

现在，校园霸凌事件程度很严重，包括语言侵犯、外号讥笑、愚弄嘲讽、冷暴力排斥、肢体暴力，还有一些“变态性羞辱”。

比如有个读者写到，在初中时，她亲眼看见班里的某个女生小群体霸凌一个女同学的状况：她们总是将她拉到厕所里，辱骂她、扇她的耳光。我们知道那样很过分，但是我们谁都不敢告诉老师，我们害怕自己也被那样对待。

点评

很多父母和老师，认为校园霸凌只是少数，不是普遍现象，他们觉得小孩子能有多么残酷呢，无须危言耸听。虽然，我们缺乏校园霸凌的统计数据，但是现象是普遍存在的。

误区4：男孩不会被女孩霸凌

举例

有个男士说：“我中学时长得胖、爱出汗，班里的几个女生就给我起外号嘲弄我。她们每天用书包打我、用文具盒敲我的脑袋、穿着皮鞋踢我的下体。她们有时会在我爬楼梯时，把我推下去，看着我狼狈地滚下楼梯再爬上来。我告诉父母，我爸笑话我，说你一个男孩，怎么会被女孩打呢？我妈说我太没出息了，被女孩欺负，以后肯定找不到老婆。我现在不胖了，也工作几年了，我从来不谈恋爱，我对女生有阴影。”

点评

据国外霸凌案例显示，在校园内，女孩实施的霸凌多于男孩实施的霸凌。甚至女孩领导的霸凌，持久、残酷度均高于男孩的霸凌。

举世震惊的中国留学生间的霸凌事件在美国宣判，带头者就是女孩。所以，大家一定要意识到，女孩同样可能是霸凌的实施者。

误区5：长大了强壮了，就好了

举例

彼得身高2.05米，体格健硕，年龄32岁，是一位货车司机。他被诊断为创伤后综合征，丧失了一些身体协调功能，饮食和睡眠机能也受到严重影响。

彼得的综合征是被霸凌引起的。他小时候经常被欺负，父母为此为他转学四次，但是每次转学后，他还会被新同学霸凌。起因是彼得的大个子加上成绩差，看起来呆呆的。霸凌在最后一次转学后，有所好转，同学们只是有些疏远他，所以家里也不了了之。但是，彼得并没有从霸凌的阴影中走出来。

他就职的运输小公司，被另一家公司兼并后，他又被新同事欺负。他们都是二三十岁的男性员工，他们把他的手机丢进厕所里；在他检查车的时候关上灯吓唬他；把错误的排班表给他，害得他在寒冷的冬夜等数小时。

一次，公司聚餐后，彼得步行回家，两个同事拿着仿真枪走到他的身后，暴力“打劫”他，在他不明状况跌坐在地上时，其中一人假装说“你的钱太少了”，然后把枪对着他的头射击，他不知所措，那人放了空枪，然后笑着跑了。从那次后，他丧失了一些语言能力。

点评

彼得的外形一点也不弱，甚至比那些欺负他的人都高大强壮，彼得也练过拳击，但是这并不能让他在受到欺负时，临场发挥出来，因为在心理上，他是软弱的。

大人总以为，孩子长大了，强壮了，就好了。其实，大家高估了受害者的反抗性，以为“农奴振臂一呼，转眼就能翻身做主人”。可是，弱和强之间的转换，哪是一蹴而就的，站起来的过程很艰难，要有长期准备，也要知道中间会有反复。

误区6：孩子被霸凌会主动求助

举例

荷兰一个12岁的男孩遭遇霸凌，他没有告诉任何人。一次，他随身携带了一支笔防身，这支笔的一端有触摸产生微电的功能，会让人被电到而有瞬间的不适感。当他拿出笔戳欺负他的人时，被对方抢过去，朝着他的太阳穴和眉骨猛击，鲜血直涌。欺负他的孩子，不知轻重，看见血也吓坏了，丢下他就跑了。

可是，受伤后，他没有求救，而是躲了起来，不愿意见人，直到几小时后，被家人找到。孩子被送去医院时，因为血在眼睛里瘀积过久，那只眼睛瞎了。医生说，如果孩子当下就求救，治疗及时，眼睛就不会失明。

点评

大多数时候，孩子被霸凌，不会主动说出来。因为，幼小的孩子对遭遇的不愉快，并没有意识到这是不公平的，他们对伤害的理解和界定不强，不会诉说，不认为应该求助；而10岁以上的孩子，或者青春期的孩子，已经懂事了，会由于羞耻感和痛苦，不愿意提及被别人欺负的经历，从而选择沉默。

误区7：大人的言行不会导致霸凌

举例

有个女士说：我上小学时，因为近视眼，戴了眼镜，同学们为此嘲笑我，把我的眼镜摘下来玩，撕扯我的头发。我的成绩不好，老师不在乎我，当我告诉老师我被欺负时，老师问："你的头发被扯掉了吗？"我说："没有，被扯乱了。"她说："头发被扯乱了也值得说吗？你太娇气了。别人都是苦读书，成绩好，才戴眼镜，也没见你用功，就戴上眼镜了，电视看多了吧？"

同学们更加有恃无恐，也讽刺我不用功、看电视。后来，同学们把我的眼镜踩坏了，我告诉我妈，我妈一边抱怨又要配眼镜，一边说我："我就不相信，你好好地，不惹事、不惹人家，人家为什么要欺负你？"之后，我就什么都不说了，省得又被她数落。

点评

有时，老师和父母无意间，恰恰就是霸凌的造成者。比如老师对待某个学生的言语轻蔑、讽刺，胡乱指责、体罚，都会导致其他同学对这个同学不尊重和嘲笑，诱发校园霸凌。

有时，亲人间、师生间的相互支持，就在这些不经意间的埋怨中消失殆尽了。而这些言行，恰恰让孩子失去了应付霸凌的屏障。有的孩子侥幸自己走出来了，更多的孩子没有，在父母和老师的错愕和惋惜中，有了不可挽回的创伤。

文/紫苏子

许多家庭正在将年青一代“幼儿化”

著名教育家蔡元培先生说：决定孩子一生的，不是学习成绩，而是健全的人格修养。

一个健全的人，首先应该是一个独立的人，那么为人父母最首要的职责，就是将孩子培养成能够独立生活的人，能够养活自己的人。

现象

一个孩子去外地读高中，每月回家一次。每次返校时，妈妈都会精心地准备30个苹果洗干净，用保鲜袋装好，让孩子每天吃一个。

一个妈妈每月给孩子准备30条内裤，每天换一条，月末带回来交给妈妈一起洗。妈妈说孩子学习要紧，从小就没让孩子做过家务。

点评

为人父母无论多么爱孩子，都没有能力和时间陪孩子走完他人生的下半场。不懂放手的父母，给孩子的不是爱，而是害；父母现在替孩子走过的路，终将成为孩子未来爬不出的坑。

英国肯特大学教授弗兰克·福德里指出，“如今社会和家庭正在将年青一代‘幼儿化’，导致越来越多的青少年心理迟迟不肯成熟，有的人年近30岁，还无法脱离家庭独立生活”。

案例

一个心理工作室接待了一个北大女孩，她因为无法适应学校生活，刚读完大一，就被诊断为中度抑郁，被迫休学。医生发现这个女孩的病因是：太听妈妈的话。

女孩一直乖乖地按照妈妈的任务清单生活，对自己的人生没有话语权，甚至屏蔽自己的感受。

一次，医生把一杯温水分别给妈妈和女儿喝，并问她俩水是温的还是凉的，医生示意妈妈说是凉的。女儿明明感觉到水是温的，但还是跟着妈妈说是凉的，因为妈妈的话潜意识地影响着她。女孩一直处于妈妈的保护和指导下，一旦离开妈妈，她就不知所措，无所适从。

点评

戴尔·卡耐基说过，为了成功的生活，孩子必须学习自立，铲除埋伏于各处的障碍。家庭要教养他，使他具有为人所认可的独立人格。

作家李月亮认为，为人父母最大的成就，就是培养出会与世界相处的人。

会独立处事的孩子，无论走到

哪里，都能照顾好自己，能自己解决难题，让父母放心，自己也会受到欢迎。优秀的人生从来都不是父母安排的，而是自己走出来的，独立是孩子行走世界的底气。

对策

（1）给孩子做家务的机会

哈佛大学有一项实验表明：让孩子成功的重点之一，就是让他们做家务，并且越早开始越好。调查显示：爱干家务的孩子和不爱干家务的孩子，成年后的就业率是15∶1，犯罪率是1∶10。爱干家务的孩子，平均收入比不爱干家务的孩子高20%左右，并且他们当中夫妻离异率和心理患病率也较低。让孩子做家务，它的价值远大于你的想象。

（2）给孩子试错的机会

父母最怕孩子走弯路，急于把自己的生活经验强加给孩子，这似乎是捷径，却剥夺了孩子通过试错学习的机会。

富兰克林说："说给我听，我会忘，让我自己参与尝试才是真的学习。有时，需要让孩子犯自己的错误，在不断试错的过程中，建立对这个世界的常识和判断力。"因此，错误是学习的大好时机，如何对待错误比犯错误更重要。

（3）给孩子体验的机会

杜威说，教育即生活。陶行知说，生活即教育，社会即学校。

朱自清说，要让孩子在正路上闯，不能让他们像小鸡似的，总是在老母鸡的翅膀底下，那样一辈子都不会出息。

所以，要想孩子成长，就要给孩子不一样的生活体验。

和孩子一起运动。运动不仅让孩子精力充沛，更让孩子自律。

和孩子走向自然。大自然不仅能让孩子开阔视野，更能让孩子增长见识。

和孩子一起劳动。逐渐形成他们自己做事的习惯，尽快摆脱他们对父母的依赖。

和孩子去图书馆。要让孩子知道只有读万卷书，才能行万里路。

和孩子惜时守时。一个时间观念很强的人，更容易成功。

七个细节看清一个人的教养(3)

3. 说话的分寸

君子讷于言而敏于行。表达是本能，会说话是本事。真正有教养的人，一定是三思而后言。

对自己不懂的事情，别不懂装懂，信口胡诌；对自己了解的事情，要理性开口，适时沉默。心乱时，要慢慢说，不说气话，不说糊涂话；没话时，就别说，时刻谨言慎行，处处留心。

文/惜朝

有些父母盲目纠正孩子的“缺点”

法国社会活动家阿纳托尔·法朗士说：“你消灭的每个缺点都存在着与它相对应的长处，两者相辅相成、生死与共。”有些缺点其实是孩子身上的闪光点。女孩有五种表现时，不要制止，应该正确鼓励和引导。

1. 多动，活泼调皮

许多父母认为，女孩要文静优雅，不能像男孩那样上房揭瓦。但是有些女孩，确实像男孩一样，总是静不下来；在院子里跟小伙伴们横冲直撞，经常搞破坏。

但是，好动不是缺点，好动的女孩同样会有出息。就像田亮的女儿森碟，体内有着强大的运动因子，从游泳、网球到标枪、赛跑无一不在话下。才13岁的她，已经拿下多个世界大赛的奖牌，前途不可限量。

有个活泼好动的女儿，父母应该为之骄傲。这样的孩子身体素质好，动手能力强，有强烈的好奇心，思维不容易被束缚，热爱天马行空地思考，用自己的方式去探索世界。如果给她适合的发展条件，她很可能是一个出色的人才。

2. 爱美，喜欢打扮

女孩都是爱漂亮的，有些女孩还很自恋，爱臭美。她们经常对着镜子照来照去、弄弄头发、扯扯衣服，对自己的相貌十分在乎。女孩越爱美，父母越担心，觉得这是虚荣、肤浅的表现。

其实，女孩爱美很正常，父母应该理解，更要正确引导。有研究显示：三岁之后，女孩就会逐渐出现审美意识，有自己的审美观。她们喜欢观察身边的事物，知道什么好看，什么不好看；喜欢打扮自己，得到别人的称赞，因此获得自信。

一个爱美的女孩，她更加自信，她的审美力和创新力也会高于同龄人。父母要做的是正确引导，让女孩在形成审美观的过程中，养成良好的生活习惯。

3. 固执，坚持己见

人们经常说：“女儿是父母的小棉袄。”他们希望女儿乖巧听话，对自己言听计从。所以，有些父母特别头疼自己那个固执的女儿，动不动就生气，非常难哄。

一个女孩特别有主见，决定了的事情不容改变。她说要穿裙子，就不会穿衣服和裤子；她说要吃桃子，就不会吃苹果和香蕉。妈妈觉得她是被惯坏了，坚持要“教训”她，逼女孩做她不想做的事。其实，女孩固执一点是好事，她有自己的想法，有主见。不会对别人言听计从，不会随波逐流。

有主见的女孩，果断勇敢、独立自主，面对自己的人生规划以及生活，都有着非常明确的目标。父母只需要教她为自己的主见承担后果，以及在任何情况下都要尊重别人就足够了。

4. 话多，喜欢表达

戚薇和李承铉的女儿就是一个“话痨”，让人印象最深的是她在节目里的表现。嘴里念叨着，手上比画着，一直在手舞足蹈地做自我介绍。上一秒还羞答答地说自己是个小孩子，下一秒就爷们劲十足地把戚薇喊为“戚哥”。这么霸气又可爱的孩子，就算话多，也是人见人爱。

孩子爱表达，说明她的大脑发育得好，智商高。在没完没了地表达时，也在不断地提高自己的思维能力和表达能力。而且在人际社交中，话多的孩子和话少的孩子有着截然不同的待遇。这样的女孩更容易吸引大家的注意，也更容易交到朋友。

5. 厚脸皮，大大咧咧

大多数女孩心思细腻、敏感、爱哭。长大后，这种性格是很吃亏的。

格瓦拉说：“当你知道了面子是最不重要的东西时，你便真的长大了。”厚脸皮，是孩子应该具备的天赋。这样的女孩，通常是大大咧咧的，不在意别人怎么对她、怎么说她。

面对陌生人，她一点也不认生；面对小伙伴，她左右逢源。正是因为“厚脸皮”，她更懂得表达自己，善于为自己争取，从小就表现出极佳的人缘和领导风范。

厚脸皮的女孩，逆商也高。不会玻璃心，不怕失败，懂得委婉地拒绝，为人处世进退自如。有这样的女儿，是父母的福气。孩子活得通透自然，将来一定有出息。

七个细节看清一个人的教养(4)

4. 守时的习惯

时间就是金钱。无论是自己的，还是别人的，都一样。在日常生活中，守时是人际交往中最基本的原则。如果平白无故迟到爽约，浪费对方的时间，事后甚至还没有半分歉意，这就是自私没教养。你的每一次拖延迟到，都是在透支你的品行和信誉。作出承诺前，先想明白自己能不能做到。因为君子一言，驷马难追，一旦作出承诺，就要拼尽全力做到。

文/艾小羊

现在的父母喜欢吹捧孩子

1. 随随便便地赞美孩子

一个三四岁的孩子自己吃了一碗饭，她的父母以及祖父母就像看到了地球之光，围着孩子异口同声地说“你真棒”。

有个妈妈抱怨她的女儿从小在赞美声中成长，不仅在家里人人夸；在幼儿园还有小朋友们互相夸，哪个孩子上课回答问题，或者帮老师擦黑板，小朋友们就一起说：“你真棒！”慢慢地妈妈发现了孩子的问题，如果听不到“你真棒”，她就会有极强的挫败感和逆反心理。

我们小区里有个妈妈，孩子跳得高一点，她说“你真棒”；跑得快一点，她说“你真聪明”。等孩子上了小学，我经常看到她站在路边骂孩子：“你怎么这么笨。”

随随便便地赞美孩子，并不能让孩子自信，反而会让孩子失去自我判断的能力，变得敏感、脆弱、自恋，只能听好话，不能挨批评。

过于随便地赞美，会让父母慢慢地相信自己的孩子与众不同，一旦孩子力所不及，父母就被挫败感打倒了。父母都不能正确理解人生的困难，怎么培养孩子坚韧的品格？

2. 草率赞美孩子的坏处

（1）让孩子丧失进步的动力

孩子不知道什么是自己的本分和职责，会因为太容易获得赞美而丧失进步的动力。就像小海豚，父母过早地献出了自己的赞美，让小海豚们觉得只要会游泳，就是世界上最厉害的小孩，从此就会懒得再花时间和精力，学习顶球和套圈。

（2）让父母和孩子同时丧失思考能力

我见到一个一边刷手机一边对孩子说“你真棒”的爸爸。我忍不住问他，孩子棒在哪里？他茫然地看了我一眼说：“他自己看书，没来烦我，就很棒啊。”其实他的孩子正在书店的童书角一页页地撕书，玩得兴起，没空去烦爸爸。

（3）让孩子养成讨好型人格

随随便便、无时无刻不在赞美孩子的父母，只是为了暂时安抚孩子，让他们安静、听话、懂事。孩子人小鬼大，很快就会明白做什么、怎么做，会让父母高兴。为了收获更多的赞美，他们可能会失去对自身喜好的判断，变成心机小孩，当面一套，背后一套。

3. 肯定教育考验的是耐心

一个女孩以前一直觉得父亲特别严肃。小升初时，她读了本市最好的学校，第一学期，她考了全班倒数第五名。

然而，父亲却笑着说："天外有天，人外有人，下次考倒数第十，我就买个新手机给你。"

期末考试，她考全班中等。初二的时候，她考到前十名。后来，她出国读书，每次遇到困难，她都会想起父亲当年的淡定与幽默。她说，再动听的赞美，都比不上天塌的时候，父母的淡定从容。父亲让她明白，人生是长跑，不必只争朝夕，战胜困难的过程，比名次和荣誉更重要。

所以，肯定教育从来不是简单的"你真棒"，而是考验父母细心、耐心和智慧的大工程。

4. 成功不靠IQ，而是靠坚韧的品格

赞美教育的盛行，是"速食化"在教育上的折射。每个父母都希望一天说一百个"你真棒"，就能收获一个完美的自信娃。但是，这是不可能的。

美国宾夕法尼亚大学心理学教授安格拉·杜克沃思，在对数千个样本分析后得出结论："决定孩子未来是否成功的因素，不是漂亮的外表、社交智力、IQ，而是坚韧的品格、顽强的毅力，以及抗压、抗挫折的能力。"

父母的随口赞美，让孩子失去的正是"坚韧"这种最宝贵的品格。喜欢随口赞美孩子的父母，跟喜欢随口打击孩子的父母是同一类。他们最大的特点就是不动脑筋、简单粗暴、懒得观察，无力与孩子进行灵魂深处的交流。

每个人的成长路上，最重要的不是在做得好的时候被赞美，而是在做得不好的时候被鼓励。

强者定律(3)

3. 牛蝇定律

少年时，林肯在肯塔基老家的农场里耕地。耕牛很懒，磨磨蹭蹭地挪动着，林肯经常对此无可奈何。然而，有段时间，牛却走得飞快，很快就犁完地。开始，林肯迷惑不解；后来，他发现是有几只硕大的牛蝇在牛背上叮咬，逼着耕牛不停蹄地奔跑。这就是心理学上著名的"牛蝇效应"。

人总是有惰性的，不逼自己一把，容易在舒适区不思进取。平坦大道好走，爬坡小路难行，但是选择后者，我们才有机会在峰顶，看到世间最美的风景。

文/安歌

很多人以为孩子哭闹就是要挟

案例

一对夫妻边开车边说话，两人都有点烦躁。小男孩在后座上一边不停地吵闹，一边玩着小汽车玩具。妈妈先是出声制止，男孩依然我行我素；妈妈劈手夺走玩具，男孩却爬到前座抢回玩具。爸爸一时气急，想教训一下孩子，就把车子停在路边，丢下男孩和他的玩具后，转身开车离去。

没走多远，夫妻俩后悔了，连忙掉头去找孩子。可是，男孩却被一辆经过的车撞倒，再也无法回应。

点评

在生活中，经常会遇到孩子犯错，或者无理取闹不听劝的时候。很多父母就想到"冷处理"，冷淡一会孩子，等孩子害怕了就知道错了。虽然未必都会酿成悲剧，但是这种冷漠的应对方式，是处理孩子负面情绪的最大误区。

武志红老师说过："无回应之处，即是绝境。"每个被冷处理对待的孩子，顺从乖巧的背后，都积压着看不见的恐惧和哀伤。

启示

（1）那个崩溃的孩子，不是在表演

案例1

有一段视频上了热搜：小孩倒

人要懂得低头(2)

家是讲爱的地方，凡事真的不必非得争个谁对谁错，更不必有什么自尊心作祟。有很多人，在吵架的时候，觉得非得压倒对方，场场占上风才肯罢休。当心赢了理，输了情。

真正聪明的人，懂得适时低头。向家人低头，让家庭更和睦，向爱人低头，让感情更长久。

著名导演李安，声名显赫，这样的人，通常在家里不是"供"着，也是尊着。然而不尽然，这个在外光鲜亮丽的大导演，在家里却买菜、做饭、做家务，时刻听老婆的话，做着很多人觉得不爷们的事。难道趾高气扬、颐指气使才算爷们？

张爱玲曾经说过："善于低头的女人，往往是厉害的女人。"在家里，不管是男方还是女方，低头不是尻，而是爱，是更爱。因为爱，愿意先退一步；因为爱，愿意低头守护着这个家，守护着这份爱。向家人低头的人，是一个心中有爱的人。

在地上号啕大哭，年轻的父母站在不远的地方，他们既不去扶，也不去哄，就这么淡然地看着小孩“表演”。夫妻俩环抱着手臂，歪斜着身体，颇有点冷眼旁观的意味。这段视频赢得20多万网友点赞。这种不被孩子哭闹要挟的作风，似乎成为管教中的一股清流。

点评

但是，当我们远远地站在孩子的对立面，冷眼看他们哭闹时，真的了解孩子的感受吗？很多人以为孩子哭闹就是要挟，所以寸步不让。但这是成人的曲解，那个崩溃的孩子，不是在表演。

案例2

看过一期《超级育儿师》，小女孩饭前要喝牛奶，但是妈妈不同意。小女孩瞬间崩溃，她发疯一样地闹，去扯妈妈的衣服，坐在地上哭得声嘶力竭。妈妈先是讲道理，告诉她因为要吃饭，所以现在不能喝牛奶。眼看小女孩越闹越凶，妈妈又气又急，讲道理她不听，威胁也不管用，我能怎么办，只能不理她，让她哭吧。

点评

实际上，孩子发脾气是他们最本能的反应。儿童教育家金伯莉·布雷恩曾说：“孩子发脾气，是因为他们具有一种天生的、自然的本能，想要执着于实现全部愿望。”成人懂得控制，可是孩子并不能理解。他们的表达能力有限，只能用这种过激的行为表达不满。父母的回避和远离，显然无法让孩子理解并听话，只会让孩子在焦躁中越发失控。

（2）“冷处理”冷掉了孩子的心

案例

在《爸爸去哪儿》第一季中，石头手臂受伤，撒娇不肯好好吃饭。郭涛脸色大变，把他带离饭桌，罚他在墙边反思。后来，郭涛喊石头回去集合，石头不愿意。郭涛一气之下，把他关在门外，不再理睬。石头顿时慌了，讨好地去追爸爸，并表示会好好表现。表面上，石头不再闹情绪，乖巧顺从很多。可是，当被问“爸爸是否爱自己”时，石头变得很犹豫：“有时爱吧，不爱我就是他不理我的时候。”

点评

美国行为主义心理学家华生信奉这种冷处理的方法。他提出孩子哭闹时，不要去抱、去安抚，否则孩子会变本加厉，越发骄纵。然而，在他的严苛训练下，他的孩子无一例外都以悲剧收场。无论是袖手旁观，转身离开，还是不理不睬，对于孩子而言，都是精神上的冷暴力。

这种被父母忽视和抛弃的感觉，能够彻底击溃孩子。

孩子闹情绪时，冷处理就像是收回爱，会让孩子质疑父母对自己的爱。起初，他只是需求没有得到满足，有点不满。可是当他意识到自己的伤心、愤怒、痛苦，甚至崩溃，父母无动于衷时，这才是传递给孩子最可怕的讯息：我的感受不重要。

一方面，孩子出于恐惧，会越发失控和崩溃；另一方面，孩子在长期的情感漠视中，封闭自己的感受，很难再建立信任和亲密连接。

（3）冷静处理是要有爱的行动

孩子处于情绪中时，的确很难沟通，先让他们冷静下来是有必要的。李玫瑾教授也说过：“孩子哭闹时，父母先不要干预，等他释放完情绪。”然而，冷静处理不是袖手旁观，更不是嘲弄。我们的行为可以冷，心却不能冷。

①理解同情孩子的感受

演员胡可带儿子小鱼儿参加节目时，小鱼儿想要买玩具，但是妈妈没有答应。小鱼儿立刻崩溃了，边哭边说“臭妈妈”。胡可没有发火，也没有讲道理，反而是蹲下来抱着小鱼儿说：“我知道你很想要。”小鱼儿从激动到抗拒，最后慢慢地柔软下来。

孩子的情绪从不满到失控，完全是被父母“推动”的。孩子的愿望并没有错，父母的漠视、威胁让孩子得不到理解，继而引发更激烈的情绪。越是和孩子针锋相对，孩子就越反抗。尊重孩子的愿望，表达对他的关爱和同情，能够帮助孩子慢慢地平静下来。

②教孩子正确处理情绪

有时，父母很迷茫：我表示同情和理解了，怎么没效果呢？共情能够让孩子平静下来，但是更关键的步骤，是教会孩子正确处理自己的情绪。

网上有段视频，可称为最佳模板。面对愤怒的女儿，爸爸说：“你可以对我和妈妈生气，你可以发脾气，你可以大喊大叫，或者拿枕头出气，然后再慢慢地放下。”希望孩子控制情绪，教他们学会疏通才是最好的途径。

作家简·尼尔森说：“希望孩子行为良好的前提，是先让他的感觉良好。”面对哭闹崩溃的孩子，父母的冷漠和疏远，只能让他们在不安中自我否定。毕竟，制止哭闹不是目的，引导孩子学会自我控制和处理情绪，才是真正的管教。

文/可乐妈

双减后问题才暴露出来

1. “双减”减轻了孩子的负担，也拉开了孩子间的差距

案例

一个妈妈说：“双减政策刚出来的时候，我还挺高兴的。孩子的作业少了、负担轻了，周末也不用耗在补习班了。可是，期末考试成绩出来，之前稳居班级前十的他，好几科成绩都不好。考试前，我问他最近学习怎么样，他说挺好的；考试后，我问他考得怎么样，他也说挺好的。可是，为什么会退步呢？”

点评

这种情况绝非个例。双减前，很多孩子凭借父母的催促、老师的监督、机构的“加餐”，取得了好成绩，也隐藏了问题；双减后，问题才暴露出来。正如巴菲特那句名言：“大潮退去，才知道谁在裸泳。”

然而，有些孩子尽管没有作业和考试的压力，依旧能够严格要求自己，专心听讲，认真做笔记；有些孩子却开始放纵自己，课堂上不认真听讲，回家后不写作业、不复习，想方设法地玩。

网上流传过一个数学公式：1.01代表每天多努力一点点，坚持一年，孩子将会取得飞跃式的进步；而0.99则代表每天懈怠一点点，经过日复一日的更迭，孩子终将被打回原点。

学习和不学习，短时间内看不出差距。但是，经过一个学期的沉淀，到了期末考试的那一刻，同一个班级的孩子之间，已经出现了一道难以逾越的鸿沟。

2. 对孩子学习的影响最大的，不是学校而是家庭

案例

有一对双胞胎火了。2018年，哥哥李世乾以667分的成绩考入电子科技大学，弟弟李世坤以654分的成绩考入四川大学。之后，兄弟俩双双被保送到北京大学。

学霸并非天生，这种“复制粘贴”般的优秀背后，其实是家庭的悉心培育。孩子学习时，父母在一旁看书，给孩子营造一个良好的学习环境；孩子因为成绩不理想而失落时，父母第一时间帮助孩子分析原因。始于陪伴，陷于教育，忠于爱和接纳，这便是父母能够给予孩子的“成长养料”。

点评

教育部基础教育质量监测中心副主任胡平平说：“我们做过学生分

数的检测，影响它的因素：一是学生家庭和本人，占60%～65%；二是区域生态和氛围，以及区域给教育提供的支持，占20%～25%；三是学校，占10%～15%。”

目前，校内不断减负，机构逐渐退出，家庭教育的占比越来越大。父母不仅是孩子的监护人，更是孩子的第一责任人。那些学校没有办法覆盖的，老师没有办法顾及的，都需要父母用汗水去填补其中的空白。

唯有父母跟上时代的步伐，洞悉“双减”的本质，提前为孩子作好规划，孩子才不会虚度光阴。

3. 在教育的道路上，不要指望孩子能够自觉。

案例

在《家有儿女》中，刘星问妈妈：“你当初为什么不逼我？”妈妈说：“小时候给你报班，想让你学，是你不愿意学啊！”刘星反问道：“我不愿意学，你就不让我学？那时我小，我不懂事，你还不懂事吗？你应该逼着我学呀！”

点评

孩子可以任性，但是父母永远不能任性，孩童时期本来就是最没有自控力的时期。在这个阶段，他们最擅长的就是知难而退、半途而废、避重就轻。没有天生就自觉、自律的孩子，有的只是狠下心严格教导孩子，并能够长期陪伴监督孩子的父母。

4. 真正的优秀，都是父母管出来的

案例

心理学家贺岭峰说他的女儿有一次数学考了59分，她不敢把成绩单拿给妈妈看，就让他帮忙签字。看到试卷上的分数时，他虽然心里一沉，但还是控制住自己的情绪帮女儿分析：“考试分为两种：一是选拔性测试，二是诊断性测试。你们班里那么多考满分的，这意味着他们没必要参加这次考试，因为他们没有被诊断出问题。而你被诊断出41分的问题，把这些问题找出来、改正了，你就是这次考试中最大的受益者。”一番话深入浅出，孩子豁然开朗。

点评

作为父母时刻要记住一点：平时的考试都是用来发现问题的，孩子成绩差，问题不只在自身。只有父母及时地帮助孩子分析失误、解决问题，孩子才能成长起来。

无论孩子的成绩如何，都要告诉他：“乾坤未定之前，人人皆是黑马，一切都有峰回路转的可能。未

来的日子，父母会和你一起努力。而你要做的，就是把过程交给自己，把结果交给时间。”

西奥多·罗斯福有一句经典的名言：“有一种品质，可以使一个人在碌碌无为的平庸中脱颖而出。这种品质不是天资，不是教育，也不是智商，而是自律。”

5. 培养一个自律的孩子，父母要用心引导

(1) 父母以身作则比语言更有效

案例

有个小男孩翻看了妈妈的学习笔记后，突然开始抽泣，把头埋在妈妈的怀里哽咽地说：“对不起，妈妈，我没有好好学习。”

点评

网友纷纷留言，父母的正面榜样，胜过一切说教。孩子或许不听我们的话，但是他一定会模仿我们的一言一行。每天少玩手机，最好不玩。不要让孩子觉得，凭什么你可以我却不行。

(2) 趁早立规矩，并严格执行它

案例

高考状元杨晨煜的妈妈说：“要在孩子没有自主思考能力的时候，督促他养成好习惯。这个过程很痛苦，你得时时刻刻地监督他。等他定型后，后面的路就好走了。”

点评

心理学家将3~6岁定为“潮湿的水泥期”，在这个时期，孩子85%的性格、习惯和生活方式，都能够被塑造；而7~12岁就进入了“正凝固的水泥期”，这时孩子85%~90%的性格、习惯都已经形成，再想改过来，就变得很困难了。

父母要尽早给孩子立下规矩，并严格执行。让规矩约束孩子的行为，而不是父母每时每刻地监视。

(3) 给孩子设立“停工期”。

心理学研究发现，比起一直忙于处理各项任务的人而言，那些懂得适时给大脑“放个假”的人，往往更能抵御住诱惑，专注自己的任务。随着学习压力的增加，每个孩子都需要一个“停工期”。停工并不意味着要玩游戏、看电视。可能是冥想、小睡，或者单纯地做做白日梦，让大脑放空。

总之，只有当孩子身处松弛有度的环境中，他才能获得更多的心理能量，持续地进步。再聪明的孩子，父母不监督、不培养，最终也难成大器。小时候，父母用外力约束孩子。等孩子长大了，自然就能养成自律的好习惯。这虽然不能决定一个孩子未来的上限有多高，但是至少能保证下限不会太低。

在德国高等教育并不高人一等

文/黛西

01

中国父母重视的教育，特指高等教育。赢在起跑线上，十年寒窗苦读，为的是孩子有朝一日金榜题名，考上大学。

父母可以接受孩子注定是个普通人，但是不能接受孩子是一个没有考上高中的普通人。

很多人说，初中毕业就分流、50%的高中录取率，这些是让父母焦虑的源头。

但是论分流，没有比德国更凶残的。德国小学毕业就分流，而且德国有16个州，其中15个州的小学只有四年级。也就是说，四年级一读完，10岁的孩子就面临人生中的第一次分流。

这次分流，让孩子们走上两条不同的路，简单地说，一拨人奔着上大学（高等教育），一拨人奔着不上大学（职业教育）。奔着上大学的孩子，就读于文理中学（或综合大学的文理中学部），这是接受高等教育的必经之路。

德国每年上文理高中的孩子占多少？不同州的数据不同，据联邦文化部近年公布的数据，基本在40%～50%区间波动。四年级就分流，40%的孩子读文理中学（上大学的前提）。

分流比中国早，录取率不比中国高，10岁就给人生定了性，按照朴素的思路，德国父母应该更焦虑。

可是，事实并非如此，为什么？因为50%～60%将来不读大学的孩子，并不是被教育“筛掉”的一群人，也没有被任何人放弃。相反，他们的教育被高度重视。

02

德国的职业教育体系非常完善，不管是切钻石还是修飞机，幼儿园老师还是油漆工，管仓库还是管账目，卖眼镜还是卖猪肉，开药店还是搞运输，在酒店做大堂经理还是在工地砌砖，都可以得到全面、正规、标准的职业教育。

职业教育不同于职业培训，不是你要管仓库了，就让师傅带着你参观一下库房，安排几天时间，介绍一下情况，而是为期2～4年的正规教育。德国有426种职业教育方向，根据职业性质不同，学制从两年到四年不等。

德国职业教育的成功在“双元制”，双元制的意思是，你可以一边在学校学文化，一边在企业接受技能培训，理论实践两手抓。

无论是坐办公室还是进车间，你都可以在职业教育期间熟练地掌握技能，熟悉公司文化，学习期间，你的半只脚已经踏进公司。政府对职业教育的支持力度，不亚于对高等教育的推进。

在《德国联邦职业教育法》中，有一条就是，德国所有企业都可以和职业学校联办教育，只要企业联办（让学生去公司学徒），每培养一个学生，政府就补贴企业4000~6000欧元。

德国有200多万家企业，接近50万家联办职业教育（比例高达近20%），大多是西门子、宝马、保时捷等这类的大中型企业。

接受双元制职业教育的学生，不仅积攒了经验，还能从企业领取生活补贴，毕业后留在企业的比例高达70%以上，“用人单位抢着要”。

微小说(2)

2. 一声叹气

一次跟爸妈通电话，通了很长的时间。挂电话后，大概过了半小时，妈妈又打过来电话问：“是不是有什么事情？怎么听你一直唉声叹气的，是跟那个女孩分手了？”这世上，只有爸妈才能听得出孩子那不经意的一声叹气。

在德国，职业教育是一种选择，而且是一种不错的选择。

03

高等教育和职业教育不是谁高谁低的关系，而是两条平行线、平等的路线。德国政府深知职业教育对工业国家的重要性，在宣传职业平等上不遗余力。

在德国生活过的人，曾经应该在地铁里见过一种宣传海报，衣装体面、精神状态饱满的年轻人，身穿各种职业工装，面带微笑地看着你，上面写着一行字：我是学徒工。这种正面宣传在民众心里留下了一个印象，职业教育是不错的出路。

德国的税收和薪资制度决定，无论你上不上大学，当白领还是当蓝领，收入差距不会大。任何人，都可以靠劳动过体面的生活，靠自己的专业技能吃饭，在社会上不会被歧视。

未来10年，中国教育改革的方向应该是——给职业教育雪中送炭，而不是为高等教育锦上添花。

当父母说起50%的高中录取率不再紧张，当职业教育是一种选择而不是“认命”，当每个职业都可以得到同等尊重，当人们都可以靠劳动过上体面的生活，孩子不上大学又何妨？虽然，听上去很理想，但也是一个可以努力的方向。

文/尹建莉

怎么回答孩子“我是从哪里来的”

01

正确的两性观绝不可能孤立存在，它是每个人价值观、人生观的一部分。孩子只要有良好的价值观和正确的人生观，他一定会同时拥有健康的两性观。

“我是从哪里来的”，这几乎是每个孩子都会问，并让每个父母都难以回答的问题。很多人都说应该正确地告诉孩子，但是怎么个正确法，却往往含糊其词。

我看到一篇文章，有个妈妈是这样回答的：“妈妈的身体里有一种叫卵子的细胞，爸爸的身体里有一种叫精子的细胞。有一天，它们两人相见了，卵子就热情地邀请精子去它家里做客，它们就一块去了妈妈的肚子里。妈妈专门为它们准备了一座美丽的宫殿叫子宫，在妈妈的子宫里，卵子和精子合成了一个受精卵，经过妈妈身体里营养物质的哺育，它们成长为一个小胎儿，等到胎儿十个月的时候，妈妈住进医院，医院里的助产医生把胎儿接出来，你这个小生命就诞生了。”这个回答太复杂了，这不是在回答一个三四岁孩子的问题，这是在进行一个科普讲座。

02

卢梭在他的名著《爱弥儿》中举过一个例子，一个小男孩问他的妈妈，孩子是怎么来的，妈妈告诉他：“是女人从肚子里把他屙出来的，屙的时候，肚子痛得几乎把命都丢了。”卢梭认为这个回答很经典，因为它告诉孩子的是生孩子的结果而不是原因。妈妈在“孩子是怎么来的”后面立即跟上了“痛苦”，这像一层遮挡，阻止了孩子的好奇和想象。所以，它既给予了孩子一个肯定的回答，又不会挑起他的想象。

卢梭认为性启蒙应该尽量延迟，即不给孩子机会，不使他们产生好奇心。当然，绝不能为了延迟而对

微小说(3)

3. 记忆

小时候因事故，妹妹只能记住三个人——父母和我。在她16岁生日那天，我对她说：“如果你有喜欢的人了，就把我忘了，将那个人和父母一起记在心里吧。”第二年的某天，妹妹和她的男朋友一起找到我，她带着哭腔问我：“哥哥，我是谁啊？”

孩子瞎说八道。如果不得已要告诉孩子，也应该用简短的话语、没有犹豫的口气告诉他，而绝不可以带出不好意思的表情。

事实上，儿童对于性的好奇，根本不像成人以为的那样，成人完全可以避开解释的尴尬，把这个问题用另一种说法，坦率地说出来。性是人的天性，到了该懂的时候自然会懂，就像会走路是人的天性，只需要时间来成全一样。

03

认为“性教育”就是“性知识讲解”，是一种浅薄的逻辑推理。把“性教育”做成“性启蒙”，比不做还要坏得多。性教育的重点应该是世界观和爱情观的教育，大体可分为两个阶段。

在孩子成年之前，教育的任务是树立孩子正确的世界观，培养自尊自爱的意识，养成善良、理解、豁达、勤劳的品性，使他们成为一个生理、心理都健康发展的人。孩子将来成为什么样的人，他将会以什么样的面貌去和异性相处，基本都是在这个阶段决定。

孩子读高中、读大学后，父母可以和孩子直接谈论两性，谈论爱情。不仅要在意识上给孩子健康的爱情观引导，也要在行为上为孩子做出榜样。孩子从父母身上体会到男女关系的美满，才会对两性相处有信心，才能以健康的心态为自己找到爱情，找到一生的幸福。

一个小笑话，说穿努力的本质

小笑话

两人在树林中赶路，突然跑出来一只大黑熊。其中一人赶紧蹲下来，把鞋带系好。另一人说：“你把鞋带系好有什么用？我们反正跑不过熊啊？”系鞋带的人说：“我不是要跑过熊，我只要跑得比你快就行了。”虽然，对于熊而言，两人跑和不跑都一样；但对于两人而言，跑和不跑的结果全然不同。

启示

有人说，高考是“零和博弈”。因为大学招生计划是固定的，考上大学、考上名校的人总是那么多。不管学生们怎么努力，也不可能都上重点，都上清华北大。最终能考上名校并“改变命运”的只有极少数学生。所以，学生们拼命地学习，只是增加相互之间竞争的激烈程度而已。这话从宏观上讲，有一定道理，但对学生个人而言，却没有意义。

从本质上讲，高考就是这样的一场赛跑。你的态度改变不了总的录取率，但可以改变自己的命运。不只是高考，生活也是。只要你不想落入熊口，就只能努力，让自己跑得更快。**（明珠絮语）**

文/王耳朵

给那个不爱读书的孩子提个醒

01

一个18岁的男孩，初中毕业那年来到东莞，在一家电子厂里做修理工。老员工们不愿意干的活，因为他是个新人，只能他去干。一天干下来，吃饭时碗都拿不稳；活不好干，受伤更是家常便饭，锋利的撬刀扎进手指里，血直往外冒。班长熟练地掏出云南白药撒在他的伤口上，贴上创可贴，他就又回到岗位上，在轰鸣声和机油味里，重复着自己的昨天。

一个19岁的女孩，在厂里做焊锡。为了保证芯片质量，她不能戴手套，烧熔了的锡点会溅到她的手上，一双手长年累月地被烫伤，留下无数丑陋的疤痕。然而，再苦再疼她也不能耽搁时间，因为一旦停下来，下一道工序的工作就会跟着停下来，耽误工厂出货，谁都赔不起。即使白天已经工作八小时，只要班长一声令下，安排加班，工人们就得留下来，继续再熬四小时。

这是导演殷骆于2016年拍摄于东莞某工厂的纪录短片《18岁的流水线》。剧组接触了63名厂哥厂妹，90后占75%，95后占52%，都只有小学或者初中学历。厂里的主管说："读书读到一半，就选择辍学来这里打工的孩子比比皆是。"

02

他们辍学的原因显得不值一提，"读书不能玩，不想读书，工作挣钱可以玩。""身边早年出去打工的朋友，回来时有钱，衣服也穿得好，叫我们去，我们就去了。""没钱了再去工作，然后再干一两个月，有钱了再去玩。"

两个男孩笑得很开心，并不后悔自己的选择。他们并不知道放弃读书后的自己，真正放弃的是什么。少得可怜的工资，只够他们住在又脏又乱的小巷子里的群租房里；袜子和内裤一起挂在床头上，一床被褥加几件衣裳就是他们全部的家当了；伙食素到没有半点荤腥，一盆咸菜豆角，一盆水煮白菜，一碗辣椒酱。

我老家的农村，当年初中班上成绩不好的那些同学，多半都辍学了，他们的父母并不反对，觉得他们能进工厂打工，每月拿个两三千元钱挺好的，继续读书是赔钱。

十年后再看，这些同学多半过得不好。挣扎在穷苦线上，常为几毛钱和爱人吵架。

的确，有人没读过书，甚至轻视读书，仍过得很好，但是，这毕竟是极少数的。大多数走上坡路、最终有所成就的，都是因为读书和有见识。职业虽不分贵贱，但是它有高低。

甚至学历高低也会让同一个职业的收入产生差异。比如保姆，小学毕业干的是家务活，月薪三千；硕士毕业干的是陪孩子练习外语，辅导作业，月薪过万。

03

眼下，最痛心的就是眼睁睁地看着孩子们没有文化。有个网友说，读书上大学最大的意义，不在于学到多少知识，而是提高了见识和起点。你未来的发展取决于你在什么层次上思考，以及和什么层次的人共事。

《国际金融报》调查显示：我国84%的高管拥有高学历，其中48%毕业于985院校。

你若有能力与优秀的人在一起，则这个圈子能够帮助你轻松地获得别人难以企及的人脉，这将决定你未来的人生走向。

某一平台有一个给山区孩子捐赠午餐的活动，一个小伙子的留言让人五味杂陈。他配了一张自己在工地上搬砖的照片并说道："帮哥哥看一下哥哥没见过的世界。"读书从来都不是为了满足父母的期待，而是为了自己过上更有价值感的人生。

不读书的人，目之所及，就是全世界；读书的人，才能发现在自己的生活之外，还有一个更光鲜明亮的远方。而读书，就是通向那个世界的康庄大道。

如果有人教你读书，到了一定年龄，你一定会知道他的用意，感激他的提醒。所以，不要抱怨读书苦。好好读书，用书本的厚度，丰富自己的生活，垫高自己的人生。

这五种人最好命(5)

5. 懂得感恩的人

看到人家得好处，要欢喜；遇到好人好事，学会感恩。人心是相互的，常怀一颗感恩之心，爱出者爱返，福往者福来。只有心怀感恩，别人才愿意无条件地信任你、帮助你，人生路上才不缺贵人相助。

清楚去向，也别忘回顾来处。一颗感恩的心，比钻石、黄金还要珍贵。一个感恩的人，比富有的人更有价值。感恩是一种美德，也是世上最美的言语。世上如果有一种人最难以招人嫉妒，那一定是懂得感恩的人。举头三尺有神明，懂得感恩，自有福报。

专注的孩子到底是什么样

文/真心爸妈

1. 专注的人“擅长深度工作”

什么是深度工作？美国乔治城大学计算机专业卡尔·纽波特教授提出了“深度工作”的概念，即“在无干扰的状态下，专注地进行职业活动，使个人的认知能力达到极限”。这种努力能够创造新价值，提升新技能，而且难以复制。

和“深度工作”相反的是“浮浅工作”：对认知要求不高的事务性任务，在受到干扰的情况下开展。此类工作不容易创造出新价值，并且容易复制。

一个低效率、工作质量和速度都不高的人，经常把自己淹没在耗费大量时间、碎片式的浮浅工作中；一个高效率、工作质量和速度都很高的人，会有意识地为自己规定深度工作的时间，在这段时间里，调动全部脑力，沉浸于深度工作中。

卡尔·纽波特列举了很多在科学研究、写作、商业等领域卓有成就的人士，都擅长深度工作的例子。这是每个有高质量产出的人，都会主动采取的工作方式。

日本著名作家村上春树在他的自传中，专门有个章节写了自己如何沉浸在写作的深度工作状态。他说，要写一部长篇小说，就得有一年多的时间钻进书房里，独自伏案、埋头苦写，每天要用5～6小时集中心力执笔写稿。在五六个小时的深度工作之后，村上春树会停下来，结束一天的工作：“下午我就睡睡午觉，听听音乐，读读无害的书。”

2. “深度工作”对孩子也适用

卡尔·纽波特的“深度工作”虽然侧重于成人专注力的讨论，但是对于孩子而言，深度工作的能力同样重要。会不会深度工作，决定孩子之间的学业差距。

比如一个孩子，每天早早起床，别人还没有睡醒，她已经学习一个小时了，在学校里她更是一刻不停地学习，甚至课间都不休息，晚上恨不能不睡觉。但是，她的成绩并不理想；而那些成绩名列前茅的孩子，不会从早到晚地花时间，甚至在考试的复习阶段，他们会提前好几天进入放松的阶段，不再紧锣密鼓地复习了。

差距在哪里？就在会不会“深度工作”上。会学习的孩子，虽然花的时间短，但是全神贯注，效率极高；而不会学习的孩子，却是在简单地花时间。

卡尔·纽波特把这种让自己显得很忙碌，或者认为自己很勤奋的现象，叫“忙碌的生产力”，就是让自己看起来很忙——这显然是一种错误倾向。

事实上，忙碌的人，通常是工作效率低的人，工作效率高的人，除了工作以外还有大把时间，让自己能够“游手好闲”。

3.教孩子学会“深度工作”

(1) 帮助孩子学会一个人工作

深度工作是一个人的工作。靠老师看着，靠父母陪着，孩子一定没有办法进入深度工作的状态，更没有办法深度学习。

所以，培养孩子深度工作的能力，对学龄前的孩子而言，就是给他“一个人玩”的机会。比如孩子一个人在房间里玩玩具，父母就不要去打扰他。孩子经常体验一个人玩的乐趣，长大后，他就能学会一个人做事，比如一个人安安静静地看书，一个人专心致志地写作业，一个人心无旁骛地听课。

(2) 帮助孩子延长专注的时间

深度工作也是专注的工作。对村上春树而言，是每天专注写作五六个小时；对幼儿园的孩子而言，是一个人玩半小时以上；对小学生和中学生而言，是专心听课40分钟、专心写作业一两个小时。

不要把孩子的“作息”用课外班、兴趣班填满，让孩子有很多机会，独自享受两三个小时的空闲，做自己喜欢的事情。孩子玩的时候，大人不要去打断他；不要担心孩子不务正业，他折纸、拼插模型、整理自己的书架，都是对他深度工作能力的有益锻炼。

(3) 帮助孩子体验艰巨的工作

深度工作也是一项艰巨的工作。越是艰巨的工作难度越高、耗时越长，越需要深度工作的能力。让孩子适度体验“艰巨的工作”，帮助孩子习惯于完成难度高、耗时长的工作，享受完成此类工作的乐趣。

比如拼图。拼图的难度无疑高于积木，比起简单拼搭的积木，拼图更能锻炼孩子的深度工作能力。

比如组装玩具。父母可以根据孩子的年龄，为他选择适龄的、需要组装的玩具，尽量让孩子自己组装，不要大人组装好，交给孩子玩，至少大人带着孩子一起组装。

比如拼乐高。既能锻炼孩子的细心、耐心，也能锻炼孩子的读图能力和分步骤的操作能力，让孩子充分体验到自己动手完成“艰巨工作”的乐趣和成就感。

文/李月亮

夫妻吵架的正确方式是就事论事

夫妻之间难得的不是一辈子不吵架，而是吵过之后还能和以前一样爱着彼此。

1. 有些人吵架吵得心平气和

我去老师家吃饭，做饭时，老师跟她丈夫吵了起来。起因是小得不能再小的事：老师拌黄瓜，需要放几瓣蒜，她把蒜放在菜板上用菜刀摁扁了剥皮，她丈夫看到说：“你别摁，拍多痛快。”老师说：“现在蒜嫩，会拍碎，溅出来。”然后俩人唇枪舌剑，就着“蒜应该摁还是拍”展开了辩论。

最后的结论是，通常情况下“拍”更便捷，但是在蒜很嫩、菜板空间有限、做饭时间又充足的前提下，“摁”是更好的选择。所以这次摁，以后尽量拍。意见达成一致，俩人都完全接受，很快又融洽地聊起别的事了。

我目睹了他们吵架的全过程，刷新了对夫妻吵架这件事的认识，原来吵架也能吵得这么赏心悦目。

2. 有人吵架吵成了泄愤

同样是吵架，有的夫妻是怎么吵的呢？当妻子说摁、丈夫说拍时，妻子会说：“你什么都不做，还管这么宽。”丈夫说：“你这种人就是固执，油盐不进，从来不接受别人的正确意见。”妻子回敬：“你就是自以为是，总是把自己的想法强加于人。”丈夫气恼：“我强加你什么了？你哪次听我的了？上次我说别买那么多菠菜，吃不完，你偏买，现在全烂了？”妻子急了：“当时菠菜不是便宜吗？谁能想到我随后就出差了，你三天都不做一顿饭，没见过你这么懒的人。”丈夫也急了：“我工作忙，哪有时间在家里做饭？你从来不懂体谅别人。”

本来是鸡毛蒜皮的小事，最后演变成了一场大战，你指责、我泄愤，你大力挞伐、我人身攻击，不但事情本身没有解决，还牵扯出一大堆解决不了的问题，白白生了一场气，伤了一回感情。

3. 会吵架的夫妻就事论事

吵架也是具有“技术含量”的事。会吵和不会吵，结果大不相同。不会吵架的夫妻，多半有个共同点：做不到就事论事。明明是“怎么剥蒜皮更合理”的问题，却非要上升到人格层面，东扯葫芦西扯瓢，陈芝麻烂谷子拼命翻，使问题升级，使情绪失控，使关系僵坏。

会吵架的夫妻，明确知道自己在干什么，不管大事小事，都能就事论事。是剥蒜皮的问题，就彼此阐明“我认为应该这样剥”的理由，谁说得更有道理，就按谁的办，这个问题就解决了。其他事情也一样，譬如怎么带孩子、回谁家过年、去哪里旅行、买什么样的房子。会吵架的夫妻都知道，遇到什么事，就应该集中精力解决这件事，所有争论都要围绕这件事本身，不扩大、不升级、不乱扯。尽可能通过这次争吵，把这件事说透，得出一个双方都能接纳的结果。

越是亲密关系越要就事论事。因为双方有交集的事情太多，一有争吵，很容易从甲事转移到乙事，又牵扯出丙事，甚至发展出丁事，最后一件事情也没有解决，下次再遇到甲事，还要从头吵一遍。

很多夫妻，就是周而复始地重复着这样的过程，越吵越糟，却不知道问题出在哪里。

之所以会这样，一是因为不够理性，头脑不够清晰，抓不住问题的关键，也不能把控情绪；二是因为野心太大，总想吵一次就把所有的问题都解决，甚至把这个人都改造好，这根本不现实。

我们当然不提倡吵架，遇到问题能心平气和地解决最好，如果争吵无可避免时，则一定要学会吵架的正确方式。

4. 怎么就事论事

（1）对事不对人

一件事不对，就只针对这件事来争论，不能针对做这件事的人。因为事情简单，而人是复杂的。一旦焦点转移到人身上，双方就会变得不客观，就会铆着劲地想要吵赢，这样既伤感情，又不能有效地解决问题。

（2）有逻辑，讲道理

不能胡搅蛮缠，也不能他说东、你说西，或者自己上一句说东，下一句说西，东一锤子西一棒子，到最后把自己都吵蒙了。

（3）不上纲上线，不做诛心之论

剥蒜皮就是剥蒜皮，不要上升到人品的高度，不能推理到你蠢、你固执、你就是要跟我对着干。这既会把问题扩大化，又容易激怒对方。

总之，懂得就事论事的夫妻，架会越吵越少，关系会越来越和谐。

文/粟言点点

父母观点不一致 求同存异巧支招

1. 育儿允许存异，但是也要有边界

案例1

晚饭后，儿子捧着iPad看动画片。我担心儿子看久了iPad影响视力，打算收起iPad，劝他去玩一会玩具。儿子立刻哭闹："我就要看动画片。"

丈夫看到孩子哭闹，从我手里一把拿过iPad，又还给了孩子。当时我就气炸了："眼睛还要不要了，他不听话都是你惯的。""别小题大做，多玩一会没事，孩子哭病了才麻烦。"我和丈夫越吵越凶，最后我气得一个人回到卧室生闷气。

点评

在生活中，很少见父母的育儿观是完全一致的，同心很难。父母育儿观不一致是件很正常的事，父母要意识到这一点，并且接纳这一点，强求一致不如追求和谐。以家庭和睦为主，通过理性的方式，做到最大限度的求同存异才是正道。

案例2

妈妈对六岁的女儿要求很严格，而爸爸却是个"女儿奴"。孩子想要芭比娃娃大礼盒，妈妈和爸爸说好，如果孩子这次舞蹈比赛能进前三名，就买给她。可是，爸爸受不了女儿的央求，就偷偷地提前买了，还嘱咐女儿别让妈妈知道。

果不其然，妈妈知道后很生气，埋怨爸爸不遵守约定，爸爸却说妈妈小题大做，俩人就吵起来了。但是为了在孩子面前求同，他们又装作没事一样。过了两天，女儿伤心地对妈妈说："妈妈，我不要芭比娃娃了，你和爸爸和好吧。"

点评

父母有分歧是不可避免的，允许存异，是给家庭一个宽松的氛围和环境。如果片面强求统一战线，父母就不得不演戏，营造一种表象上的一致性。殊不知，孩子是非常敏感的，他们很容易察觉到一些细微的变化。给孩子一个真实的生活情境，胜过一个伪装起来的统一。

案例3

徐女士的丈夫是浙江大学的学霸，他要求10岁的女儿每天完成四篇有质量的作文。如果完不成，他就不让孩子睡觉，孩子每天都要写到很晚，十分疲惫。

徐女士为此和丈夫多次争吵，均无效果，无奈之下，徐女士报警了。在警方的劝说和教育下，丈夫

认识到了错误。此举虽属无奈，但是如果能够制止和纠正丈夫的过激行为，结果也是令人欣慰的。

点评

一些父母的教育方式简单粗暴，崇尚武力与打骂，这是不可取的。“异”要以平等、尊重孩子为基础，是在一定范围内的“异”。那些违背教育规律，有碍儿童身心健康的行为和观点，要坚决制止。

一方有过激行为时，另一方要及时止损。如果听之任之，就真的变成了纵容。必要时可以借助外力，向专业人士求助，同样的观点或方法，从专业人士口中听说，则容易信服和接受。

2. 在存异基础上，实现最大限度的求同

（1）管住你的舌头

要管住自己的舌头，一方教育孩子时，另一方即使不赞成，也尽量不插手，除非他有过激行为；一方惩罚孩子之后，另一方马上去哄也不是好主意，这会给孩子传达混乱的信息；你可能认为对方的建议是荒谬的，但是他也许有充分的理由，要冷静地坐下来谈谈，让他知道你要和他一起作决定，这远比你一个人生闷气与指责有效。

（2）偶尔妥协一次

心理学家许金声说：你要能够理解对方的立场、观点和感受；你要有自己的立场、观点和感受；你要用对方能够接受的方式把它们表达出来。当然，偶尔你也可以妥协一下。如果不能达成一致意见，可以在你并不强烈反对的某个建议上，偶尔妥协一次。这次同意他的观点，下次也许他就会采纳你的建议。

（3）父母分工协作

根据父母各自特点，发挥各自所长，在教育孩子的过程中进行适当分工，共同教育孩子实现优势互补，有利于孩子的全面发展。

在家庭教育的过程中，父母的分工协作要体现出互相合作、互相补充的关系。孩子三岁之前，以妈妈教育陪伴为主；三岁之后，爸爸要多陪伴。妈妈从细微入手培养孩子好的生活习惯，爸爸则从大处着眼，守住孩子的人生底线。妈妈要给爸爸足够的尊重，爸爸要给妈妈足够的支持。

家庭教育的分工，不必明文规定，也不是一成不变，需要根据实际情况及时修正，当然在方法上也需要不断地加以改进，做到与时俱进，推陈出新，才能有比较好的效果。

文/微芒

最好的关系中都有旺盛的分享欲

美国作家马克·吐温曾说："悲伤可以自行料理，而欢乐的滋味如果要充分体会，就需要有人分享才行。"

1. 分享欲，是友情的蓝丝带

有这样一个故事：每年腊月，家里都会收到一份来自4000千米以外的土特产，几十年从未间断。送土特产的人是父亲的朋友老李。老李和父亲从小玩到大，长大后又在一起工作，并约好要一起成家，买一个小区的房子。

但是，事与愿违，父亲和老李不但没能成为邻居，还相隔万里。即使这样，两人从未生分过。老李每年都会坐飞机，跨越4000千米的距离，与父亲见面吃饭。两人见面后，不聊国家大事，只聊过去的岁月，谈现在的生活。

这个习惯已经保持20多年，每次见面，老李都会带上他亲手做的土特产，父亲也会回一些薄礼。父亲觉得自己每年最大的期盼，就是和这位老友叙叙旧，说说自己的烦恼，听他唠叨唠叨他的心事。父亲常说，人生能得这样的知己足矣。

有句话说得好："不常联络，是因为两人的关系不需要靠经常联络来维系；时常想起是因为不管在哪里，看到合适你的东西，看到美丽的风景，总想和你分享。"

虽然不常见面，但是从未缺席的分享，渗透着我对你的惦念，也承载着你对我的关心。以前，总以为真正的朋友就是要经常联系，时刻相伴；后来才知道，不管相隔多远时隔多久，只要保持着对彼此的分享欲，友情就不会褪色，反而会日久生香。一次次举重若轻的分享，就像一根无形的蓝丝带，拉近了彼此的距离，维持彼此在心中的分量。

2. 分享欲，是感情的保鲜剂

知乎上有个热门话题：两个人是怎么走散的？有个戳心的回答："我不愿意再跟你说话，你也不再关心我发生了什么。"感情的破裂往往是从沉默无言开始。

看过一个故事：曾经她和丈夫都说对方是话痨，无论是菜市场的鱼虾降价几毛钱，还是对面商场的衣服又打了几折这种小事，两人总是聊得津津有味。但是，随着时间的流逝，两人却变得无话可聊了。

一次下班后，妻子企图挑起话

题，便和丈夫说："老公，我今天在公司被点名表扬了，领导让我竞争部门主管，好开心啊。"丈夫却毫不在意地回了一个字："哦！"便不再说话。

妻子如石化般站在原地，但是很快便调整好心情，试图再次开启新话题："老公，我今天不想做饭了，咱们去外面吃吧，楼下新开的日料店听说还不错。"丈夫依然冷语回应："太累了，不想去。"妻子没再说话，回到房间暗自流泪。

最后，妻子选择离婚结束这段如一潭死水的关系。在"婚姻失语症"盛行的年代，聋瞎式相处，已经是多数中年夫妻的常态。多少浓烈的感情，都在日复一日的忽视和漠然中消弭不见了。

德国著名哲学家尼采说："感情生活犹如长期对话，始终有话说的人，才能走到最后。"世上最好的关系，就是有个聊得来的人，不嫌你话多，愿意与你分享悲欢离合。

作家韩寒说："爱情的副产物就是废话。"好的感情不是时时刻刻相守在一起，而是哪怕只陪你一分钟，我也有万语千言想说给你听。当热情消退，想在日常琐碎中让爱情保持活力，我们都要学会分享。热爱可抵岁月漫长，分享则可抵挡生活的消磨，让爱情鲜活如初。

3. 分享欲，是亲情的保护伞

我刚上大学时，想着终于摆脱了父母的管束，所以几乎没给家里打过电话。放寒假回家，我发现妈妈用小本子记下了我在外面的许多事情：喜欢吃学生餐厅里的蓝莓山药、涂了果绿色的指甲油、第一次做了卷发、去看了故宫爬了长城。这些我从未和父母提起过，他们如何得知，不言而喻。朋友圈不过是我随手记录生活的方式，却成了父母了解我的唯一途径。想着父母如同一个"偷窥者"一般地看着我的朋友圈，我不免心头一酸。

从此，我和父母的聊天框时常开启。我告诉父母，我在的城市下雨了；父母对我说，他们种的蔬菜大丰收。我倾诉自己在学生会选举中遭遇不公；父母告诉我，他们年轻时的职场经验。我会在节假日给父母发个小红包；父母也会经常给我邮寄一些家乡土特产。虽然相距千里，我和父母之间却有着一根亲情的纽带，牢牢系在彼此的心上。

有人说："分享是一道简单的公式，只要你解开了，便得到了喜悦。"如果把每个人都比作一座孤岛，分享的意义，就是搭起连通彼此的路桥，让我们不再孤单。

文/幼儿说

家庭故事你对孩子讲过吗

一次，我带孩子参加一个儿童活动。主持人问现场的一个小男孩：“你听过关于你爷爷奶奶的故事吗？”小男孩一脸茫然：“我没有爷爷奶奶，我只有爸爸。”孩子让人怜悯的同时，不少人也为孩子缺乏家庭认知而遗憾。

现在，孩子们的绘本越来越丰富了，很多小朋友都养成了睡前阅读的习惯，但是家庭故事却被很多父母忽视了。实际上，家庭故事是一个非常重要的教育环节，建议父母们重视起来。

1. 讲家庭故事的好处

（1）孩子更自信

听过家庭故事的孩子，会以祖辈的成功而自豪，这种自豪感会变成孩子内心的自尊。正如心理学家罗宾·富维什所研究的：“一个对家庭的过去了解得越多的孩子，他们会有更强烈的自我控制感和更高的自尊心，强大的归属感会让孩子们更自信。”

我见过一个孩子，他在描述他的爷爷时，脸上自信洋溢：“我爷爷会武功，有一年，我们一家30多个人举家搬迁的时候，路上遇到坏人，我爷爷使了三招，就把坏人打跑了。我遗传了我爷爷，我也很强壮。”这就是从家庭故事中获得的自信。

（2）能为他人考虑

在家庭故事中，因为跟孩子息息相关，孩子更容易代入，从而有助于培养孩子“为他人考虑”的能力。

新西兰儿童心理学家伊莲·里斯经过20多年的研究发现，那些经常听家庭故事的孩子，他们除了叙述能力更优秀外，通常更容易理解他人的想法和情绪。

一次，我跟孩子说：“妈妈小时候没有玩具，一个小布偶从记事时起，一直玩到大。小布偶从一个崭新的外表，到最后布片都烂了，我依然舍不得丢。”结果孩子说：“如果当时我也在，我们就可以一起玩，我所有的玩具都可以分享给你。”当时，听到的人都笑晕了。虽然他把时间概念搞混了，但是他充满同理心，让人很温暖。

（3）家庭责任感强

有个研究，孩子被分为两组，第一组孩子只看图，第二组孩子除了看图，还配合听故事。研究结果发现，第二组孩子对图的印象更深刻，记得也更多。

父母和孩子一起翻阅老照片，一边看，一边讲老照片背后的故事，孩子不仅记得牢，家庭责任感也强，还会激发他们为了让家庭变得更好而努力的决心。

（4）抗挫力更好

我给孩子讲过太公的故事。太公小时候很清苦，每天都是几根青菜加稀饭。过年时，别人送来几只肉丸，突然天降“大餐”，他兴奋地把一只肉丸藏在枕头底下，想慢慢吃。没想到，第二天早晨醒来，枕头下面都是蚂蚁。从此，他每次睡觉前，都仔细地把枕头底下检查一遍。

一次，孩子和小朋友们一起吃饭时，没有分到肉丸，因为小朋友太多了。孩子也不沮丧，她自我安慰说：“这样更好，我就不用把肉丸藏在枕头底下了。”

美国艾默里大学的杜克说：“对家庭越了解的孩子，从心理创伤中恢复得越好。”因为老一辈的积极经历，对孩子而言就是一本良好的行为指南。

2.要讲什么呢

（1）祖辈的故事

比如很久很久以前，老祖宗住在哪里，后来为什么来到你们现在住的地方，他们做了什么大事和难忘的小事，他们有什么样的品格等。

（2）父母的故事

父母小时候的故事，比如在哪里长大，经历的快乐和悲伤，有什么童年玩伴，在哪里上学，有哪些引以为傲的成长经历等；父母结婚时的故事，比如时间和情景，发生了什么有趣或者困难的事情等；妈妈生宝宝的故事，有趣或者尴尬的事情等。

3. 要“好坏”结合

总是一帆风顺的家庭故事过于美好，孩子的抗挫力不能获得良好的影响；总是讲艰苦岁月，爷爷奶奶很穷，找工作不顺利，还被人骗得一分钱不剩等这种一味消极的故事，会给孩子带来灰暗和不安，他们会觉得日子很艰难，充满不安全感。

所以，“困难”和“战胜”相结合，“好”和“坏”相结合的家庭故事最好。老一辈有艰苦的岁月，有买不起食物、玩具的日子，也有因为努力、勤劳而过上宽裕的日子。从而帮助孩子懂得，日子有顺利和坎坷，人生有苦也有甜，每个时代都有其独特的困难和便利，只要努力向上，日子总会过得好。

所以，忆苦思甜不是一件坏事情，当孩子看清了过去的快乐和痛苦，未来他们会走得更淡定。

文/青榄君

一个幸福家庭应该有的模样

托尔斯泰的《安娜·卡列尼娜》的开篇语非常令人震撼：幸福的家庭都是相似的，不幸的家庭各有各的不幸。幸福的家庭哪些地方相似呢？妈妈被宠爱，爸爸被尊重，孩子被接纳。

1. 妈妈被宠爱，家庭更稳定

案例

女作家江之鲸讲过一个片段：地铁到站的时候，我旁边空出一个位置，有个大概三岁的小男孩噌噌噌地跑过来坐下，然后对着车门口说："妈妈快过来，这里有位置。"

没多久，上来一对年轻的夫妻，妻子挽着丈夫的手，笑盈盈地对儿子说："只有一个位置，你坐就好了，我和爸爸站着。"小男孩说："我是男孩不用坐，妈妈你坐吧。"妈妈拗不过小男孩的请求，就坐下了，爸爸奖励般地揉了揉儿子的小脑袋。

从他们的聊天中，我大概明白，妈妈带儿子出去玩，顺便送爸爸去上班。儿子一直和爸爸商量："能不能和我们一起玩。"爸爸安慰儿子说："你要乖点，等我下班了，马上去接你们，带你们去吃香蕉船。"小男孩还是不高兴，一直蹭着爸爸的手，却也没有再说什么。

爸爸临下车的时候，突然很严肃地对儿子说："你一定要照顾好我媳妇啊，不许哭、不许闹、不许惹她生气，她是我媳妇，你懂吗？"我看到整车的人都笑了，善意地看着小男孩像个大人般地作着保证。我简直想给这个爸爸鼓掌，因为宠爱妻子，是家庭幸福的基本法则。

观点

有个爸爸向美国著名脑神经科学家梅迪纳教授请教："你告诉我，我怎么才能帮助我儿子考上哈佛大学？"梅迪纳回答："从现在开始，你回家好好地爱你的老婆。"梅迪纳教授说："在美国，对学业成就最佳的预测指标是家庭情绪的稳定性，家庭情绪的稳定性大部分靠妻子的情绪所预测。"

简而言之，妻子的情绪越稳定，家庭情绪就越稳定，孩子的成绩也就越好。而让妻子的情绪稳定的最好办法，就是宠爱她。被丈夫宠爱的女人，心是柔软的、温柔的、安定的，会宽容对待身边的每个人，从而创造出一个愉悦温馨的家庭氛围。

国外有句谚语"Happy wife happy life"，意思是妻子开心，生活才会舒心，这句话应该成为每个做丈夫的座右铭。

2. 爸爸被尊重，家庭更温暖

案例

看过一个故事：妻子觉得自己的丈夫一无是处，所以，她要同丈夫谈谈离婚的事情。

一天，她走进丈夫的公司。在她等待丈夫处理工作的时候，她先看到一个妆容精致的助理来到她丈夫的桌前，恭恭敬敬地递上文件请他签字；又看到一个衣着庄重的同事，谨慎认真地向她的丈夫汇报项目的进展。在这短短的时间里，她发现整个公司的人，都对她的丈夫恭敬有礼，没有任何一个人言辞随意、衣着随意、妆容随意。

那一刻，她突然发现这个在家里被自己指责、抱怨看不上眼的丈夫，在公司里却被他的员工们这样尊重。后来，她悄悄地离开了公司，再也没有想过离婚的事。

观点

得到妻子的尊重，是对一个男人最大的肯定，然后他才会更爱自己的妻子，从而两人的婚姻生活才会更幸福。

一个被宠爱的女人，会容光焕发，温润如玉；一个被尊重的男人，则会精神饱满，神采奕奕。男人越宠爱女人，女人则越尊重男人；女人越尊重男人，男人则越爱女人。爱情如此，经营家庭也是如此。妻子尊重丈夫，丈夫更爱妻子，家庭则更温暖。

3. 孩子被接纳，家庭更幸福

案例

小男孩霍斯这一天过得很不开心，他带着一肚子的怒气回家。妈妈正在煮汤，当水滚开时，妈妈对着锅大叫，霍斯也对着锅大叫。他们还一起对着锅吐舌头、敲打锅沿。最后，霍斯笑了，他和妈妈一起搅散了一天的不如意。

观点

美国华盛顿大学心理学家约翰·戈特曼用了36年的时间，针对3000多个家庭做调研，结果证实：如果父母不能接纳和包容孩子的所有，孩子很容易因为自尊缺失而变得不安，做出极端行为的概率也会增大。

孩子最为开心的时刻，是父母无条件地接纳他们的脆弱；孩子最为感恩的时刻，是父母不计较结果地接纳不完美的他们。当我们能够放下对孩子未来成长的恐惧和焦虑感，孩子与我们的沟通就会变得温暖而惬意起来，这样的孩子不见得多么完美，但一定是阳光和幸福的。

“毒友谊”一定要早发现、早远离

文/李核桃

案例

女儿放学后，红着眼圈问我：“妈妈，能不能给我50元钱？”女儿说，她的同桌想在考试的时候抄她的卷子，不让抄就不跟她玩，除非她给同桌50元钱。我既心疼，又愤怒。不是我小题大做，而是这个同桌“有毒”。

开学第一周，同桌就嘲笑女儿胖，给女儿取外号“肥猪”。女儿不举手发言，就嘲笑女儿“胆小”，说女儿是“笨蛋”。孩子之间的这些恶作剧，看似不值一提，可是看到女儿每次都被弄哭，连性格也变得更沉默了，我就怒不可遏。更让我心疼的是，女儿担心同桌以后不跟自己玩，还战战兢兢地说：“要不明天就给她50元钱吧！”

我长叹一口气说：“她都让你这么难过了，你为什么还想着跟她玩呢？妈妈宁可你没有朋友，也不能交这个‘有毒的朋友’。”

分析

（1）“毒朋友”，摧毁孩子阳光的内心

案例1

一个妈妈吐槽：我女儿被小伙伴欺负了，明明很难过，还要去讨好对方。经常把自己舍不得吃的零食给小伙伴，新买的玩具没玩几天也送给小伙伴了。就因为这个小伙伴经常用“我不跟你玩”来吓唬她，每次都把她弄得很伤心。更可气的是，两人和好之后，这个小伙伴还对她说“我原谅你了”，她又为小伙伴的“大度”感激涕零，根本没有意识到自己没有错。

为了能玩就容忍对方的无礼，看似是孩子没骨气，其实是受“毒朋友”的荼毒所致。

案例2

演员马思纯透露自己曾经患上慢性抑郁症，严重时气喘、腿软、眼睛也看不见东西。而这与她学生时代的“毒友谊”不无关系。中学时代，她有点胖，有个女孩经常挤对她、讽刺她。她写的信，被那个女孩在班里当众朗读，丝毫不顾及她的隐私；她的饮料被偷偷地放入洗抹布水、粉笔灰。这段经历让她在交友时总是顾虑重重，不敢轻易相信别人。

点评

美国心理学家艾琳伦纳德指出：“‘毒朋友’最危险的地方在于总

是有办法让人感到自卑、焦虑、不舒服，从而侵蚀一个人的自我意识，损害他的心理健康。”孩子的世界虽小，烦恼却不小。“毒朋友”即使没做坏事，哪怕只是搞一些恶作剧，也足以摧毁孩子的内心。

（2）“毒朋友”，带坏孩子的品行

案例

在电影《少年的你》里，徐渺看起来乖巧听话，谁也没有想到她竟然是霸凌的帮凶，间接逼死过同学。她经常跟魏莱、罗婷这些“不良少女”混在一起，组成“三人帮”霸凌弱小。她明明对同学心生不忍，可是不做帮凶，就会被魏莱这个所谓的“朋友”欺负。为了稳固这段“友谊”，她只能随波逐流。最后，她受到处分，在高考前险些被开除，父母急得给老师下跪，请求给她求学的机会。

年少时犯过的错，还有机会弥补，但是若没有交友之道、识人之明，长大后难免会误入歧途。

点评

有调查显示，在青少年犯罪中，有相当一部分是因为交友不慎而误入歧途。

英国儿童心理学家鲁道夫·谢弗说：“同伴友谊对孩子的影响力很大，有时甚至会超出父母对孩子的影响力。”随着孩子年龄的增长，孩子会逐渐走出家庭，朋友在很大程度上，会影响他的行为和性格。

“与不善人居，如入鲍鱼之肆，久而不闻其臭。”“毒朋友”的行为习惯在潜移默化中影响着孩子，轻则带坏孩子的品行，重则带来牢狱之灾。

（3）“毒朋友”，危及孩子的学业

案例

杭州有个叫小兰的女孩，梦想考入某传媒大学，高考查分达到录取分数线，但是却没有被录取。她给招生办打电话询问才知道，有人用她的账号登录志愿填报系统，篡改了她的志愿。篡改者就是她的好朋友小柯。问及动机，小柯说：“我这是为她好呀，以她的能力上这个大学太可惜了，我希望她这次录取不了，再复读一年，可以上更好的大学，我是一片好心。”

她的好心，害得朋友十年寒窗却名落孙山。这样的“好心”，想想都令人心惊。

点评

有些“毒朋友”，甚至能危及孩子的人身安全、让孩子付出生命的代价。

听过这样一句话：相比较陌生人突然露出的狰狞面孔，我更怕身边最信任的人嘻嘻哈哈着，却突然戳自己一刀。“毒朋友”之害，远胜于一个狰狞的陌生人。后者虽然危险，但是更能引起人们的警惕之心。而前者打着“朋友”之名，却行着“伤害”之举，让人防不胜防。

对策

有的父母说，“毒朋友”的危害这么大，不让孩子跟他们玩不就行了吗？但是孩子未必听父母的话，尤其是女孩，天性爱结伴玩耍，即使被“毒朋友”欺负，她也不想轻易放弃。与其逼迫孩子别跟“毒朋友”玩，不如引导他们学会鉴别友谊，保护自己。

(1) 关注孩子的交友情况，早发现早干预

在《我们的世界》里，李善经常闷闷不乐，妈妈好奇之下询问时，爸爸却不以为然地说：“小孩子会有什么事？不就是上学、读书、跟同学玩而已。”他没有发现，女儿脸上的伤疤，那是被“毒朋友”宝拉挑唆与人打架所致；他更不知道，女儿为讨好宝拉，替她做值日、为她编手链、送她小礼物，什么都听她的。可是，换来的却是宝拉的戏弄、欺骗、嘲笑。

有的孩子不懂克制自己的恶意，容易伤害他人。所以，父母平时要多关注自己孩子的一举一动。

心理学家艾琳伦纳德总结出“毒友谊”的一些特征，能够帮助我们更好地了解孩子的社交情况：“这段友谊让孩子难过、哭泣、自信心下降，甚至产生厌恶自己的想法；孩子会忍不住地讨好‘毒朋友’，勉强做自己不喜欢的事，甚至被要求‘做坏事’以示忠诚；孩子的想法总是不被‘毒朋友’重视，还经常被‘毒朋友’嘲笑、轻视、贬低。”

父母若发现孩子有以上社交情况，要及时干预，及早帮助孩子脱离“毒友谊”的旋涡。

(2) 引导孩子远离不舒服的关系

孩子阅历有限，没有分辨真假友谊的能力，父母要让孩子明白：让人不舒服的关系都是错的。

孩子小时候，给他讲一些有关平等交友的小故事，比如绘本《不要随便命令我》《你不能欺负我》《我最好的朋友小麦》都是不错的选择。让孩子在故事中明白，自己的尊严、物品、身体都是神圣不可侵犯的，即使是朋友也不可以。孩子长大后，尤其是到了青春期，一定

要给孩子一些善意的提醒。

李玫瑾教授说过一个话术："先把这个孩子一些不好的行为点出来，比如'他说脏话你知道吗？'再告诫孩子：'你们可以做朋友，但是不要受他的影响。你可以想办法影响他，让他变成和你一样好的人。'"以孩子感到舒服的方式引导，他才能接受你的建议。

(3) 帮助孩子认识真正的友谊

很多孩子不懂拒绝，即使被伤害也舍不得放弃"毒朋友"。所以父母还要让孩子明白真正的友谊是什么样的。

有一个对比分析图，教孩子鉴别"真友谊"与"毒友谊"的八个区别：真朋友祝贺你的成功，"毒朋友"嫉妒你的成功；真朋友知道你也需要个人时间，"毒朋友"却让你随传随到；真朋友会帮你保守秘密，"毒朋友"却宣扬你的隐私；真朋友关心你，"毒朋友"却针对你、打击你；真朋友喜欢与你交换想法，"毒朋友"只想赢你；真朋友想你时就联系，"毒朋友"有事才联系；真朋友接纳你，"毒朋友"却想控制你，让你听他的；真朋友尊重你、珍惜你们的友谊，"毒朋友"却对你发脾气。

重要的是要让孩子明白，健康的友谊是让人舒服的，双方地位平等，能互相促进，彼此获益，而不会令人难过、不安。

(4) 重视孩子内心的真正需求

有时，孩子宁可委屈自己，也要跟"毒朋友"一起玩，这时就要父母去了解原因。

在《隐秘的角落》里，朱朝阳那么聪明，却性格孤僻，没有朋友。妈妈让他"以学习为主""交朋友要等到进入社会后再去做"。孤单的他特别渴望友谊，所以当严良和普普这两个"坏小孩"闯入他的世界时，他欣然接纳了。"毒朋友"身上往往有一些吸引孩子的东西，比如敢打架斗殴、社会经验丰富，或者拥有一些孩子缺少却渴望的东西。只有及时觉察孩子的心理诉求，填补他的需求漏洞，"毒朋友"才会对他失去吸引力。

中国司法制度奠基者谢觉哉说："和好人交朋友，受到朋友的帮助，自己就随着好了；与坏人交朋友，受到朋友的侵蚀，自己就随着坏了。"所以，我们要懂得"择友"，要交"益友"，不交"损友"。孩子的交友原则亦是如此，引导孩子"交益友""不交损友"，这是关系孩子一生的教育。

文/唐小西

同伴友谊对孩子的影响力很大

1. 同伴的影响力有多大

案例

知乎上有个问题：你身边有没有被同伴改变很大的人？有人回答说："初中有个转学过来的女生，长得好看，成绩也好。但是她偏偏坐在了一些不爱学习的同学中间，这些同学上课时，有的看小说，有的睡觉，有的说悄悄话，还有的坐着发呆。时间久了，她和他们的关系越来越好，然而学习越来越差，甚至和身后的男生谈恋爱。终于，中考失利，高中没考上。"

我们无法猜测，这个女生会不会遗憾。但是，没有哪个父母希望自己的孩子，因为受到别人的影响而抱憾终生。"坏朋友"，真的会影响孩子的成长。

点评

心理学家皮亚杰说："儿童的童年时代有两个世界，一是父母和儿童的世界，二是同伴的世界。同伴群体对于儿童的发展，起着与父母同样重要甚至更重要的作用。"

有人问："孩子的人生要靠自己，同伴的影响有那么大吗？"

儿童心理学家鲁道夫说："我们已知的是，同伴友谊对孩子的影响力确实很大，到一定年龄后，甚至超过父母对孩子的影响力。"

孩子都是很爱模仿的，他们会不自觉地模仿彼此的穿着打扮、口头禅等，慢慢地形成自己的"朋友圈"。在朋友圈里，当孩子意识到自己与别人不一样时，他们就会不自觉地想要改变自己，从而变得"合群"。

2. "棒打鸳鸯"容易适得其反

案例

有个男孩说，一次，他考试发挥不好，父母要求老师给他换座位，甚至跑到他的朋友们面前，要求对方不要打扰他的学习。从此，朋友们对他避之不及。他觉得很难堪，于是和新认识的校外朋友通宵打游戏，成绩更是一落千丈。

点评

很多父母喜欢"棒打鸳鸯"，硬生生地在孩子和朋友之间树起一道防火墙。可是，朋友之间也有"罗密欧和朱丽叶"效应，你越反对，他们越想在一起。

根据耶基斯·多德森定律，不管什么活动都有个最佳水平。你对孩子控制，一旦用力过猛反而因为超越最佳状态而适得其反，于是求而不得就成了必然。

3. 靠近优秀才能变得优秀

案例

在《少年说》里，初三学生郑添乐和周子冉是好朋友。她说她们一起哭过笑过，交换心里的小秘密；但是在学习上，她们却是彼此的竞争对手。郑添乐说，不管是学习成绩，还是校内外活动，都因为有周子冉做自己的对手，才促使她更加努力。今天你高我一分，明天我甩你三个名次；为竞争一个主持岗位，她们相互鼓励，一起熬夜写稿背稿。哪怕失败了，她们总是反思自己的不足，争取下次超过对方。

点评

这才是适合孩子的高层次的朋友，不会嘲讽敌意，而是用智慧拉着你一起朝着更好的自己前进。朋友的层次，决定了孩子的生命质量，靠近优秀，才能变得优秀。所以，不要像那个男孩的父母，用错误的方式，给孩子造成伤害。

4. 与其严防死守不如学会判断

（1）教会孩子拒绝“毒友谊”

案例

悠悠总是闷闷不乐，原因是小伙伴喜欢他的“奥特曼”，但是他不想给，小伙伴就不和他玩了。悠悠主动和小伙伴说话，小伙伴不但不搭理他，还让别人也不搭理他。妈妈听了很着急，不知该怎么办。

建议

西塞罗在《论友谊》中写道：“友谊是出于一种本性的冲动，而不是出于一种求助的愿望；出自一种心灵的倾向，而不是出自可能获得

情商很低的四个迹象(4)

4. 好为人师

孟子说：“人之患，在好为人师。”每个人都有自己的自尊心。一个人要是总是摆出一副我很牛，你需要我教育你的样子，就容易招人厌恶。

曾国藩在京城做官的时候，就经常做这样的事。写信给兄弟子侄，总是批评教育。告诉他们这里做得不好，那里做得不对。通篇下来，全是高谈阔论，惹得兄弟们一肚子气。后来兄弟们联合起来写信给曾国藩，曾国藩才明白自己的错误，从此开始收敛自己。

人天生爱面子，有时有了一些经验就忍不住炫耀。这样的状态，很容易让别人的自尊心受挫。时间久了，大家也就烦了。谦逊低调，内敛沉静，克制自己好为人师的欲望，一个人才能收获更好的人缘、更好的未来。

(儒风君)

物质上的好处的一种精细计算。”

如果一段友谊，让孩子变得沉默萎靡，让孩子委屈自己去讨好朋友，这就是孩子遇到了“毒友谊”。这种“毒友谊”，会让孩子受伤多、开心少，坏习惯多、进步少。这时，父母就有必要引导孩子认识更多的朋友，或者结束这段“毒友谊”。

(2) 让孩子接触更多的朋友

案例

一个妈妈说，儿子因为不会玩手机游戏被同学们嘲笑，甚至不愿意和他做朋友，于是儿子也想要一个手机。但是，她拒绝了儿子的要求，而是带着儿子参加了他喜欢的机器人培训班，认识了更多专注于提高自己的朋友。

建议

一个人能走多远，要看他和谁一起携手共进。积极优秀的朋友是可以推着孩子往前走的。多和身边爱学习的人一起读书，孩子更容易收获知识；多和爱运动的人一起奔跑，孩子更加健康阳光；多参与家庭、公益活动，孩子更懂得感恩；多和自律的人在一起，孩子才不会堕落；多和积极的人在一起，孩子才不会平庸而无趣。真正的朋友是可以让孩子进步的，父母要做的，就是让孩子接触更好的伙伴，让他成就更好的自己。

人生就是一场漫长而孤单的旅程，朋友多了，孩子的世界也就热闹了。父母与其严防死守，不如教会孩子判断。给孩子多一些尊重和信任，让孩子懂得交友的分寸，学会选择朋友的同时，也会选择自己的人生。

德国家教62句(1)

1. 孩子像花也像大树，需要呵护更要历练；死知识和活能力，都是学习。

2. 既要学业好，更要能力强，宠物是最好的老师，教会孩子热爱生命、付出爱心和动物相处，就是一种学习。

3. 从小能和动物和谐相处，拥有柔软的心，关怀弱势，照顾比自己弱小的生命，善良比金子更可贵，长大也能和他人相处。

4. 为故事设计不同的结局，训练逻辑思辨能力；动脑筋，就能克服困难，解决难题。

5. 从餐桌上学礼貌，随时随地教育，培养孩子的礼仪。

6. 放手是孩子学习独立的第一堂课，自己能够完成，就不接受他人帮助。

7. 不要多帮孩子做，而是多让孩子做。

8. 环保不只是口号，从生活做起，让孩子从小知道爱护环境、保护自然。环保教育，从日常生活做起。

文/CC爸妈

哪些孩子更容易被欺负

联合国教科文组织研究报告显示，全世界每三个学生中就有一个遭过霸凌。而且无论是好学校还是差学校，公立还是私立，国内还是国外，都无法完全杜绝校园霸凌的发生。

就算事件得到解决，孩子身体上的痛是暂时的，但是心理上的阴影会尾随一生。所以，防患于未然，才是最重要的。

霸凌、虐待、性侵等，作恶者选择谁下手，绝大多数有迹可循。在《我们为什么被霸凌》中有段话："被虐儿童身上的气质，似乎是一种烙印，会吸引'捕食者'。"

中国教育追踪调查（CEPS）先后对全国20个省112所学校的10279名初一学生、全国21个省200所小学的36389名四年级学生进行了时间跨度为六年和三年的追踪调查。数据显示：具有以下特征的孩子，更容易成为校园霸凌的对象。

1. 缺乏关爱的孩子

据调查，在义务教育阶段，有将近四分之一的孩子没有与父母同住。没有得到父母照顾的孩子，增加了被霸凌的可能性。在他们当中遭受霸凌的比例为83.3%，其中遭受重度霸凌的比例为6.9%；与父母同住的孩子则为72.6%，重度为3.2%。

当然父母的关爱，不仅体现在是否同住，更包括父母对孩子的关注程度，亲子关系的和谐程度。例如调查数据显示：在近视的学生中，有20%的父母不知道自己的孩子已经近视了，这部分学生遭受霸凌的比例以及遭受重度霸凌的比例分别高达84.1%和7.8%。父母知道孩子近视的比例则为73.2%和3.3%。

被忽视的孩子，面临霸凌的时候，总会高估其中的困难，而低估自己的能力。久而久之，就会形成一种习得性无助，并且认定我就算说了、求救了也没有用，因为没有人在乎我。缺失的爱，让孩子没有力量自救，更不会求救，最终的结果就是任人霸凌。

2. 特别听话的孩子

美国教育界有一项研究表明，64%的孩子被霸凌后，选择沉默，不向父母、老师求救。当问其原因时，他们的答案几乎一致：被霸凌者的恐吓控制了。他们认为，我只有听话才能存活，才能免遭更严重的伤害。这些孩子多数有着相同的家庭教育环境：一味地被要求听话。

在孩子与父母的反复较量中，孩子领悟出一个道理：面对强者，为了避免更严厉的惩罚，就得妥协和听话，随着慢慢长大，比他强大的人，由父母变为老师、领导，甚至是班上很厉害的同学。

这不难想象，为什么被霸凌、被性侵的孩子，不敢反抗。因为每当这个时候，他们就会自动切换到与父母的相处模式，有冲突就要妥协。我们怎么能够要求一个在家里屡战屡败、被打压不敢反抗的孩子，能够生出巨大的勇气，拒绝另一个厉害的角色。

3. 不被尊重的孩子

不被父母尊重的孩子，很难学会捍卫自己的权益。比如被小朋友抢玩具很生气，父母说："别那么小气，大家都是好朋友，让小朋友先玩一会。"被小伙伴揪小辫子发脾气，父母说："哥哥逗你玩呢，怎么这么较真。"

孩子有天然的感受力，如果他的感觉是被侵犯的，而父母却总是替孩子作出"没关系"的决定，孩子就会觉得"我的感受不重要"，他就习惯了忍耐。当遭受欺负时，他就会想到父母的教导：忍、躲、不计较。但是，通常孩子忍了，对方却不会见好就收，反而会变本加厉。

如果父母尊重孩子，孩子就有底气制止霸凌发生。所以，哪怕对方不是故意的，也不要跟孩子强调"没关系"，只要孩子觉得不舒服，就应该认同他、开导他，让他知道，他的每个感受你都在乎。

4. 不被聆听的孩子

很多父母跟孩子交流时，孩子一开口，好消息自然高兴，坏消息就忍不住地批评。孩子很聪明，知道你爱听好消息，他很快就学会了报喜不报忧。为什么被霸凌的孩子都不告诉父母？因为父母不听啊；不仅不听，甚至还教训孩子。

还有的父母跟孩子不同频："同桌总说我胖！""不要在意别人的评价！""楼下的爷爷说我没有弟弟聪明！""别管别人怎么说，你要有自己的判断。"这些评价孩子明明很在意，你却告诉他不用在意。听上去是开导孩子，其实是蔑视他的感受。

不妨告诉孩子："被别人这么说很难过吧？""但是妈妈却不认同他们的说法，妈妈觉得你胖得很可爱，你和弟弟各有千秋。"

校园霸凌无法彻底断绝，但是可以防患于未然。重度霸凌虽不是一天形成的，但是可以通过父母的关注尽早断绝。

陪伴孩子的时光错过就补不回来了

文/孙公子

案例1

2019年，四川宜宾的黄先生带着四岁的儿子去吃喜酒，席间黄先生低头回复了几条微信，一抬头，发现孩子不见了。黄先生立即联合亲友们一起找孩子，警察也寻找了方圆五千米内的区域，可是一直没有孩子的踪迹。

10天后，黄先生接到派出所的电话，称在一个建筑工地发现了一具儿童的尸体。正是黄先生四岁的儿子，最令人意难平的是，那个地方离饭店很近，黄先生当时也去过了，但是没进去找。

案例2

2018年，湖南株洲一个三岁的小男孩，下车后，突然跑向马路对面，恰好被对面开来的一辆货车卷入车轮。而此时，男孩的父亲正低着头看手机。

案例3

2018年，福州的一个母亲带着两个孩子在游泳馆游泳，一岁的小女儿伸手够海洋球时，游泳圈侧翻，小女孩不慎落水。而此时，母亲正背对着游泳池看手机。小女孩虽被送进医院抢救，最终却被宣布脑死亡，只能靠呼吸机维持生命。

案例4

2018年，北京的一对双胞胎女孩，在青岛海滩上玩耍，母亲只发了个朋友圈，孩子就被海浪卷走，消失不见了。一天后，两个女孩的遗体被找到，确认全部遇难。

点评

英国一家儿童事故预防信托机构发现，约有70%的父母在用手机时会分心，约有25%的父母在使用手机时，孩子曾经遭遇事故，或者近似遭遇事故。

当我们沉迷手机时，我们就已经让孩子置于危险之中了。有些错误可以弥补，有些错误却变成永生的遗憾。照看孩子期间，没有一万，只有万一。

案例5

一个妈妈说，一次，她和姥姥两人带着女儿去日本玩。小女儿不过四岁，正是调皮的时候，但是有姥姥陪伴，她还是比较放松。

然而，在机场候机的时候，她去丢垃圾，一转身的工夫，女儿就不见了。这时的姥姥正低着头剥橘子，没有注意到孩子跑了。

她吓得腿都软了，疯狂地喊着女儿的名字，在候机室里乱跑起来。一个工作人员闻声赶来，她一边说一边哭，脑子里还闪过孩子被拐走的想法。10分钟后，工作人员在洗手间找到孩子，原来小女孩看见姥姥剥橘子，就先去洗手了。她抱着女儿，忍不住放声大哭。

点评

在陪伴孩子的当下，一定要全身心地陪伴，只有这样才能在危险到来时，第一时间保护孩子。就像有个爸爸，在孩子踩翻井盖的一刹那，爸爸反应迅速，一把将孩子拽上来。妈妈给了他第一次生命，而爸爸却给了他第二次生命。劫后余生的，除了孩子，还有孩子背后的家庭。

当孩子年幼时，我们有责任成为他们生命的保护神。而保护孩子，也是保护我们自己。对于成人而言，要处理工作，要挣钱养家，手机是我们无法避开的渠道。但是，我们不要被手机绑架。

案例6

我也曾经因为周末写稿，手机电脑不离身。儿子问我："妈妈，你怎么不陪我呀？"我一面带着愧疚，一面把iPad递给孩子。几次之后，儿子再看到我忙的时候，自己主动去找iPad。我才惊觉，什么叫"孩子是被父母推到手机、电脑前的"。

一次，我问儿子："你喜欢妈妈还是喜欢iPad？"儿子没有直接回答我，反而问我："妈妈，你喜欢我还是喜欢手机电脑？"我一时语塞，一把搂过儿子说："妈妈当然是最喜欢你了。"

自此，我和儿子约定，每个周末至少要有一天，放下手机，陪伴儿子尽情地玩。成人的世界有太多的东西需要权衡，可是孩子的世界就只有我们。

点评

当父母眼中只有手机，孩子就会遭遇"情感冻结"，他们会采取其他行为吸引父母的注意，而悲剧也就容易在此时发生。

带孩子外出，一定要记住两点：一是不要背对着孩子，因为任何一秒钟，都有发生危险的可能；二是让孩子一直在自己的视线之内，如果有事要处理，先跟孩子沟通，然后牵着孩子的手，让他在你的身边寸步不离。

无论是外出还是在家，希望每个父母都能尽量放下手机，专心地陪伴孩子。我们能够陪伴孩子的时光，错过了就补不回来了。

孩子被欺负不是不想说而是说了没用

文/葡萄妈

案例

看到一则新闻，一个上小学的男孩，竟然被同班同学用铅笔戳了20多个伤口。接到老师的电话，妈妈立刻赶到学校，接孩子去医院清洗伤口。看着儿子的伤口，听着儿子的哭喊，妈妈很心痛、很焦虑、很无助，也很彷徨。可是更让人心痛的是，早在这件事发生之前，孩子已经被欺负好几次了。

回家后，妈妈在孩子的手臂上发现一个牙印，一圈红紫色的瘀青，明显不是新伤；孩子身上还有很多处暗伤、瘀青。在此之前，她毫不知情。既不知道孩子从什么时候开始被欺负，也不知道孩子被欺负多少次了。

有人问："为什么孩子被欺负后，不告诉爸爸妈妈呢？"这句话，就像一根绣花针，扎在父母的心上。明明是最亲的父母，却总是成为最后的知情人。

启示

1. 别忽视孩子的"求救信号"

案例1

有个网友说，上小学的时候，她被同学欺负，不敢跟父母说，害怕告状被发现，同学更欺负她。所以，她跟父母说："我不想上学了。"父母以为她贪玩，并没有放在心上。

一次，同学吓唬她，说放学后要打她。所以，一放学她就往家跑，并鼓起勇气告诉父母有人要打她。父母说不要理他们，见到他们绕道走就行了。可是，对方却变本加厉了，扯她的头发、打她的头和耳光。她告诉父母，父母却反问她："你是不是做错事了，为什么他们只欺负你？"

案例2

有个女生在节目里说，以前在学校，她被欺负，因为她的身材比较圆润，每次跑步都被同学挤对；她的东西经常被同学抢走；饮料里被同学加入各种脏水，比如洗抹布水、洗拖把水。

当她向父母求助的时候，父母却说："不要理他们，你要努力去证明自己，你要过得比他们好。"父母的话很轻，落在孩子的心里，却是沉重的枷锁。

点评

尹建莉老师说过："孩子宁愿承

受痛苦，也不告诉父母，这其实就是个信号，说明父母和孩子的相处出了问题。”在孩子的潜意识里，他们不信任父母了。父母没有把他们的话放在心里，导致他们宁愿忍受暴力，也不愿意向父母倾诉。

心理学家乔伊斯·布拉泽说：“爱的最好证明是信任，彼此信任是给孩子最好的爱。”当孩子的求助信号被忽视，他们对父母的信任就丧失了。求助无门时，他们只能忍气吞声，一个人去承担。

2. 告诉孩子“有我在，不要怕”

案例1

看过一个视频，妈妈开车，孩子坐在后面委屈地告诉妈妈，学校有人欺负他。刚开始她很生气，既担心孩子，又气孩子不敢反击，不懂保护自己。

她很快就冷静下来，当着孩子的面，马上打电话给对方的父母。父母为孩子挺身而出是本能，可是在孩子眼里，那是他们的勇气和底气。

案例2

在电视剧《二胎时代》里，有这么一幕：小男孩走在路上，被两个高年级的孩子拦住，开口向他索要钱财。小男孩只好掏出妈妈给他的10元钱。大男孩一把抢过去，还嫌少，拉扯他，让他把全身的口袋都翻一遍。走之前还威胁小男孩：“要是你敢告诉老师和你父母，我就打死你。”

但是，儿子被欺负的这一幕被妈妈看见了，妈妈拿着网球拍走到他们身后，恶狠狠地用球拍指着他们问：“你要打死谁啊？欺负小同学啊！”“手里拿着什么，拿出来。”妈妈凶巴巴地出现，儿子崇拜地看着她。

当两个大男孩掏出钱时，妈妈没有去接，而是问儿子：“是你的钱吗？”儿子点点头，妈妈让他把钱拿回来。两个大男孩害怕得直道歉，妈妈说：“跟我道歉有用吗？跟我儿子道歉。”他们向小男孩道歉，并保证再也不欺负人了。而小男孩一直抬着头，看着“从天而降”的妈妈笑了。

点评

心理学家戴·埃尔金德说：“孩子们最需要知道的是，他们对父母很重要，永远都被爱围绕。”当父母用行动告诉孩子“有我在，不要怕”，孩子才会在父母身上获得面对欺负时，反抗求助的勇气。不是他们不害怕了，而是他们深知无论发生什么，父母都会站在他们身后。

3. 让孩子成为不好欺负的人

案例

有个女孩说，上小学的时候，班里有个小男生，总是扔她的东西。她告诉父母后，父母告诉她一个办法："如果喝止无用，就以其人之道，还治其人之身。"

一次，小男生又把她的书包扔到外面的花丛里。于是，她也拿起他的书包，用力扔到外面的花丛里，然后捡回自己的书包。他怎么对她，她就怎么对他。他没想到她这么强硬，于是欺负她的次数越来越少，最后再也不找她的麻烦了。

点评

李玫瑾说："孩子被欺负，最好的方法不是教孩子忍让，也不是帮助孩子解决，更不是教孩子以暴制暴，而是教孩子用智慧去摆脱困境。"

在孩子的成长过程中，难免会遭遇欺负。我们作为父母，教孩子不欺负别人的同时，还要拥有不被欺负的气场；教他们团结友爱的同时，还要告诉他们不要一味忍让，做一个有强大气场的孩子。

人要懂得低头(3)

在这个世界上，能掌大局的不是技术最好、最有能力的那个人，而是能容人、懂得适时低头之人。真正有大将之风的人，懂得向比自己优秀的人低头。

一代霸主刘备，其实相比他身边的能人，他的才华可谓不值一提。但是，正是因为他肯于低头，能够放低姿态，才招揽了一大批的奇人异士，为其效犬马之劳，才有了诸葛亮的鞠躬尽瘁，死而后已。

一代名臣曾国藩，复出之后急需左宗棠的辅助，然而想起之前自己退出的时候，左宗棠带头在长沙官场骂他虚伪、自私无能、临阵脱逃、罔顾忠信诚义，让他不能容忍，气不打一处来。

但是，思及左宗棠是一个古今少见的将才，为了更远的将来，他最终还是选择了低头。他步行至左宗棠的府邸，主动道歉，这种胸襟真是难能可贵，所以才有了后来的顺利剿灭叛军。

曾国藩后来感叹："天地之道，刚柔互用不可偏废，太柔则靡，太刚则折。"该低头时就低头，承认别人的优秀不丢人。狂妄自大，目中无人才是真正的无知。向比自己优秀的人低头，一定是一个内心强大的人。

文/冰千里

教你读懂13岁孩子的内心世界

西方人忌讳“13”这个数字。然而，13在东方却被视为吉祥。比如少林十三棍、兵法十三章等都是吉祥、尊贵的象征。

13岁恰如西方和东方观念的混合体，13岁左右的孩子，亦正亦邪。

1. 他们的情绪，与这件事关系不大

小飞今年13岁。这次月考成绩退步了，回家第一件事就是把手机交给妈妈，并扬言下次月考前不再玩手机。

谁知刚过一天，小飞便开始抱怨，没有手机不方便，没法联系同学，没法听音乐，更没法查作业资料。于是，妈妈把手机还给小飞并说：“你爱咋办就咋办。”这时，只见小飞发疯似的大吼，眼睛瞪得溜圆，好像妈妈是仇人，继而他又把手机“狠狠”地扔给妈妈并喊道：“我又不是这个意思，你脑子有问题吗?”妈妈拿着手机盯着小飞，半晌说不出话来。

其实，孩子情绪激动时，说的都是“气话”，你若当真，他们就会更恼怒。当他说不看电视、不吃饭、不上学、不玩手机、不复习的时候，你若配合了，真不让他看电视，真不给他做饭……那就大错特错了。他需要的只是把这样的情绪“表演”给你看，你看见就行了，千万别较真。你只需要理解：他们就是在发脾气，和当下这件事关系不大。

2. 他们的情绪，不需要任何原因

孩子放学回家脸上写满了不开心，躲进自己的房间里，或者看什么都不顺眼，或者把头埋在被子里，默默地流泪……而你就像丈二和尚摸不着头脑，不知如何是好。

此时，你最容易犯的两个错误就是：追问和安慰。你正在被他带入，就像一部悬疑片，他给了你足够的线索，吸引你去破案，但是你不知道那是个“陷阱”。一旦你开始追问，就掉进陷阱。你的疑惑和好奇会引发一场灾难。比如你问：怎么了？发生什么了？谁惹你了？老师批评你了？同学们欺负你了？小强没和你在一起?

这么追问换来的往往是沉默和烦躁。孩子要么一声不吭，要么大声说：“别问了，烦死了。”此时你的错误在于：非要给他的情绪找一个原因。

3. 你所有的安慰都是“强化”

其实，面对这种情绪，你需要做到两点：在场、淡化。你只要传递给孩子这样一个信息：我在，我知道了。仅此而已，不急、不催、不问、不火，就是不强化。

“强化”这个东西对处在情绪中的孩子而言，只会增加他“认为此刻他不够好”的感受。

他若想让你知道自然会说，你不需要上蹿下跳、心急如焚，也不能忽视当作无所谓。你要让他感受到你看见了他的难过，把你的波段调到中立的位置，陪着即可，切不可夺门而去逃避你的焦虑。你会发现，过不了多久他们就会“破涕为笑”，自己想明白了，依偎在你的身边讨巧，嘴里说着让你酥麻的甜言蜜语，给你捶背，给你一个熊抱。这就是13岁的可爱之处，烦恼在爱中消融得很快，13岁孩子的内心就是天使和魔鬼并存。

4. 他们就是自相矛盾的

有个敏感的妈妈饱受折磨，14岁的女儿佳佳从小乖巧懂事，最近半年却性情大变，不仅浓妆艳抹、擅自剪掉长发，而且还打了一排耳洞。最让妈妈接受不了的是，佳佳一脚踹烂了妈妈的房门，原因居然是嫌她做的菜太咸了。妈妈神情黯淡、抑郁，她想不明白，曾经引以为豪的女儿，居然如此“伤害”她。她觉得生活失去了盼头，希望破灭了，十几年的心血付之东流了。

“还有什么特别的事吗？”我平淡地问。她有些吃惊，没好气地说：“还要什么特别的事？这还不够吗？”沉默了一会，她好像觉得有些不礼貌，补充道：“没有了，晚上还会主动钻我的被窝，让我搂着，像猫咪一样乖。”“可是我仍然接受不了她踹烂我的房门，她怎么做都不能弥补我的失望。”佳佳妈妈正是因为不能接受女儿的成长方式，才导致糟糕的抑郁状态。

5. 他们进入了自我认同阶段

这是他们永恒的追求，也是所有“问题”的症结所在。这个目标对13岁的孩子而言，就是一场“艰难的修行”，充满矛盾。

这些矛盾大致包括：如何自己说了算，又不伤害父母；如何在没有经济来源的情况下，做个成人；如何摆脱父母的管教，又不惧怕未来；如何让同学们重视，又不做作；如何不因为成绩不好而自责；如何承担责任，又不陷入冲突；如何让自己舒服，又让妈妈满意。这些矛盾大量存在，任何小事件都会激发其中的某些矛盾冲突，继而陷入困境，外在表现就是情绪失控。

作为父母，除了上面提到的稳定、淡化、少使用语言、不能较真之外，还要真正理解他们的矛盾。在心理学上，把这个时期统称为“自我认同”阶段，只有自然度过这个阶段，他们才能走向独立的自我。

6. 自我认同的背后，是对生命的探索

人类的终极命题第一次出现在他们的头脑中：“我是谁？我生而为人的意义在哪里？”

对这个问题的探索带动了矛盾产生，意味着思想开始成熟，就像某种“成人礼”，准备开启下一个人生篇章。长大的过程就是和父母分离的过程，这种分离其实是一种丧失。他们呈现出来的所有，都是对抗这种“丧失”，而不是针对父母。

所以，乖巧懂事了十几年的佳佳，改变了自己的形象。临门一脚踹烂的不只是妈妈的房门，还是通往自我独立的大门。那一刻，自然状态下，谁也无法阻挡，父母也不行。孩子们在用这样的方式向父母宣告：属于我的时代到来了。而父母们的悲伤、焦虑阻碍了这种自然成长，阻止了分离。

孩子们懂事了那么久，第一次意识到自己的乖巧懂事原来是某种谎言，自己不需要那么讨巧让他人表扬。自己就是自己，不是什么懂事的自己，这难道有错吗？难道让孩子们重新钻进妈妈的被窝，永远做妈妈的乖宝宝，永远不分开？该反思的是父母们，而不是孩子们。

这就是天使和魔鬼共存的13岁，一群徘徊在成人与孩童之间的复杂群体。尊重他们原本的样子吧，否则就会出现真正的问题。当然，13岁远远不止这些，他们的内心世界十分丰富，就像漫天的星星，璀璨亮丽。

微小说(4)

4. 墙下的父亲

有一学生高中时沉迷网络，时常半夜翻墙离开学校泡网吧。一日，他照例翻墙，翻到一半，即拔足狂奔而归，面色古怪，问之不语。

从此，他认真读书，不再上网。学校盛传，他见“鬼”了。

后来，他考上名校。昔日同学问及此事，他沉默良久说：“那天我父亲来送生活费，舍不得住旅馆，在墙下坐了一夜，被我碰到了。”

文/冰千里

父母要让青春期的孩子打败你

咨询

青春期孩子的妈妈经常会提出许多问题，一句话归纳就是："我知道应该站在孩子的角度去理解他，可是我做不到啊，我依然会愤怒、失望、失控，怎么办呢?"

分析

妈妈们的问题有三层含义：我一点办法都没有；我并不甘心；渴望专家给我一个有效的方法。

青春期孩子内心挣扎的原因，父母们都心知肚明。诸如渴望独立又希望依赖；渴望表达又极其敏感；渴望友情又心生嫉妒；渴望爱与性又压抑爱与性；讨厌学习，又不得不提高成绩；生理的高速成熟，心理的不成熟。

他们发脾气和某件事关系不大；他们情绪飘忽不定，阴晴难测，没有原因；处在青春期就是相互矛盾、相互对立的。

因此，你所有的理解都是自我安慰，就像："理解孩子，我就不那么生气了。"其实理解青春期孩子的内心是徒劳的，别低估他们内心的冲突，也别高估你的理解力。

对策

（1）让孩子打败你

孩子所有的"折腾"都是在试图"打败你"。让你难堪、难过、生

和男孩沟通的小诀窍(5)

9. 经常说"小心点"是懒惰的重复

当小孩骑着三轮车上马路，你紧张地对孩子喊"小心点"，其实没什么作用。要这么说："杰克，稍等。我要跟你说一些上马路的规则，这是能够指导你去骑车探险的好方法。"每天说好几遍"小心点"，其实是一种懒惰的重复。孩子会把这句话理解为："我总是担惊受怕的"或者"我不相信你的判断力"。

10. 听到孩子说错词语，不要立刻纠正

和比较小的孩子说话时，你会经常听到许多滑稽的口头错误。不要条件反射地纠正他们的发音、误用的词语，或者关于话题的错误信息，你要记住，这些做法也许会打击孩子的热情，令他以后总是要小心翼翼地表达自己。

你可以采取一种"停下来，想一想，再纠正"的做法，有些地方错了就错了，就让它过去吧，你把正确的词或句重复说一遍就好，不用刻意指出孩子刚才哪里犯错了。 **（温迪·莫戈尔）**

气，让你手足无措、让你情绪失控。孩子可能还觉察不到，有时还伴随莫名的难过、自责、愧疚："我怎么能这么对父母说话呢？"但是他们依然如此。当你真的被他们打败了，尽管他们是愧疚的，但是在潜意识里他们是开心的。确切地说，应该是胜利。

英国精神分析学家温尼科特说过："如果一个孩子要成为一个成年人，是要踩着一个成年人的尸体，才能完成这段成长之路的。"这句话的意思是，父母只有让孩子打败自己，孩子才能踏上自由之路。

让孩子打败你，并不是让你屈服孩子，而是正视孩子的挑战，那么，怎么做呢？

第一，不逃避。

很多家庭，孩子到了青春期，父母逃离了。他们逃进了工作中、学习中、沉默中、冷眼旁观中。

比如孩子情绪失控，父母不管不问，害怕自己承受不了；除和孩子谈学习外，谈不出别的东西；"假性支持"让孩子任其发展，放任自由；觉得自己更需要同情，更需要照顾。这些感觉就好像孩子发出了挑战，而你弃城而逃，他不战而胜一样。

对于一个渴望攻城略地、杀敌拔寨的少年将军而言，这太失落了，简直是对将军的极大羞辱。青春期孩子的攻击性就是"叛逆"。他需要和安全的人辩论、争斗，最后以胜利表达释放，所有的幻想和理想成功外化，他才能在以后的道路中坚强独立。否则，他只能带着看似胜利的假面具，内心并没有真正成功的经验。

第二，不镇压。

有些父母，与逃避相反，不遗余力地打压孩子，最终令他乖乖就范、束手就擒。毕竟孩子只是个叛逆少年，而你身经百战、经验丰富，加上学校、社会、亲朋好友的集体协助，镇压住孩子易如反掌。

最终，孩子不得不按照你的想法行事，伏案学习不惹事，为考取功名舍弃任何"不好"的行为、念头，像个机器人一样地生活，只要你开心就好。

哪里有镇压，哪里就有反抗，只不过有的是摇旗呐喊，有的是暗中运作。你会悲凉地看到，他们为了反抗，不惜牺牲自己的一部分，甚至全部。最终你胜利了，但是你彻底失败了。因为你忘记了早年鼓励孩子走路、爬行、学说话的时候，不就是为了让他们自由独立，有个性，能战斗吗？然而，你辛苦培养起来的战士，只经历青春期短短几年，就倒在你的镇压之下。

第三，不交易。

一些父母喜欢用各种交易方式。比如奖励交易：如果你按我说的去做，周末你可以多玩一会手机；只要提高五个名次，就奖励你一个手机。很多父母都喜欢用物质奖励激励孩子，这种奖励短期有效，但是时间长了，孩子会越来越不主动，甚至讨价还价。

比如惩罚交易：你不按照我的要求去做，我就没收手机，或者卸载游戏软件。利用孩子喜欢的事物，让他们付出代价，只会让孩子对你更反感。

比如情感交易：如果你再这么折腾、胡作下去，我就死了算了；你若考不上重点学校，我会失望透顶；你若不懂事，我这些年付出的努力就白费了。这些以爱为名的交易，会让孩子终其一生，都像个傀儡一样，没有自我价值感。

(2) 提升自己

正视孩子所有的挑战，不逃避、不镇压、不和孩子做交易，陪伴孩子平稳度过这个阶段，这是对青春期孩子最大的理解。几年后，你就会发现，此刻你所有的担忧都会过去，孩子更独立，也更成熟了。

同时，他也理解了你当初的紧张情绪，将来他做了父母，也能很好地应对自己的孩子，因为你给他提供了很好的经验。

强者定律(4)

4. 毛毛虫定律

法国昆虫学家法布尔作过一个研究，他把许多毛毛虫放在一个花盆的边缘上，使其首尾相接，围成一圈，并撒了一些毛毛虫喜欢吃的松叶。毛毛虫一边吃着松叶，一边绕着花盆的边缘一圈一圈地走。直至松叶吃完，毛毛虫还是夜以继日地转圈，最终因为饥饿和精疲力竭而相继死去。后来，科学家们把因为跟随别人的路线，而导致失败的现象称为“毛毛虫效应”。

在《乌合之众》里有句话：“群众的叠加只是愚蠢的叠加，而真正的智慧却被愚蠢的洪流湮没了。”我们总会不由自主地受到群体的影响，如果没有独立思考，往往会迷失自己。在这个个体与群体联系紧密的时代，我们越来越懒得去思辨，经常望风而动。却不探究背后的规律、警惕潜藏的危机。

文/哎呀妈

我想跟青春期的男孩说几句话

1. 你可以犯错，但是要有担当

案例

两天两夜，两名13岁的少年，在一处废弃的马路旁，搭起树屋安家当“野人”。饿了，点外卖，或者买水果吃。短短两天，他们竭尽所能地“熬”着。但是，更“煎熬”的是他们的父母。

之所以“野外求生”，是因为他们贪玩旷课，害怕被骂才决定离家出走。若不是路人偶然发现，民警和父母循迹“找上门”，他们还没有回家的念头。一边是犯错，只想逃避的孩子；一边是心急如焚，盼望孩子懂事的父母。彼此间的拉锯，唯独青春期孩子的父母明白其中的滋味。

点评

澳大利亚著名家庭问题专家史蒂夫·比达尔夫说：“男孩的成长过程，并不是一帆风顺的。”尤其是到了青春期，男孩一只脚踏入成人世界，另一只脚却还停留在儿童期，他们的身心正发生着一场剧烈的变化。

每个孩子总要在“摔跟头”中体验到自然后果。所以，我要告诉你，你犯错可以，重要的是不逃避，学会担当。有直面错误的勇气，在成长路上，你才有远超别人的底气。

2. 你有多自律，人生就有多精彩

案例1

江苏有个12岁男孩，因为肥胖拍毕业照时穿不上班服，只好把后背剪开。这个“小插曲”，虽然有点尴尬，却给了他改变的动力——他要减肥。在妈妈的支持下，他开始跑步，控制饭量。即便跑到脚底磨出泡，他依然没有放弃，凭借惊人的意志力坚持了两个月，结果狂减15千克。这是“自律”的功劳。

案例2

初中时，我的同桌小辉每天总是第一个到教室，自习、做题，风雨无阻，然后最后一个放学回家。不过一年的时间，原本基础比较薄弱、成绩一般的他，超越一大半同学，考进全班前十。看到他才知道“自律者出众，懒惰者出局”这句话真有道理。

点评

发展心理学认为，男孩的心智，相对女孩成熟较晚，尤其是到了青春期，受荷尔蒙激素的影响，男孩大都比女孩更容易急躁，不愿意被约束。所以，男孩自律很重要，管理好自己的时间、精力和行为，你才能走上更成功的道路。

一个人怎么过一天，就意味着怎么过一生。所以，想前程似锦，就得日复一日地努力和自律，狠下心“逼”自己，才能抵达想去的远方。

3. 别轻忽“独立”的品质塑造

案例

看过一个报道，杭州某中学新生军训现场，初一新生比赛系鞋带。这项看似简单的小事，却难倒将近一半的学生。就连叠被子，许多孩子也完成不了。

相比之下，一个11岁男孩的行为值得被点赞。看到妈妈睡觉，他不忍心吵醒。眼看到吃饭时间，他走进厨房，操起锅铲，做了几道家常菜：可乐鸡翅、柠檬青瓜、西红柿炒蛋、白灼虾，娴熟的摆盘技术，有荤有素的搭配，足以看出这个孩子的自理能力。

点评

脑科学专家研究表明，接近青春期时，孩子的大脑已经作好了执行技能发展的准备。如果不给孩子掌握技能的机会，就会出现“不用则废”的状况。就是说，孩子一旦不会自理，独立生活的能力将会被废弃。

别轻忽“独立”的品质塑造。今天考不到第一，接下来的日子努努力，总有实现的可能；但是你不会做饭、不会叠衣服、不会系鞋带，生活无法靠自己，以后再想学就不容易。每个四体不勤、五谷不分的孩子，即便考了第一，不会独立自理，一旦离开父母，就缩手缩脚，什么都做不好，走出去终究逃不出被社会“大考”刷下来的结局。

4. 尊重身边的人，尤其是女生

案例

看过一个视频，在意大利街头，几位少年正在镜头前畅谈着自己长大后的梦想：消防员、足球运动员、警察……灿烂的笑容下，他们自信满满。当采访者邀请他们评价一下节目组请来的女生时，每个人都说出各种各样赞美的话，聊天的气氛甚是美好。

但是，当采访者请求他们：“现在，给她一记耳光！”不管采访者怎么催促，都没人动手。打破令人尴尬、沉默局面的是所有少年不约而同的那句“不行”。

采访者问：“为什么不行？”“因为她是女孩，我们不能那样对待她。”做不到，因为她是一个女孩，他们对待女孩，愿意像对待花一样。

点评

在《窗边的小豆豆》里，小林校长这样批评爱捣乱的大荣君：“要对女孩友好，一定要尊重女孩，爱护女孩。”

胡适先生一生以母亲为荣。他在《我的母亲》中写道，自己从母亲那里学来待人的厚道与包容，更学来洁身自好。因此，无论是对妻子江冬秀的宽容，还是他一生无绯闻的自律，都成就了一代谦谦君子的大家风范。

所以，每个男孩都应该学习“如何尊重女性，如何向女性朋友表达自己的好意，如何与女性以恰当的距离相处，如何用恰当的方式追求自己喜欢的女性”这一课，从而让自己最终寻得爱情和家庭幸福。这才是一个男人一生中最重要的必修课，比事业成功还要重要。

5. 读书是你通往成功的捷径

案例

一个15岁的男孩，突然对爸爸说：“我不想读书了，我要像大人一样去赚钱。”爸爸没有跟孩子讲大道理，而是让儿子去工地搬砖。

开始，儿子还挺开心的，然而，才干了四天他就反悔了。爸爸不失时机地问他：“累不累？是读书好还是干活好？”孩子马上回答：“还是读书好，我这个年纪不读书还能干什么，以后只想好好读书。”一个让无数父母都头疼的厌学问题，就这么迎刃而解了。

点评

这世上，有两样东西是别人抢不走的，一是藏在心中的梦想，二是读进头脑里的书。读书改变命运从来不是一句空话，只有你今天的日积月累，才能换来明天别人的望尘莫及。在应该奋斗的年纪不能选择安逸，给自己一个机会，改变自己的人生。年轻时吃读书的苦不算苦，那是一笔难能可贵的财富。

知乎上曾经有一个引人热议的问题：为什么大多数人宁愿吃生活的苦，也不愿吃学习的苦？有人回答：因为生活的苦无法逃避，而学习的苦可以选择逃避。

成功的秘诀就是长时间坚持。花儿坚持开放，成就了它的芬芳；子规坚持鸣叫，成就了它的绝唱。所以，你不要轻言放弃。坚持，终将有所收获。

七句大实话，藏着七大社会真相(2)

2. 关于人脉：谁都靠不住，除非你有用

人与人之间的交往，往往以互惠为原则。

所以，永远不要高估自己和任何人的关系。如果没有用处，在别人那里，你什么都不是。靠山山会倒，靠人人会跑，靠自己最好。与其指望别人，不如投资自己。机会，自己争取；命运，自己把握。

文/素宁

孩子叛逆是父母言而无信

1. 孩子每次情绪过激，都源于父母的出尔反尔

案例

看到一个视频，一个女孩披头散发地坐在电动车的后面，疯狂地推搡着骑电动车的妈妈。乍看妈妈在街上被女儿推搡，是不是觉得女孩大逆不道？

可事实是，女孩的旧手机坏了，和妈妈商量换新手机，自己攒4000元，妈妈资助2000元。就在女孩攒够钱，满心欢喜地和妈妈一起去买手机时，妈妈却在路上出尔反尔，不给她买手机了。

女孩等这天等了很久，妈妈临时反悔，让她情绪激动。如果妈妈只是如此，或许女孩也不会出现后面的行为。妈妈的目的并不止于不给女孩买手机，还想占据女孩攒下的4000元。因此，妈妈故意把车停在路边，并数落女孩不懂事，不懂体谅她的苦楚，想让女孩当众交出钱。女孩原本对妈妈反悔产生抵触情绪，这下不仅手机换不了，自己辛苦攒下的钱，也要被妈妈用这样的方式夺走，内心的绝望可想而知。

但是，女孩并不想把事情闹大，她想回家关门解决，所以她催促妈妈快走。从女孩催促的语气，可以看出女孩忍耐很久，即便妈妈背信弃义，让她空欢喜一场，她依然不忍心伤害妈妈。

没想到妈妈铁了心，即便女孩催促和推搡，她都纹丝不动，女孩见人越围越多，尊严受损，崩溃大哭，才有了“大逆不道”的行为。

点评

很多人表示理解女孩的愤怒，毕竟妈妈让人憎恶的不仅是出尔反尔，更是不顾女孩的感受和尊严，故意把女孩置于舆论的旋涡中。

社会学家林·扎克说：“父母是孩子最亲近的人，也是最值得信任的人。来自父母的每次欺骗，都足以压垮孩子的内心世界。”

“量的积累会促成质的飞跃”，孩子每一次情绪的崩溃、过激，并不是一蹴而就的，而是孩子历经父母无数次的出尔反尔才爆发的。

2. 父母言而无信，透支孩子的“信任度”

案例

在《少年派》里，林妙妙学习成绩不好，上高中后，成绩倒数第一。妈妈去开家长会得知排名，对她发了脾气，让原本就考得不好的她，情绪很是低迷。

为了疏解她的情绪，爸爸带她去吃烧烤；为了激发她的学习动力，爸爸答应她，如果下次考好，就奖励她1000元。林妙妙一听学习进步给钱，顿时精气神十足。

为得到奖励，她铆足劲地学习，在接下来的考试中，她有了很大进步。可是，妈妈却只给了她100元的奖励。妈妈还嘲讽地说："进步就给1000元，考上清华我还要倾家荡产了？"林妙妙大怒："你们说话不算数，我再也不考好了。"

点评

在《道德经》中有言："轻诺必寡信。"如果父母总是以这样的方式教育孩子，且不说"激励"无效，孩子对父母的信任也会越来越弱。长此以往不但会影响亲子关系，还会让孩子也习得这样的处世方式。

所以，没有把握对孩子兑现的诺言，不要轻易许出，别让自己在孩子那里的"信任度"透支，父母是孩子的第一任老师，也是孩子的人生标杆。如果在他们的认知里，父母都言而无信，别人又怎么能轻易信任呢？

3. 别让你的"信任度"流失

（1）答应孩子的事，要尽力去做到

陈美玲说："答应孩子的事情，一定要做到，不要让孩子觉得你在撒谎。"一次，她答应带孩子们出去踢球，即便她不想去，但是她还是去了。这不仅关乎孩子对她的信任，她更怕孩子会因此不再相信其他人。她说："如果孩子变得多疑，他的余生就是孤独的。"

（2）承诺无法兑现，要向孩子认错

美国儿童心理学家罗达·邓尼说："父母违背自己许下的诺言时，如果能向孩子说一声对不起，可以帮助孩子建立自尊，同时可以培养孩子尊重他人的习惯。"

美国作家南·丝弗说："小孩子或许不总是记得父母的再三叮咛，但是对于父母随口答应的事情，却永远记得一清二楚。"

大人每次小小的承诺，对于孩子而言都无比重要，孩子都会谨记在心，因为那里包含着父母的爱、陪伴，更藏着孩子对父母发自心底的期待和信赖。

所以，别轻易食言、失信，别让你的"信任度"流失。因为你兑现的不仅是承诺，还是孩子对你的一份信任。在长时间的亲子相处中，这样的滋养会帮助孩子成长为一个靠谱守信之人。

文/李核桃

如何应对青春期孩子的“沉默”

1. 父母最大的卑微，是孩子不跟你说话

案例1

看到一个新闻，一个14岁男孩因为转学一事跟家人闹别扭，把自己反锁在房间里，这一锁就是三天三夜。打不开房门的父母只好求助消防员，消防员费尽周折，把房门拆了，才进入房间。里面的情景却让人大跌眼镜：外面这么大的动静，孩子竟然淡定地躺在床上，吹着空调看书。即使大家围在床边跟他说话，他依然盯着书不予理会，直到消防员离开，他自始至终都没看大家一眼。

很多人批评男孩冷漠，不考虑父母的感受。我却看到男孩沉默背后的抗拒：他不是不想学习，只是不想去父母为他挑选的学校；他不是不懂事，只是以倔强的沉默表达无声的抗议。

有人说，父母最头痛的就是孩子叛逆。但是这个男孩却让我觉得，比青春期叛逆更可怕的是沉默。在他关上房门的那一刻，其实也关上了与父母沟通的心。

案例2

在网上看到一个案例，一个爸爸，儿子考砸了，他把孩子教训了一顿。此后，整整五年，儿子再也没跟他说过一句话。五年间，他每天都觉得很煎熬，可是他使出浑身解数，儿子依然不理他。为人父母最大的卑微，莫过于遇到一个拒绝与你沟通的孩子。

案例3

有个女孩上初二，开学第一个月，便在自己的房门上贴上一张通知：“有事请敲门，无事别打扰。晚上九点～早上七点不得入内。”妈妈说：“我也没招惹你，你这是干什么？”还没说完呢，女儿已“砰”的一声将她关在门外。她隔着门听见女儿跟同学嘻嘻哈哈地打电话，却无计可施。有时她看见女儿心情不错，就没话找话想说点什么，可是，女儿问“你有事吗？我要写作业了”，一副“没时间跟你聊、你赶紧离开”的样子，说罢还戴上了耳机，并吩咐她“出去记得随手关门”。

案例4

叶一茜曾经发微博吐槽，跟女儿森碟聊天，每句话都是ending。她问一句森碟答一句，惜字如金，绝不多说一个字。森碟的冷淡让妈妈再也聊不下去。动辄拒绝沟通的

孩子，你根本不知道他心里在想什么，稍有疏忽可能就会酿成悲剧。

2. 每个拒绝沟通的孩子，都是父母逼的

在《一仆二主》中，张嘉益饰演的爸爸，只要和女儿在一起，他的嘴就不闲着。一次，他希望女儿踏踏实实地上学，不要有那么多奇思异想。一直沉默不言的女儿实在听不下去了，愤怒地冲他喊道："我不想过这样的生活。"爸爸问她："你想过什么样的生活？"当她说"想唱歌"的时候，爸爸却说这是瞎混。女儿便怒怼：我也不喜欢你的职业。说罢重重地关上房门，无论爸爸在门外说什么，她都不理、不开门，拒绝跟爸爸沟通。

是什么导致孩子不愿意跟父母沟通？有人曾愤怒地控诉道，当她满心欢喜地分享自己买的漂亮的本子时，父母不但不欣赏，反而一通数落：你钱多得没处花了是不是？当她满怀希望地跟着父母去买衣服时，父母从不给她买她喜欢的衣服，反而批评她的审美不行，然后按照他们的喜好买下她不喜欢的衣服。当她住校一周，满怀期待地回家，父母只有数落、批评、责怪、否定。那一刻，她只想捂着耳朵逃离家。

为了捍卫自己的尊严，孩子什么事都干得出来。离家出走、跳楼自杀，每个拒绝沟通的孩子，都只是为了与父母"争夺主导权"，无言的抗争而已。

美国临床心理学家劳伦斯·科恩说："青春期总会结束。如果你和孩子之间的关系很亲密，孩子还会在成年之后，重新回到你的身边，而你对他会产生影响。但是，如果你总是批评他、反驳他、要求他，亲子关系就破坏了，当他成年后，你就很难再对他产生影响了。"

3. 与青春期孩子沟通，谨记四条法则

（1）不要替他做主，让他独立自主

美国教育学博士麦克尔·李维拉说："在孩子青春期之前，你扮演的是'经理'的角色；如果你想在孩子青春期乃至之后对他产生积极的影响，你就必须转变角色，成为顾问，重新上岗。"

经理负责主导，顾问提供建议，随叫随到。不要像领导一样地管理孩子，而应该像顾问一样，赋予孩子更多的自主权。比如当孩子长时间看电视不学习时，这么说："你是不是该看书了？不过你真想看就自己决定，我觉得（加重语气）你应该看书了。"给孩子自主权，就是给

孩子尊严。就算孩子当时没有作出改变，但是他知道父母是对的，他会在心底把父母的话当回事，背后也许会悄悄地作出改变。

（2）不要替他作决定，给他选择权

不要命令青春期的孩子你应该如何、不应该如何，而是告知他这件事有几种结果，让他自己去判断要哪个结果。因为青春期的孩子更在意自己的独立人格，当他有选择权的时候，他才是有自我的，才能成长为理智、成熟的大人。别担心孩子会选错，当孩子发现你尊重他时，他是讲理的。尊重孩子的父母，才能得到孩子的尊重，而不是对父母不理不睬。

（3）不要跟他硬碰硬，要顺着他说

成功劝说几十个青少年放弃自杀念头的徐世海，经常与那些内心绝望的孩子一聊就是四五个小时。他的沟通方式：从不反驳孩子说的话，顺着他们说。

高二女孩备战高考，压力很大，想请假调整，父亲却骂她在家等死，不再给她生活费，她觉得父母不理解自己，想要自杀。徐世海就顺着她的心思说："全国学生那么多，都去清华、北大也坐不下呀。"这句话让女孩感到自己被理解，慢慢打开心扉，后面的道理也听进去了，重新恢复心情备考。

在心理学上有一个词叫"无关回应"，当人们得到的回应与期待的不符时，就会失去交流的兴趣。青春期的孩子，尤其渴望得到父母的认同。父母与其硬碰硬，不如先顺着他们说，先打消他的戒备心理，后面的话才能好好说。

（4）不要唠叨，建立"互动式"交流

针对青春期孩子不愿意交流，中国青少年研究会副会长陆士桢给出一个建议：与孩子建立"谈话"式的沟通，交流方式是你说一句我说一句，而不是父母一味地训斥，或者父母喋喋不休，孩子沉默不语。谈话时，要说"我"怎么样，而不是"你"怎么样。以平等的姿态让孩子谈自己的体会、看法、烦恼，也可以跟孩子分享自己的看法、烦恼等。不教育，只谈心。

这样的谈心模式，最好在青春期之前就建立起来。固定谈话时间，比如晚饭后，睡觉前，或者周末。也可以固定谈话地点，比如孩子的房间、公园里，或者把孩子请到一个温馨的场所吃饭，让孩子在放松的环境中敞开心扉。

文/雁瓜瓜

你发三分的脾气 对孩子是七分的伤害

案例1

夜晚在街上，突然传来一个女人的怒声责骂，一个母亲揪着女儿的耳朵，往路边的一辆汽车底下推，大骂孩子不听话。小女孩恐惧得脸色发白，拽着母亲尖声大叫："我不想死，我不想死。"围观的人越来越多，女人更添威风，越发肆虐起来。这时，有人看不过去，上前抓住那个母亲的手说："你放手，你怎么能这么吓唬孩子呢？"

这种母亲本事没有，让孩子惊恐万状却法术在手，似乎只有孩子恐惧，才能证明自己有威力。有这样的母亲，孩子的成长能健康吗？

案例2

一个母亲生气时，用竹条抽打女儿，女儿咬着牙不掉泪，任由母亲狂怒。最后，母亲自己哭了，一边哭一边打一边问："你怎么不哭？你怎么不哭？"事后有人问女孩："你不伤心吗？"孩子鄙视地说："我哭得完吗？无缘无故就打，我连为什么挨打都不明白，有时我觉得，我活该挨打。"

父母对孩子喜怒无常，以为无论怎么随心所欲，孩子还是"我的"，不会失去。孩子虽然是你的，但是亲子关系恶化，孩子与你没有感情，你等于失去了孩子。

点评

教育家尹建莉说："你对孩子发三分的脾气，会对孩子造成七分的伤害。"父母打骂孩子，不仅让孩子感到恐惧，更影响孩子的性格发展。

教育家李玫瑾说："父母脾气暴躁易怒，很容易养出讨好型人格的孩子。"据调查：经常被父母骂的孩子，出现性格缺陷的概率最大，其中暴躁占56.5%，自卑抑郁占25.7%，冷酷占22.1%。

性格决定命运，而孩子的性格与父母的情绪息息相关。打骂发泄是父母一时的情绪，毁掉的却是孩子的人生。

观点

（1）父母越淡定，孩子越幸福

案例1

看过一条新闻，妈妈接女儿回家，女儿兴高采烈地要告诉妈妈两个消息："我有一个好消息，一个坏消息，你先听哪个？"没等妈妈回答，女儿又迫不及待地说："好消息是我考试前进一名，坏消息是我考倒数第二，成绩不及格。”妈妈没有打断孩子，微笑着听孩子说完，还不忘夸孩子一句：“宝贝有进步了。”

有人说：“难怪她的孩子，阳光自信、天真开朗。”

点评

美国心理学家派克说：“在孩子稚嫩的心中，父母就是他们的上帝，孩子缺乏其他模仿对象，会把父母处理问题的方式全盘接受下来。”当父母心态平和，保持良好情绪的时候，孩子也会模仿父母，处在稳定的情绪中。

父母越淡定，孩子越幸福。有这样一句话：“父母的好情绪能让孩子感到愉快、自信，是促使孩子进步的助推器。”

（2）与其暴虐孩子，不如修炼自己

在《论语》中，孔子说：“其身正，不令而行；其身不正，虽令不从。”教育孩子也是这样的道理。与其纠结孩子听不听话，不如先进行自我教育和提升，注重自己言行的一致性，并在生活中用实际行动作出正面示范，那么孩子身上的许多问题，就会迎刃而解。

父母要有生活目标，有努力追求的方向，有正当有益的兴趣爱好。因为你的高尚，或者有益的向往，会时时刻刻地感染孩子，激励孩子积极上进。

父母要爱学习，爱思考。要多看一些书，多看一些百科知识、人物传记，以及一些名人童年生活的书，了解社会名人童年生活的情况。只有这样，你与孩子相处时，才能有共同的语言、讨论的话题。你才能融入孩子的精神世界，和孩子建立心心相印的感情。

德国家教62句(2)

9. 相信孩子的感受与判断力，不以自己的经验取代孩子的感受。

10. 再怎么富裕，都要避免不必要的浪费，告诉孩子不必要的花费就是浪费，几元钱也是浪费。

11. 阅读是孩子形成独立人格的基础。

12. 跌倒了，要自己站起来。告诉孩子：这是你的责任。出了问题，要自己负责。

13. 以身作则，守规矩，从过马路做起。闯红灯是小事吗？再小的事都要以身作则，父母坐得直，孩子就行得正。

14. 一分或一秒都算迟到，德国家庭这样教守时。迟到一分钟，也要向孩子道歉，为了孩子，父母必须学会守时。

15. 说到做到，对孩子守信，可不是随便说说。父母说话算数，孩子才会守信。

16. 成为图书馆的常客，阅读是最浪漫的教养，为孩子打开知识的大门。

若要管住孩子 父母首先要管住自己

文/晴岸

1. 父母要做一对合作伙伴

看过一个案例，有对夫妻很少吵架。他们两人就像一对很有默契的合作伙伴。妻子怕辅导孩子写作业时动怒，丈夫就主动揽下辅导孩子写作业的差事。妻子做完饭后，丈夫就主动洗碗，清理厨房。

妻子的心里总是暖暖的，因为丈夫的理解和主动分担，让她看到了包容和体谅。丈夫的心里也总是暖暖的，因为妻子脸上的笑容，给了他莫大的肯定和温暖。

2. 爸爸要多带孩子去运动

国外的很多爸爸，在运动的时候都会带上孩子。原因有三：一是爸爸是孩子最好的体育老师，爸爸强壮的身体，充沛的活力，可以让孩子感受到运动的魅力。二是有一项研究发现，爸爸每天带着孩子进行12分钟的体育锻炼，能够改进孩子的注意力、自控力、阅读能力和认知能力。也就是说，在体育锻炼上表现很好的孩子，在学习上也会表现得很好。三是爸爸和孩子一起锻炼，是增进亲子关系的最好方式。正如一位教育家所说：你不必通过金钱成为一个好父亲，你只需要一个足球。所以，爸爸工作再忙也要多带孩子去运动。

3. 孩子学习时，父母不能玩手机

经常会看到孩子在书桌前写作业，父母在一旁玩手机。看似是陪伴孩子，其实是在拖孩子后腿。

每个孩子都有一颗爱玩的心，父母爱玩手机，不仅会让孩子分心，还会激起孩子的逆反心理："凭什么你们能玩，我就不能玩呢。"都说最好的教育是以身作则。父母不以身作则，再严厉的管教也是苍白无力的。

4. 孩子犯错时，父母要给予爱

一天，山东一个10岁男孩离家出走了，爸爸找到他时，不但没有批评他、打他，反而第一时间脱下自己的大衣，披在孩子的身上。爸爸的暖心举动，不仅温暖了孩子，也温暖了无数网友。

德国教育学者赫尔巴特说："孩子需要爱，特别是孩子不值得爱的时候。"当孩子犯错时，粗暴地打骂孩子，不会让孩子认识到自己的错误，只会让孩子得到一个"父母不爱我"的结论。

只有以宽容之心，让孩子感觉到父母的爱，孩子才能放下心理防线，正视自己的错误，听从父母的教导。爱比惩罚更有力量。

5. 爸爸不要把家当宾馆

有人说："每个崩溃的妈妈背后，都有一个休眠的爸爸。"很多时候，妈妈的愤怒、抓狂，都是因为爸爸的不作为。

妈妈带孩子辛苦一天，爸爸却说自己工作一天也很累。妈妈辅导孩子写作业，嗓子冒烟，脑袋发涨，爸爸却打圆场："跟孩子好好说。"明明是两个人的战场，妈妈却在孤军奋战；明明是有老公的人，却活成了单亲妈妈。

有人说，爱是共担风雨，共享荣光。幸福的婚姻，不是妈妈一味地付出，爸爸坐享其成。孩子不是妈妈一个人的，家也不是宾馆。爸爸的参与和付出，才是一个家庭一段婚姻的黏合剂。

6. 父母吵架要向孩子解释

知乎上有人留言：我很想告诉父母，既然不想把我当家人，不想解释为什么吵架，就别当着我的面吵架，我真的很烦。

心理学家李松蔚曾经讲过一件事：一天，一个朋友慌里慌张地跑来找他，说自己和太太吵架了，而且还被孩子全程目睹了，他很担心孩子的身心受影响，问自己应该如何向孩子解释吵架的事。

李松蔚老师的建议是，既然事情已经发生，不如诚实地向孩子解释。要告诉孩子，父母吵架并不是你的错，以免孩子胡思乱想，把一切错误都归在自己身上。

7. 注意自己的形象，给孩子树立好榜样

看到一个视频，一家人在饭店吃饭，爸爸感觉太热了，就把上衣脱下来，只穿一个背心。三岁的儿子瞪着爸爸生气地说："你光着膀子在饭店吃饭，丢不丢人！"爸爸不以为然地解释道："儿子，爸爸太热了。"儿子教育爸爸："太热了也不能脱，穿上。"

网友们纷纷表示："孩子批评得对。"其实，爸爸眼里微不足道的"形象管理"，正是孩子生活中"美的启蒙"。

孩子最初的审美来自父母。父母注意自己的形象，穿着得体，面貌整洁，给孩子做一个好榜样，孩子长大后，才能成为一个让人赏心悦目、备受欢迎的人。

8. 定期为孩子储备教育金

有人算过一笔账：一个孩子从出生到高中毕业，在教育上的花费需要35万，如果未来有出国留学的打算，或者孩子想学艺术，那么花

费恐怕要翻倍。

教育是一场长跑，父母在孩子教育上的投入，是长期的、艰巨的。如果孩子想继续深造，父母却无法支持孩子，无力帮助孩子。这种无力感，会成为父母最大的遗憾。

所以，有远见的父母要懂得未雨绸缪，定期为孩子储备一定的教育金，为孩子的未来保驾护航。

9. 定期召开家庭会议

看过一个故事：女儿总是把衣服鞋袜、玩具扔得到处都是。爸爸要求孩子整理好自己的东西，女儿无动于衷。爸爸只好召开一次家庭会议，和女儿一起讨论出了一个解决方案。结果，女儿很乐意执行自己参与制定的规则，监督他人并约束自己的行为。

定期召开家庭会议，一家人坐在一起，平等、民主地讨论，是解决问题最高效的方法。而以大人的姿态控制孩子，孩子未必会听话、配合。如果我们多听听孩子的想法，让孩子参与其中，则会让孩子感受到家庭温暖和有一种责任感，减少孩子闯祸的概率，让孩子学会尊重和合作。

10. 下班后的路是回家的路

有研究表明：经常与父母一起共进晚餐的孩子，能得到较好的营养，很少有抽烟、喝酒、吸毒、打架、提早性行为等不良现象。所以父母们一定要记住，下班后的路是回家的路。和孩子一起吃饭，聊聊一天的温馨美好，能滋养孩子的心灵，让孩子健康快乐地成长。

强者定律(5)

5. 野马定律

在非洲草原上，有一种吸血蝙蝠，经常在野马的腿上吸血。被蝙蝠叮咬后，野马会感到格外的愤怒，疯狂奔跑，想将蝙蝠甩下来。可是，即使野马已经精疲力竭，蝙蝠却依旧吸附不放。最后，野马力竭而亡。

作家胡夫兰德说过：“世上一切不利的影响中，最能使人功败垂成的结果，大都是因为一时冲动，让情绪扰乱了心智。”问题的产生会左右情绪，情绪的产生，却无法解决问题。如果摆脱不了负能量的磁场，一味地被坏情绪牵着鼻子走，生活只会滑向更糟糕的境地。

罗振宇说：“我现在的人生里没有所谓的情绪，只有发生了什么问题，和怎么解决问题。”如果遇到事情就大动肝火，不仅让心情变得糟糕，对问题的解决也丝毫没有帮助。懂得理性地驾驭情绪，我们才能成为生活的摆渡人。(ciyu)

推荐/南寒

有一种现象叫“习惯性愚蠢”

“习惯性愚蠢”是教育学上很常见的一种现象。

实验研究

科学家做过一个实验，把一条大鱼放进有很多小鱼的水池里，大鱼天天吃小鱼。过了一段时间，科学家用一个玻璃瓶罩住了大鱼，再放进水里。一开始，大鱼看见小鱼就扑过去咬；但是每次都撞到玻璃瓶上，慢慢地大鱼减少了冲撞的次数；后来大鱼完全没有了任何冲撞动作。当科学家把大鱼身上的瓶子取走后，大鱼直接沉到水底一动不动了，哪怕小鱼在它的嘴边游来游去碰到它，它都不再张开嘴巴，最后大鱼活活被自己饿死了。

看了这个实验，你下意识的反应也许是：大鱼笨死了。大鱼是笨死的吗？大鱼是在经历了无数次的碰壁后，怀疑自己的捕鱼能力而绝望了，哪怕环境发生改变，但是深刻的无力感，最终害死了它。

专家观点

美国幼儿教育家凯茨在孩子身上也发现了类似现象，他称为“习惯性愚蠢”。他说：“很多孩子在学习的过程中，会因为某些原因，逐渐产生对学习的怀疑，并因此丧失自信。在他人的眼里，他们变得越来越笨了。”

美国斯坦福大学一位心理学教授指出：“孩子能成就哪些特质，将来有怎样的性格，家庭起了决定性因素。”在生活中，父母有些做法就像是给孩子套上了一个罩子，将孩子一步步地推向“笨”的境地。

举例说明

(1) 揠苗助长

许多父母为了让孩子赢在起跑线上，过早地发掘孩子的潜能。要求孩子去挑战一些超出同龄人的事情。有些父母为了防止孩子骄傲自满，还自作聪明地设置了过高的目标。很多孩子为了让父母开心，尽力去做，完全不知道自己的能力是有限的，也不知道父母设置的目标是不合理的，在拼尽全力后，总是失败。孩子长期没有“赢”的感觉，因此很受挫，总觉得是自己的问题，并丧失自信。

(2) 父母停止成长

父母喜欢阅读，就能给孩子营造一个不错的学习环境。如果孩子跟着父母一起刷短视频，沉浸在垃圾型的快乐当中，长期不动脑，就会加速大脑衰退，聪明的孩子变得迟钝，是迟早的事情。父母抽空看一本书，分享一部励志电影，参与一些线上、线下的课程，都是在不断地成长。

(3) 每餐让孩子吃过饱

吃过饱也不行吗？是的，不然老祖宗怎么会说“三分饥寒，七分温饱”。而且民间也有“吃太饱，撑笨心”的说法。科学研究证明：长期吃过饱，脑细胞就不活跃了，时间久了，导致脑细胞早衰，智力下降。

(4) 让孩子陪着自己熬夜

处于生长发育期的孩子不能熬夜，但是总有那么一些父母爱熬夜看电视、玩游戏。为了让孩子不打扰自己，扔给孩子一部手机，或者让孩子陪着自己熬夜追剧。

经常熬夜的人都知道，早上起床时站立不稳，头昏脑涨；脑力劳动时不能集中精力，思维停滞。这是大脑没有休息好的现象，长期下去，会影响大脑发育。

(5) 吼叫和打骂孩子

2009—2011年，哈佛大学泰彻专家组对一批遭受父母语言暴力的青年进行分析，发现父母长期打骂吼叫，会使孩子的脑部受损，导致语言理解能力、记忆力下降。

(6) 不给孩子玩耍的时间

一个女孩上小学以来都在听从妈妈的安排，将课余时间花在补习班和兴趣班上，成绩也一直让妈妈很得意。但是上初中后，孩子忽然宣布，不想学了。很多妈妈在给孩子“打鸡血”的路上停不下来，孩子没有释放压力和排遣情绪的机会，大脑没有休息的时间，运作起来越来越慢。孩子说不想学了，就是为了保护自己而作出的反抗。

(7) 不准孩子哭

德国心理学家卡萝拉·舒斯特说：“孩子哭的时候，最先需要处理的是父母的情绪。”如果父母没有同理心，一味地阻止孩子哭泣，不仅会让孩子更伤心，还会影响孩子的情绪表达，产生性格缺陷。

(8) 大量的负面暗示

一个爸爸经常说自己的孩子是“笨蛋”。他还觉得自己说孩子笨是带着爱意的。孩子还小，父母说他笨，他也觉得自己笨，小小的孩子哪能分辨出父母说自己笨的背后隐藏的是爱意。日子久了，孩子的自尊受损，对父母心生怨气，情绪长期处于低落状态。当孩子将所有的精力都用来应付父母带给他的糟糕情绪时，还怎么发展智力。

兄弟姐妹是最初的人际交往之师

家教现象

姐弟俩在操场上追逐，弟弟一边追姐姐一边喊："这是我的，还给我。"眼看被弟弟追上，姐姐赶紧把手里的玩具丢到围栏外，引发弟弟的尖叫和捶打。家里两个孩子争抢东西很常见，抢玩具、抢喜欢吃的东西，抢自己想看的电视节目，抢妈妈陪自己玩游戏。无数父母说，"闹得鸡犬不宁""什么都要抢""经常教导他们要一起玩"。

调查研究

加拿大多伦多大学曾经有一项研究，他们观察了一些家庭孩子们的互动情况，并计算冲突的次数。发现两个孩子之间，年龄相差三岁以下的，发生冲突的频率为每小时6.3次；相差4~7岁的，为每小时3.5次；相差七岁以上的，大多数情况下玩不到一块。两个孩子之间年龄越相近，发生冲突的状况越多。研究者还发现，孩子们发生冲突的起因，通常是玩具、文具、零食、玩耍的机会，或者拥有某个事物的权利，这部分冲突占95%。

经验介绍

两姐妹相差一岁，姐姐四岁，妹妹三岁。某天姐姐过生日，过生日当然要自己切蛋糕，可是妹妹不干："我也要切。"两人便开始争抢切蛋糕的塑料刀子。两个孩子你推我撞，差点把蛋糕推倒在地。

妈妈灵机一动："蛋糕上有你们都喜欢吃的巧克力和樱桃，妈妈帮你们安排A、B选项：A选项负责切蛋糕，但是不能先选吃哪块蛋糕；B选项不切蛋糕，但是可以先选吃哪块蛋糕。你们两人各选一个选项。"妹妹选择A，姐姐选择B，两人都称心如意。

教育观点

（1）手足之间冲突的好处

有的父母认为，"谁的东西由谁分配""先到先得"，可是一旦到了具体情况，孩子还是会一如既往地争抢。

国外有些育儿专家说：兄弟姐妹是"最初的人际交往老师"。为什么？孩子们在玩耍中，慢慢地知道别人与自己不同；也慢慢地了解别人喜欢什么、讨厌什么；会在冲突中探索如何解决矛盾、促进和谐的方法。这些都是人际交往的基础。

家庭研究学者乔纳森·卡斯普发现，那些从小关系和谐的手足，上学后与同学们相处也很好。这就是“最初的人际交往老师”带来的正面效果。

(2) 警惕手足之间的欺凌

手足欺凌需要父母特别警惕。为什么？幼儿期的手足欺凌可能会影响孩子的一生。

英国心理学家迪特尔·沃尔克经过研究发现，如果孩子在幼儿期长期经历手足欺凌，即一个孩子总是被另一个孩子欺负，例如这个孩子总被霸占玩具，或者长期被另一个孩子抢零食，那么这个被欺负的孩子长大后，会有抑郁倾向，更可能会堕入自残、自杀的深渊。

(3) 把解决的机会留给孩子

当孩子之间发生冲突时，大部分父母会把孩子们拉开，或者公平地帮助孩子们分配东西。可是，加拿大康考迪亚大学的研究者认为这种方法“不合适”。原因是父母的介入，虽然能较快地平息冲突，但是由于孩子们学不会自己应对的方法，类似的冲突在未来很快就会重复。

所以，当孩子们争抢东西，或者发生冲突时，父母应该先观察，最好的方式是把解决的机会留给孩子自己，但是遇到危险时，要及时制止。慢慢地，孩子们就学会了人与人之间的相处之道。

(4) 忌讳父母偏心

如果父母介入手足间的冲突属于下意识，可是偏袒某个孩子可能就是“故意”的了。

一项来自美国普渡大学的研究，研究者发现：父母在处理手足冲突的态度，会深深地影响手足关系，“那些长大后仍旧记得手足冲突的成人，他们能够详细地描绘出父母的各种偏心”。可以说，童年不幸福的孩子，伤害如影随形。

人要懂得低头(4)

古人云：“不与小人计高下，不与傻瓜计长短。”有一种人，蛮横无理，小人嘴脸。跟这种人计较、掰扯，你就是自寻烦恼，因为你永远不可能说服他们，他们的理由只有一条，就是永远不同意你的想法。

所以，不如低头，淡然转身，道不同不相为谋，何必浪费时间在这种人身上。更有一种人，内心阴暗，甚至人面兽心。他们趾高气扬，咄咄逼人，与其较劲不仅不会得到自己想要的结果，反而会招来祸端，危及生命。

所以，较劲不如低头，安全至上，何必为了一时的意气之争而陷自己于危险的境地。适时低头，是智慧的生存之道。

文/黄杏贞

教育孩子要记住三件事

1. 不惯三气

(1) 不惯脾气

有个女孩在地铁站里，突然大发脾气，恶狠狠地用脚踹妈妈。原因竟然是妈妈记错了站牌，下错了车。路人看不下去了，纷纷过去劝阻。妈妈竟然说："没事，孩子小不懂事。"这一幕着实让人气愤。孩子可以有脾气，但不能乱发脾气。有远见的父母，允许孩子发泄情绪，但是不代表可以惯着孩子乱发脾气。小时候父母可以惯着他；长大后，别人不会惯着他。

(2) 不惯娇气

什么是娇气？娇气就是习惯被照顾，接受不了压力和挫折。为什么不惯娇气？因为娇气的孩子很容易"玻璃心"，既没有拼的能力也没有输的底气。孩子不娇气，长大后，才能有出息。

(3) 不惯傲气

傲气不是自信，傲气是炫耀自己，嘲笑别人，不尊重别人。作为父母不能惯着孩子傲气。别让孩子目中无人，而是教会孩子谦逊有礼，知冷暖，懂感恩。

2. 不帮三忙

(1) 学习的忙不帮

有个妈妈和孩子签订了"不喊妈条约"：不会写的字，要查字典，不要喊妈；写完的日记，大声朗读并修改，不要喊妈；不会做的题先读三遍，再思考，不要喊妈。一段时间后，孩子学习的主动性更强了。

在心理学上，有个"100%的理论"。指的是父母20%不做，孩子就会做20%；父母80%不做，孩子就会做80%。父母不过度帮忙，孩子更自律。

(2) 能做的事不帮

什么事都帮孩子做，只会让孩子养成依赖心理，缺乏独立解决问题的能力。要宠爱而不要溺爱；要尊重而不要限制；要鼓励而不要控制。不想让孩子成为"巨婴"，父母就要学会放手，从小培养孩子自主解决问题的能力，孩子的人生路，终究是要自己走的。

(3) 能拿的主意不帮

在《今日心理学》中写道："你为孩子做的每个决定，包括他们穿什么衣服、何时做作业，以及和谁一起玩，都会消除他们作决定的欲望。"事事帮孩子作决定，孩子会缺乏主见。当孩子自己能拿主意的时候，父母一定不要帮孩子做主，把选择权交给孩子，帮助孩子实现精神独立，他们才能更自信。

3. 不交三友

（1）自私的朋友不交

善良的江歌为了保护好朋友刘鑫，被刘鑫的前男友残忍杀害。案发后，面对替自己挡刀的朋友，刘鑫不但没有道歉和愧疚，甚至为了推卸责任，往江歌妈妈的伤口上撒盐。正如网友所说："在现实中，刘鑫这样的人太多了，这种人一定要远离。"

（2）不讲规则的朋友不交

对于孩子而言，从众和模仿是社交的基础。孩子的规则意识和判断能力较弱，以为大家都在做的事情，就一定是对的。如果孩子结交了不讲规则的朋友，在从众心理的影响下，很容易模仿、随大流，时间久了，也拿规则不当回事。所以父母要告诉孩子，不守规则的朋友一定要远离。

（3）嫉妒心强的朋友不交

要让孩子知道，过分嫉妒会让人的心理扭曲，甚至变成仇恨，产生攻击性。所以，要告诉孩子，嫉妒心强的朋友，千万不能交。

蒙台梭利说过："我们对孩子所做的一切，都会开花结果，会影响他们的一生。"有些坏习惯，千万不能惯；有些忙，千万不能帮；有些朋友，千万不能交。教育孩子只有一次机会，在孩子成长的关键时期，父母一定要及时把控。

八个人生智慧（1）

1. 学会耐心地倾听

《史记》有云"言能听，道乃进"，就是告诫我们，只有认真倾听别人的话，才能有所得。但是如今很多人都缺乏耐心，没有耐心听别人说完，总是觉得自己说的才是最准确、最有道理的。其实没有谁可以忙到连等待别人表达的时间都没有，因此你缺的不是时间，而是素养。

在对方一股脑的倾诉里，可能有父母的唠叨、是非曲直的纠葛、冲动鲁莽的冲撞，令你心生反感，难以接受。然而，一个有修养的人，应宽容大度，让人把话说完。

父母的行为具有示范、榜样的作用。引导孩子学会倾听，父母首先要倾听孩子的心声。在和孩子交流后，还要引导孩子认识倾听的好处，从而让孩子养成认真倾听的好习惯。

文/赵若冰

孩子的心理成长有三个重要阶段

案例

一个刚上初二的女孩，忽然就抑郁了，在家里寻死觅活，吓得她的父母不敢上班，轮流在家里陪着她。心理医生看了好几个，正在接受康复治疗。

点评

孩子所有的心理问题，都是一个漫长积累的过程，前期一定会有端倪，可惜被父母忽视了。等到积少成多，孩子心理崩溃，问题才真正摆到父母面前，而这时已经错过了最佳的治疗时期，康复的过程会很久。

很多孩子的心理问题不是自己造成的，而是源自父母的教育方式不恰当。例如“唯分数”论，考得好、成绩棒就是好孩子，成绩可以掩盖一切不好的行为和习惯。这样就导致孩子的人生方向越来越偏颇。再例如对孩子实行“一言堂”，动辄就是棍棒教育，无视孩子的内心需求。

指导

孩子的心理成长有三个重要阶段，只要父母好好把握，就能够很好地陪伴孩子一路成长。

（1）10岁，小学五年级

这个阶段的孩子，进入了难以沟通指导的叛逆期。父母发现，过去那个既听话，又乖巧的孩子不见了，眼前这个小家伙，正在与父母渐行渐远，动辄就说“不”，拒绝父母的帮助、无视父母的意见，开始重视友谊。

这个阶段的孩子“自我”观念开始成形，不愿意再被当作小孩子看待，希望有独处、独立思考的空间。这个时期，父母没有必要强求孩子一定要听自己的话。

这个阶段的孩子，做不出太惊世骇俗、或者让父母追悔莫及的事情。因此，父母给他们一定的空间，同时引导他们阅读一些有益身心健康的书籍，冲减他们更喜欢的网络时间。转移孩子的注意力，胜过简单粗暴的干涉和禁止；多夸奖孩子，胜过“不经过大脑”的指责。

（2）14岁，初中二年级

初二是一个很关键的时期。没有初一的青涩感，也没有初三的升学压力，和同学们的关系随着一年时间的接触，已经有了质的飞跃，除按部就班地学习，就是面对青春期的荷尔蒙。

这个阶段的孩子，情绪波动比较大，时悲、时喜由心而动；自控能力差，不肯吃苦、不愿费力，想要取巧，还想要得到全世界的关注。

这个阶段的孩子，反叛心理很强，像个小刺猬，动辄就竖起自己浑身上下的刺。女孩子会对异性，尤其是明星之类的公众人物产生好感，男孩子更愿意沉浸在网络中不能自拔。

所以，这个时期，父母一定要及时收敛自己的锋芒。想一想，两只刺猬都竖起浑身的刺，如何彼此抱团取暖？即便孩子成长得不如自己所想，也要有方法地引导纠正，在不违反基本原则的情况下，多给予理解和宽容，多站在孩子的立场上去思考。

眼光要放长远，不要被孩子一时的叛逆吓到，他们的未来有无限可能，父母要做的就是情绪比较稳定地陪着他们，走过一段青葱岁月与风华流年。

（3）17岁，高中二年级

高中二年级，孩子的学习成绩两极分化日渐明显。有的孩子偏科严重，有的孩子可能会对学习产生厌烦，当然也有很多孩子知道自己的目标，正在为实现目标而奋斗。

但是，在心理成长上，这个时期的孩子已经相对平和，能够理性地面对问题，对父母有意见，也不会像初二时那样，用咄咄逼人的口气去顶撞。他们已经很清楚地知道父母的软肋是什么，如果逼迫他们到一定程度，他们的反扑会更有力量，能够直指父母的要害，一针见血。

所以，孩子不和父母顶撞，父母千万不要天真地以为是孩子的屈服或盲从，他们要么是认识到自己的错误，或者认识到父母对自己的好；要么就是在囤积力量，或者有千言万语而无从表达。父母要把孩子当作成人来看待，一起开诚布公地探讨问题，寻根究底，有孩子的敏锐，还有自己的经验，双剑合璧才能天下无敌。

这个时期，父母还要关注孩子的朋友圈，朋友的力量在这个阶段对于孩子是巨大的，身边是好朋友还是坏朋友，绝对是影响孩子的最大力量。因此，如果和孩子经常是相顾无言的状态，那么多和孩子聊聊他们的朋友也不失为一个很好的突破口。

文/安歌

孩子心理抚育的三个关键期

孩子的心理发展是呈台阶状的，问题呈现之时，早已失去最好的矫正机会。把握孩子的成长特点，给予心理上的抚育，父母越管越轻松，孩子越走越好。以下三个“关键期”，父母一定要把控好。

1. 三岁之前，关系是教养的根基

案例

在网剧《重生》里，宋春丽饰演的娄颐是个医生，退休后管理一所公益学校。娄颐专业能力强，善良仁爱，可是拥有大爱的她却不是一个称职的母亲。她把所有的时间和精力都投入了工作，却忽视了孩子。她无数次地把孩子忘在幼儿园；记不清孩子的生日是哪天；孩子行为异常时，她谩骂和责备；直到儿子失踪，她在寻找儿子的过程中，才发现儿子早已滑进了罪恶的深渊。

观点

加拿大心理学家戈登·诺伊费尔德说：“行为问题的背后，几乎都是关系问题。”孩子逃离、叛逆、不服管教的背后，隐藏的都是依恋关系的缺位。作为父母，在孩子需要的时候，连接好亲子间的心理脐带，才能在孩子的慢慢成长中，拥有引导孩子的力量。

指导

有一句话是这样说的：“再苦再难，也要把孩子带在身边。”因为早期的情感缺失，会造成亲子间的终生隔阂，成为管教中最难消融的问题。李玫瑾说过：“孩子三岁之前，父母要亲自养育，给予孩子积极的关注和回应。”

孩子刚出生时，是脆弱而孤独的，他们不会动、无法说，哭的时候有人哄，难受的时候有人抱，饿的时候有人喂，这样稳定而积极的关系，会让孩子获得深深的满足感和安全感。这种亲密的情感关系，在心理学上被称作“依恋关系”。

有时，我们有一种误解，好像父母就有管教的权力。可是，当孩子逐渐长大，他们却对你的劝诫置若罔闻，这揭露一个事实：身份从来都不是管教的关键，孩子在情感上对父母的依恋，才是他愿意听从教导的源头。换句话说，依恋关系才是教养的根基。如果父母错失建立依恋关系的阶段，没有和孩子建立起亲密关系，教养就会变成最难的事情。

2. 六岁之前，性格决定成败

案例

华为公布“天才少年”人选的

时候，严苛的筛选流程，令人艳羡的回报，都将那几位“天才”推到顶尖，接受大众的审视。可是，细细追溯他们成功的因素，并非天赋过人，更多的是一步一个脚印，最终缓缓登顶。

拿到最高档年薪的张霁，本科来自三本；入选“天才少女”的姚婷，中考仅考4A2B，连重点高中的门都没有叩开。他们显然不是最聪明的，或者也不是最努力的，但是具备的优秀品质却异常夺目。综观他们的经历，无一例外，凭借独立、计划、专注、自律等品质，支撑他们突破自我，赢得无限可能。

观点

李玫瑾说过：“六岁之前，父母的唠叨都是黄金；12岁之后，父母说的话都是垃圾。”孩子的问题具有滞后性，错过了培养期，等发现问题时，原本只需要付出1000克的力量去培养，现在却需要付出一吨的力量来纠正。3~6岁是孩子性格培养的黄金期，此时帮助孩子建立良好的品质和习惯，会让孩子受益终身。

指导

优秀的品质和习惯并非天生的，它的因在家庭，根在父母。作为孩子的养育者，应该在养育中，有意识地树立孩子的行为规范。比如正确地对孩子说“不”，教会孩子理解和遵守规则；引导孩子分享和承担，让孩子懂得感恩和责任；接纳孩子的受挫情绪，耐心引导，打磨孩子的抗挫力。

六岁之前，孩子认识多少字，会做几道题，会背几首诗，都无关紧要，这些微弱的优势很快就会消失殆尽。唯有品质和习惯，才是贯穿时间的力量，经年累月地影响着孩子的行为，决定着孩子的成败。

3. 12岁之前，价值影响定位

案例

看过一期节目，小女孩喜欢写小说，靠着这股子热爱，她从小学开始，整整写了56本，累计起来30

七个细节看清一个人的教养(5)

5. 玩笑的适度

所谓玩笑，都有认真的成分。你开的玩笑，对方觉得好笑，叫玩笑，你觉得好笑，对方觉得不好笑，叫没礼貌。一个人开玩笑的尺度，就是他的教养。真正幽默的人，不会拿对方的隐私开玩笑，不会拿对方的缺陷开玩笑，不会拿对方的家人开玩笑，更不会拿对方的信仰开玩笑。再不拘小节的人，被碰到了软肋，也会觉得失落难受。一句漫不经心的玩笑，有可能会影响别人的一生。

多万字。得益于写小说，小女孩的文科成绩很好。因为理科相对弱一些，爸爸一怒之下撕毁小说，认为是小说耽误了孩子的理科成绩。

有许多父母都秉持着这种理念，在比较和较劲中，逼得孩子难以自处。最可怕的是，在持续的否定中，孩子把这种“不行”的念头深植于心，成为一个自卑的人。其实，为何要强求孩子进入一个不属于他的赛道呢？

观点

李玫瑾认为：“父母要甄别孩子的个性，帮助孩子发现自己的价值，这种价值感将形成孩子对自我的定位。”可惜许多父母看不见孩子的闪光点，把焦虑传递给孩子，让他们在压力中无法喘息。

网上有句调侃：孩子考试的分数，决定家庭的和谐程度。但是有个事实父母需要面对：孩子的天性和能力各不相同，有的孩子具备“学霸”的潜质，而有的孩子却是“风景在别处”。所以，即便付出同样的努力，有时也无法获得同样的表现。

指导

肯定孩子的长处，多给予关注，才能让孩子感受到自己的价值所在，迎来自己的高光时刻。

看着曾经蹒跚学步的孩子，忽然变成一个浑身是刺、问题诸多的孩子，我们的内心无疑会感到难过。可是，抛开养育的技巧和手段，我们就会发现，孩子的每个行为，都是父母养育中的投射。

种下什么因，收获什么果。生命最初的陪伴和回应，是一切教养的起点；幼年阶段的引导和纠正，是行为习惯的根基；少年阶段的肯定和支持，是人生价值的雏形。养育很难，可是唯有如此，孩子才能在面对风雨和诱惑时，拥有坚不可摧的力量。

七个细节看清一个人的教养(6)

6. 回复得及时

5G时代，没有收不到的消息，只有不想回复的人。收到他人的消息，能否及时回复，是考验教养的利器。那些压根不回消息的人，说白了就是对人不尊敬。收到就及时回复，既是尊敬他人，也是尊敬自己。别人跟你打招呼，你至少要回句“你好”；别人通知你一件事，你至少要回复“收到”；别人邀请你去赴约，去不去是你的自由，但要给个准信；别人问你什么问题，知道就说，不知道就说“不了解”；如果你忙碌，事后要及时解释，说声抱歉，对方也会理解。

文/枫子

不要把孩子捆绑在眼前的方寸之间

案例1

一个叫南楠的13岁男孩，从小到大一直是别人眼中的学霸。他在学校担任班长，获过很多省市比赛的大奖，还考进当地的一所重点中学。可是，就在父母对他寄予厚望时，南楠出事了。

因为他的朗诵作品没有被学校选上，南楠一时无法接受，一回到家就把自己关进卫生间号啕大哭，还时不时地胡乱吼叫，甚至用头使劲撞墙。父母吓坏了，立刻带他去看心理医生，检查结果更让他们震惊：南楠患中度抑郁症。一个好好的孩子，学校的学霸，就这么一点挫折，怎么就抑郁了?!

南楠的病根，来自妈妈的过度管控。妈妈为了方便观察儿子的学习，房间的门只能打开不能关，每天下班回家，她都要翻看南楠的手机，觉得哪个朋友不行，就立刻删除；南楠的每个兴趣班都是妈妈替他选好报名，就算他不喜欢也要上；就连平时穿衣服、理发都要妈妈替他决定。

南楠被压得喘不过气来，他尝试与妈妈沟通，却遭到妈妈的质问："我做这么多，都是为你好，你怎么就不懂呢!"从那以后，南楠的心门就紧闭起来，再也不愿意向父母敞开了。

点评

陈默老师针对越来越多的青少年抑郁现象大胆"预言"，她说以后父母们见面，可能都是这么聊天的："你家的孩子抑郁了吗?""嗯，抑郁了，重度。""哦，我家的还好，轻度。"根据大量的临床经验，陈默老师还发现了一个规律："在抑郁的学生中，优等生居多，并且数量呈逐年上涨趋势。"

案例2

小依的父母吃了很多读书少的苦，所以对小依一直高要求、高管控。一年级时，小依被父母一左一右地夹着，一边哭一边练习英语听力；二年级时，妈妈给她报了超常班的奥数，她听不懂，妈妈就骂她；五年级时，妈妈给她报了三个"小五班"，每次学习都是四五个小时，还外加奥数班、英语班、手风琴班；初中后，她每天写作业都到凌晨；高中后，周六一天四门辅导课，学校上课前，她已经把要学的内容学过一两遍了。

所以，她的成绩一直很优秀。可是，考不到第一，她就会被爸爸嘲讽，被妈妈批评：“别人家的孩子怎么就能考第一，你就不行？”

长期被父母打击，让她深信自己是垃圾，即便考第一，她仍然很自卑，觉得自己是多余的。

重压之下，她开始自残，上四年级时，她开始啃指甲，经常啃到出血，痛在全身蔓延；她还用铅笔划手臂，让身体上的痛，麻痹心理上的痛。

从小到大她如同一个提线木偶，没有选择，没有自由，没有喘息的空间。自残，是她发泄情绪的唯一出路。

日本家教12条(1)

1. 愉快的家庭氛围至关重要

如果你问孩子“你对家庭最高的期望是什么”，孩子最有可能回答你“家里人都能愉快地过日子。”只给孩子提供必要的东西，孩子就能自然成长的时代已经过去了。现在，安宁、愉快的家庭需要全家人有意识的共同努力。

2. 不珍惜自己的人，也不会珍惜孩子

养育孩子确实很重要，但是总是神经绷得紧紧的也吃不消，父母的烦躁不安会传染给孩子。正因为养育孩子很辛苦，所以拥有属于自己的时间，保持心理健康很重要。父母应该互相配合，共同承担。

点评

有人问：“被父母控制是什么感受？”一个网友回答：“我觉得自己从没活过，开始还会挣扎，想要逃离父母的魔掌，可是后来发现，我越挣扎父母越想控制。再后来，我觉得就这样吧，反正我都做不了主。”十几岁的孩子，本该青春活力，充满朝气，可是他们却只能在父母的控制下苦苦挣扎。

心理咨询师柏燕谊将父母无休止的干涉比作“爱暴力”。这种爱暴力，对孩子造成不同程度的心理损伤，有的孩子表现为“精神死亡”，有的孩子则表现为“精神叛逆”。

有时，父母越想控制，孩子越容易失控。当父母挥着爱的“大刀”，把孩子圈养起来，为孩子规划，逼孩子顺从时，孩子失去的不只是独立生存的能力，还有对人生的自我掌控力。

而一个失去自我掌控力的孩子，又如何感知幸福呢？把控制当成爱，将孩子禁锢起来，是家庭教育最大的失败。

观点

美国哈佛大学有本畅销书《为未知而教，为未来而学》指出：“大部分教育活动都强调短期成就，比如认真完成作业、期末考试取得好成绩等，不太关注长期回报。”但是，孩子即将面对的世界是灵活多变的，兼具未知与已知。父母把孩子圈养起来，自以为这是对孩子最好的安排，其实这是一种短视。优秀的孩子背后，站着的是有远见、敢于放手让孩子闯的父母。

北京姑娘涵一，妈妈让她走音乐路线，挤占了她全部的课外时间。每天放学后，她都要练三小时的古筝，周六上午练声乐，下午练古筝，周日去民乐团演奏。几年下来，她觉得痛苦、焦虑，不愿意再练习。妈妈气急时，就拿咖啡泼古筝，有时拿菜刀剁琴板。母女之间经常闹得不可开交。

后来，妈妈自觉要改变，还去学习了教育学。从此，妈妈不再逼她学音乐，而是放手支持她。在妈妈的支持下，她去了几百千米以外的景德镇学陶瓷。如今，她变得格外自信、开朗、有主见、有能力，在号称“京城第一窑”的京彩瓷博物馆担任陶艺老师。

听过一句话：“教育要站在孩子的未来看现在。”真正有智慧的父母，不会把孩子捆绑在眼前的方寸之间，更不会放任不管。而是做孩子内心世界的定海神针，给他们力量，为他们兜底，站在孩子一抬头就能看见的地方默默陪伴、守望孩子，在该退出的时候得体退出。这才是对孩子最好的保护和成全。

父母总以为自己是对的，总觉得孩子应该听我们的。其实，每个孩子身上都有闪光点，我们不妨蹲下来，多倾听他们的声音，站在他们的角度去看世界，那些不必要的悲剧就可能都避免了。

日本家教12条(2)

3. “养育孩子是母亲的事”，有这种想法的父亲要当心

在现代家庭里，父亲的权威变得越来越弱，对孩子辨别善恶、分清好坏的教育也越来越马虎。让父亲和母亲分别站在不同的角度教育孩子，能纠正过于密切的母子关系。母亲应该注意不要在孩子面前贬低、瞧不起父亲。父亲也应该注意，不要在孩子面前大声地斥责母亲。

4. 全家人一起吃饭这件事，真的很重要

饮食生活不仅对儿童的身体健康有影响，也对儿童的心理健康有深远的影响。全家人一起吃饭的愉悦、父母费心做出的饭菜，自然地将父母的爱传达给孩子。由此得到的满足感、信赖感能使孩子开朗、坚强地成长。

文/雁瓜瓜

一个身体只能承受一个灵魂

1. 控制的杀伤力有多大

案例

在电影《妈妈的遥控器》里，妈妈有个神奇的遥控器：只要按下按钮，就可以控制儿子的生活。儿子犯错了，妈妈就遥控孩子反复地过同一天，直到孩子改正错误；儿子一套题没做好，妈妈就遥控他一直做同一套题，直到全部做对；儿子认识了一个女孩，妈妈就遥控他的记忆，让时光回到两人认识之前；忍无可忍的儿子多次自杀，但是只要被妈妈发现，妈妈就会立刻遥控把他救回来。

意识到怎么做都挣脱不了妈妈控制的儿子，只好被迫接受妈妈给他安排的生活，压抑着自己的全部想法。直到有一天，他在保险柜里找到了可以控制自己人生的遥控器。可是，还未等他按下，妈妈就说了一句令他绝望的话："你以为我只有一个遥控器吗?"无法活出自己人生的孩子，最后站在马路中间，对着迎面驶来的大卡车，按下了控制自己人生的遥控器，绝望地结束了自己的生命。

点评

心理学家李雪说："一个身体只能承受一个灵魂，如果父母的控制密不透风，孩子实际上已经精神死亡。"

每个孩子都是一个独立的个体，有着独一无二的精神世界。强迫孩子按照大人的想法去生活，无异于将自己的精神世界强塞进孩子的躯体里。

英国心理学家西尔维娅·克莱尔说："父母真正成功的爱，就是让孩子尽早作为一个独立的个体，从你的生命中分离出去，这种分离越早，你的教育就越成功。"

你控制着不分离，想要独立的孩子就会以极端的方式断离。虽然这种极端恶劣的新闻只是小概率事件，但是也让我们警醒："不要因为孩子小，就去操控他的人生。"

2. 控制是蜜糖更是砒霜

案例

看过一则新闻，在俄罗斯有个妈妈，关了女儿26年，女儿16岁那年，妈妈退休了，从此她便把全部精力都放在女儿身上。她强迫女儿退学，把女儿关在屋里，一刻也不能离开。屋里电气煤气全无，十多年来，母女两人没洗过澡，没换过衣服。

妈妈的举动竟然是害怕外界对

孩子造成伤害，她担心村里的人会伤害女儿，就不让女儿去上学；她担心职场中的人会伤害女儿，就不让女儿去上班。

她担心外面有各种不安全，就尽量不外出采购，经常给女儿吃过期、变质、腐烂的食物，有时甚至吃猫粮。妈妈相信只要把女儿关在屋里，就能保证女儿的安全。

可是，她离开后，女儿不敢出门，继续窝在那个狭小脏乱的小屋里，等待妈妈回来拯救。她不是一个坏妈妈，只是一个为女儿操碎了心的糊涂妈妈。

点评

心理学家曾奇峰说："父母'为你好'的行为，实际上是想操控孩子，这对孩子而言，无疑是一种无形的束缚和压力，会让孩子失去自我，活成父母的牵线木偶。"

英国伦敦大学有一项研究显示："儿童时期被过多限制的人，长大后独立性差、依赖性强，无论在哪个阶段，幸福指数都更低。"

"为你好"看似用心良苦，实则就像糖衣炮弹，只有外面一层薄薄的甜蜜，而后就是无尽的苦涩。被"为你好"束缚的孩子，不敢有自己的想法，一辈子缩手缩脚，不敢长大。

3. 最成功的爱就是放手

美国作家安娜·昆德兰说："父母最成功的爱，不是把孩子留在身边，而是培养孩子独立，对孩子放手。"

(1) 尊重孩子，让孩子独立承担

在综艺节目《亲爱的小课桌》里，有个孩子叫腾腾。腾腾性格乐观开朗，又多才多艺，还"口出狂言"说自己喜欢写作业，是个做事主动的孩子，这与腾腾妈的教育分不开。

面对腾腾满满的探索欲和好奇心，腾腾妈从不横加阻拦。腾腾想学什么，妈妈尊重腾腾的选择。学得怎么样，由腾腾承担后果。她说：

家教句典(2)

2. 谨慎交友

在《颜氏家训》中说，人在少年，品性尚未定型，受到别人的熏陶感染，虽然无意学习别人，也会潜移默化、自然而然地就相似起来；何况那些要学习的技能呢？因此，和好人在一起，好像进入培育芝兰的屋子，时间长了自己也会芳香起来；和坏人在一起，好像进入屠宰鲍鱼的店铺，时间长了自己也会腥臭起来。

启示

墨子曾经对被染上颜色的素丝发出感叹，说的也是这个道理。德才兼备的人，对于结交朋友必定是很谨慎的。

"不管他有没有这方面的天赋，他喜欢就好。"

这种尊重孩子、让孩子自己承担责任的态度，使腾腾做什么事都没有压力。因为没有压力，学习变成一种享受。而且，从被信任的状态中，腾腾获得了满满的责任感和内驱力。当他想要学习的时候，哪怕周围环境特别吵闹，他也能进入学习状态。

有句话说得好，父母之爱，当如灯塔，而非拐杖。与其身临其境事事干涉，不如置身事外远远观望。多给孩子一些空间，也多给自己一些时间。

(2) 活出自己，让自己回归独立

有个妈妈问："孩子就算饿死也不吃韭菜馅的饺子怎么办?"这个问题浏览量超过1000万，可见戳中了许多父母的痛点。其中，有个高赞的回答："不爱吃韭菜馅，就吃白菜馅啊!"简单一句话，道出了问题的本质。有时，教育孩子就是这么简单，只要营养均衡就行了，为什么非要逼着孩子吃不喜欢的食物呢?

傅首尔曾经在一档节目中说道："父母应该有自己的爱好和独立的生活。真正聪明的父母，不仅懂得培养孩子的独立能力，还善于给自己多一点时间。"

孩子想吃麦当劳，偶尔吃一次吧，就当是给自己放个假；孩子想学舞蹈，学吧，我恰好也想练个瑜伽；孩子填报的志愿不是你希望的，孩子考虑好了就行，我也可以省点精力做其他事；孩子将要从事你不喜欢的工作，虽然不了解这份工作的内涵，但是你选择的，你一定喜欢，只要你喜欢我就放心了。父母给孩子最好的爱，是我活出自己，也允许你成为你自己。

养育孩子，我所能想到的最美好的事，就是"我是爱你的，你是自由的"。愿所有父母都能活出自己，和孩子一起探索人生。

七句大实话，藏着七大社会真相(3)

3. 关于家庭：家是讲爱的地方，不是讲理的地方

一家人能够相聚在一起，是几辈子的缘分。在同一个屋檐下生活，关系再亲密，也免不了发生矛盾。过日子本就是鸡毛拌蒜皮，勺子碰锅沿。不妨多一些宽容，大事商量，小事体谅，错事原谅。毕竟家是讲爱的地方，不是讲理的地方。

《礼记》中说："父子笃，兄弟睦，夫妻和，家之肥也。"父母子女感情深厚，兄弟姐妹相处和睦，夫妻之间同心同德。这样的家庭，必定幸福、兴旺。

文/三个核桃

守护孩子的“童真”很重要

1. 有童真的孩子，心态更阳光

上海一家幼儿园出现了一只高约两米的“恐龙”。他是小石榴的爸爸扮演的。原来，小石榴跟父母有个约定，只要她在幼儿园好好吃饭，听老师的话，父母就答应她的一些小要求。

一天，他们在电视里看见一只“恐龙”，小石榴表示，好喜欢这只“恐龙”，希望有一只“恐龙”接她放学。爸爸心想，这是孩子的童真呀！可以满足。于是，就在万圣节这天，他穿上一身恐龙服，去幼儿园接女儿放学。

很多网友都感叹这个爸爸的“一诺千金”。教育孩子不仅承诺重要，守护孩子的童真也很重要。

一个网友说：“我很羡慕一个爸爸。圣诞节时，他们全家一起装扮圣诞树。晚上，这个爸爸扮成圣诞老人，坐在熟睡的女儿旁边拍照，留下照片给女儿。虽然，孩子长大后知道圣诞老人是假的，可是被爸爸呵护的童心才是最珍贵的。”

童真的确是儿童的天性，但是这种宝贵的天性，不该随着年龄的增长而丢失。

在孩子的成长过程中，童心、童真、童趣、童乐是他们最重要的财富，也是他们成长的动力。这种力量会让他们哪怕遇到挫折，也能以阳光的心态去应对。

2. 失去童真的孩子，过早地焦虑了

在某小学《我有一个梦想》的演讲比赛中，一个小男孩一开口就“火”了。他说：“我的梦想就是发大财。”

因为不久前，小男孩突然感觉压力很大，越来越累，每天做的事情都是一样的，今天和昨天、前天、大前天没什么两样，长大后进入社会，上班、下班，就更没什么两样了。而有了钱就不一样了，有空闲的时间了，有闲钱了，自然就可以干一些自己想干的事情了。

台下的父母们听着他的演讲都笑翻了。因为他讲的，正是很多成人想要的生活。笑过之后，不由得令人心生悲哀：“现在的孩子怎么了？年龄不大，却学会了世故。”

现在的孩子，思维越来越成人化，很多“00后”完全就是一副大人的口吻，开口谈钱，闭口谈压力。究其原因，不过是父母的期待过早地扼杀了他们的童真，使他们卷进

了生活的洪流。

这些孩子没有条件玩泥巴、蹚小溪、捉泥鳅，也没有时间看蚂蚁搬家。他们每天面对的是做不完的作业、上不完的补习班，以及成人的焦虑在他们身上的投影。

孩子本是一个独立的个体，应当有自己的兴趣爱好。可是作业和试卷塞满了他们的书包，他们的童真、童趣被迫失去了空间，童心也被践踏了。

每个孩子都有自己对世界的独特认识。我们不该牺牲他们的天真和乐趣，用成人的价值观，过早地将他们带入成人的焦虑。

3. 尊重孩子的童真，让未来有更多可能

如果孩子们都像那位“梦想发大财”的小学生一样，失去应有的天真烂漫，有着成人的世故、焦虑，那么，孩子们的将来，就会像彭光明老师说的那样：“远离了小溪中的鱼虾，远离了草丛中的蝈蝈、蚂蚁，他们不知道自然是美丽的，他们不知道生活中暴风雨与阳光同行，他们的举止里缺少了个性和活泼，而是同一而刻板的模型。”

拥有童真的孩子，更能发现生活中的真善美，让未来充满更多可能。孩子们的童真和童趣是最有灵气的，守住孩子的童真，放手让他们自己思考，他们真的能创造一个不一样的未来。

也许我们小时候也有种种不合常规的奇思妙想，也曾天真烂漫，也曾惊艳成人世界。但是随着时光的流失，我们失去了灵气，变得世俗化，“泯然众人矣”。

守护孩子的童真，就是保护孩子的可塑性和想象力，给他们一个纯真洁净的成长世界。我们做父母的，就要尊重孩子的意愿，支持他们的真善美行为，将成人世界所谓的价值观阻挡在他们纯净的心灵之外，还孩子一个七彩童年。

七个细节看清一个人的教养(7)

7. 对钱的态度

钱是感情的照妖镜，也是教养的试金石。想要看清一个人的教养，就要看他对钱的态度。那些有事没事就群发要红包、关系熟不熟都能开口借钱，不还钱还撒泼耍赖的人，完全是教养不够，离得越远越好。谈钱不回避，不遮掩，能大大方方的人，品行不会差。一来一往间，不占便宜，不忘恩负义的人，才算靠得住的人。亲人朋友急需帮助时，愿意借钱的人，一定是有情有义的人。会按时还钱，还会主动支付利息的人，一定是品质良好的人。

(儒风君 · 樱桃)

父母的三观会传染给孩子

文/王耳朵

1. 你的三观里，藏着孩子以后的样子

知名物理学家霍金已经过世，享年76岁。很少有人想到，他不仅是一位伟大的科学家，也是一位优秀的父亲。

霍金在20多岁时，就患上了渐冻症。每天坐在轮椅上，不能陪伴孩子们嬉戏，更谈不上管教。甚至和家人的日常对话，都只能依靠一个“仪器”来进行。但是这个家庭的孩子却一个比一个优秀。女儿拿过科普小说的大奖，大儿子很早就到微软公司的总部工作，小儿子是乐高市场部的老总。

霍金一生受尽病痛折磨，却幽默，有坚强活下去的勇气。这种热爱与三观，自然会悄然地转变为孩子的品行和不对生活妥协的力量。最好的家教，就是父母成为一个优秀的人，你的三观里，其实藏着孩子20岁以后的样子。

2. 父母的三观，是一个家庭的三观

知乎上有个问题：父母对孩子的三观形成到底影响多少？其中两个答案，我记忆深刻。

其一，20多岁时，当我发现，我抱怨的内容、语气、神态和我的家人一模一样的时候，我感到深深的无奈。

其二，我小时候，父母斤斤计较，经常当着我的面哭穷，我以为家里揭不开锅了，突然有一天，父母却告诉我，家里买新房了。但是在父母长期装穷的日子里，我过得很压抑，也很自卑，害怕别人和我谈钱。一次，我和男友吃饭，我说西瓜汁好喝。男友说15元一杯，我竟然以为他计较支付饭钱，于是我愤怒地摔钱给他。事后我很后悔，但是下次依然如此。

父母的三观，是一个家庭的三观，它会彼此传染，会对孩子言传身教。每个孩子成年后，都会或多或少地变成你的样子。

3. 你的三观正确，孩子善良且强大

成都女孩小吴的狗走丢了，被一个中年女子领走。这个中年女子始终不肯还狗。当热心的网友找到中年女子的家时，她竟然把狗摔死了。

但是，真正可怕的事情不是摔狗，而是警察走进她的家门，发现她五岁的女儿，一脸漠然地正在喝

水，丝毫没有对母亲的摔狗行为感到害怕、感到怜悯。一个五岁的小女孩，怎么会变得这么冷漠？她的冷漠和无动于衷，一定来自平日里母亲的耳濡目染。这个五岁的小女孩，将来又会变成什么样的人呢？如果她一直生活在这样的家庭环境里，很难说，她将来会成为一个足够善良的人。

智商是一种天赋，品行却是一种遗传。你自私、冷漠，养育的孩子就会像一块坚硬的冰；你三观正确理性，成年后的孩子才会善良且强大、温柔且独立。

4. 好的家教，从来都是言传身教

知乎上有人说，小时候，自己不小心弄丢了家里大门的钥匙，害怕被父母责罚，于是一个人在外面找到天黑，最终因为找不到，只好带着恐惧两手空空地回家。

果然，父亲知道后，狠狠地抽了他一个耳光，并且罚他在大厅跪了很久。

后来，父亲不小心也弄丢了钥匙，找了一会找不到，便吩咐他再去配一把钥匙。

长大后，他提起这件事，父亲却笑着说：都是为你好，你不能像我啊。那一刻，他觉得很冷。

我可以看电视、聊天、打游戏，但你必须看书、做练习、成绩优秀、年级第一；我可以抽烟打牌说脏话，但你必须懂事讲礼貌；我可以偷懒不务正业，但你必须勤奋努力上进。有很多父母自己都在混日子，却要求孩子有抱负？可是好的家教，从来都是言传身教。

5. 最好的亲子关系，是彼此成就

优秀的家庭一定是始于陪伴，陷于教育，忠于三观。如果把教育比作一条河流，社会教育和学校教育不当，只是污染了水流。但是一个家庭里的父母三观不正，则是污染了水源。

未来，在孩子真正懂得的时候，他会对你有爱，也有尊敬。不要去做那个浑浑噩噩的人，因为那是你对孩子的误导；不要去做那个每天玩手机的人，你的放纵，也是对孩子的伤害。三流的父母，培养不出一流的孩子。努力的父母，才能让孩子出类拔萃。

你在孩子身上犯过的错，总有一天，要加倍偿还。你在孩子身上不经意传递的良好价值观，总有一天，会有回报。就像霍金一样，你的三观里，藏着孩子20岁以后的样子。最好的亲子关系，不是让孩子独自奔跑，而是你们共同上进，彼此成就。

文/摆渡人

教育孩子
先做强者，再做好人

01

坐公交时，我听到一个小女孩在跟妈妈复述绘本里的故事。小女孩五六岁，吐字清晰，语言表达能力好，故事讲得一丝不差。我通过她的讲述，很容易从手机上搜到这个故事，故事的名字叫《彩虹鱼》。

在大海里，有一条彩虹鱼，浑身长满七彩鱼鳞，游起来一闪一闪的，非常漂亮。一条小蓝鱼看到了，央求彩虹鱼：“反正你有那么多漂亮的鱼鳞，不如送给我一片吧。”（如果我是彩虹鱼，听到这么厚脸皮的话，一定会让小蓝鱼滚到一边去，彩虹鱼也是这么做的。）

彩虹鱼理也没理小蓝鱼，骄傲地游走了。小蓝鱼很生气，到处说彩虹鱼的坏话。渐渐地彩虹鱼发现所有的鱼都不理她，也不再跟她玩。于是，她向海星诉苦：“我这么漂亮，为什么大家都不理我呢？”海星建议她去问章鱼奶奶，因为章鱼奶奶非常聪明，她什么都知道。

彩虹鱼找到章鱼奶奶。我以为章鱼奶奶会有好主意呢，结果章鱼奶奶教她把鳞片分给每条鱼。最后，彩虹鱼真的那么做了，她把她身上的七彩鱼鳞，一片片地分给其他鱼。其他鱼得到鳞片，都很开心，喊着：“彩虹鱼，快来跟我们一起玩吧。”没有了七彩鱼鳞的彩虹鱼，觉得自己很幸福。

02

故事讲完了，小女孩的妈妈问她：“这个故事讲了一个什么道理？”小女孩说：“分享。懂得分享的人，才会得到幸福。”小女孩的妈妈满意

假期带孩子做这些事比补课强(2)

2. 带孩子拍一组写真

社交网站上有一组爸爸为儿子拍的夏日写真，惊艳了众多网友。“爸爸你看，我也可以变成一道光。”这位爸爸说：“自己因为工作忙忽略了对家人、孩子的陪伴，所以通过这种记录方式，找回人生最宝贵的东西。”

父母源源不断的爱，才是一个孩子成长不可或缺的养料。拍照不仅仅是一种纪念，更是一场爱的仪式，让孩子知道，自己是被父母放在手心里妥善珍藏的心肝宝贝。

时间如潮水，流淌的爱意早已在嬉笑之间悄悄定格，温柔了时光。抛开繁杂的工作，夏日炎炎，牵着孩子的手，一起去拍一组独一无二的写真。无论再忙，也不要忘了表达对孩子的爱。

地点点头。

我却感到一阵悲哀。这个女孩很有天分，妈妈也重视教育，但是他们却被这个故事欺骗了。这个故事讲的不是“分享”，而是“讨好”。

分享和讨好的区别是什么呢？分享是你真心希望别人能和你一样，体会某件事的乐趣。比如你有一块蛋糕，你觉得吃蛋糕是件非常幸福的事，你希望某人也能和你一样体会这种幸福。于是，你把蛋糕分给他一半。

而讨好却是违心的。你很珍爱一样东西，根本没有打算把它分给任何人。但是为了得到对方的认可和称赞，为了证明自己真的不错，你忍痛割爱这么做了。最终，你确实成功了，大家都说你是个好人。但是归根结底，你活在了别人的眼光里，被舆论绑架。

实际上，一个人在不伤害别人的情况下，按照自己的意愿生活并不是自私。相反，那些用自己的意愿指责和要求别人的人，才是自私。

03

如果人与人之间真的存在阶层，那么一定是从孩子的教育开始的。当一些孩子被引导着开阔眼界，关注科学技术，学习自然知识，树立远大理想的时候，另一些孩子却被训诫怎么做一个讨人喜欢的服从者。然后，他们会长成不一样的人。

前者会更有主见，热爱真理，喜欢探寻事情的真相，主宰自己的人生，聪明而且干练；而后者擅长察言观色，做事中规中矩，缺乏想象力，更没有关注过自己的内心。

在《月亮和六便士》里，有一个片段：画家思特里克兰德为了实现梦想离家出走，却意外感染重病。

人要懂得低头(5)

苗家人的房屋建筑极富特点。一个不大的屋子里却有几十个很低的房檐和门槛。所以，当背着偌大的沉甸甸的背篓穿行的时候，很容易被碰头或绊倒，很多人没少挨磕、跌跤。后来，他们总结出了一个窍门，并一辈辈传了下来：要想在这样的建筑里行走自如，就必须低头但不能弯腰。

低头是为了避开碰头，同时看清脚下不被绊倒，而不弯腰则是为了有足够的力气承担起身上的负重。这不正是我们的人生旅途吗？那一道道门槛屋檐，仿佛是我们人生中需要面对的一道道沟沟坎坎，我们总不免会磕磕碰碰，而最好的行走方式就是：头要低，腰要挺。

在顺境的时候能低头，是一种谦逊，一种格局；在逆境的时候能低头，是一种韧性，一种韬略。低头，是一种大智慧。 **(苏墨)**

乐于助人的施特略夫，不顾妻子的反对，把画家接到家里照顾。没想到，妻子却爱上了画家，执意要跟画家在一起。

有人指责画家："你就一点也不感到愧疚吗？"他反问："我为什么要愧疚？"对方把事情捋一遍："你病得都快死了，施特略夫把你接到自己家里，像你的亲生父母一样地服侍你。为了你，他牺牲了自己的时间、金钱和安逸的生活。他把你从死神的手里夺了回来……"画家耸了耸肩膀说："那个滑稽的小胖子，喜欢为别人服务。这是他的习性。""习性"这个词深深地印在了我的脑海里。

04

每个动物都有自己的习性。狮子擅长追逐，老虎擅长捕食，羊温顺而谦逊。人也有自己的习性，当一个人从小就被教育要做一个乖巧的人、要懂得讨好别人、要把"合群"当成最重要的事。那么，他的习性和羊没有区别。

可惜我们有太多人，在培养和羊一样的孩子。当然，我的意思并不是我们不能教育孩子善良、分享、乐于助人，而是如此教育的前提是，我们必须先教会孩子当一个"强者"，然后再当一个"好人"。

做一个强者，意味着你能够爱自己，懂得捍卫自己。然后，你才可以做一个好人，去爱别人。一团火苗，在成为熊熊烈火之前，就急于分享温暖，那么它很可能被熄灭。

一条小鱼，在还没有学会说"不"之前，就被教育要分享，那么它只能做一条失去光彩的鱼。一个孩子，在没有足够的安全意识之前，就被教育要乐于助人，那么他可能会上当，被人利用，甚至被欺骗。

我们要做一个好人。但是我们必须先学会做一个强者，然后再做一个好人。

家教句典(3)

3. 因材施教

在论语中，子路问孔子："听到了就行动吗？"孔子说："有父兄在，怎么能听到了就行动呢？"冉有问："听到了就行动吗？"孔子说："听到了就行动。"公西华说："子路问'听到了就行动吗'，你回答说'有父兄在，怎么能听到了就行动呢'；冉有问'听到了就行动吗'，你回答说'听到了就行动'，我困惑不解，敢问为什么？"孔子说："冉有退缩，所以我鼓励他前进；子路好胜，所以我让他后退。"

启示

同样的问题，不同的学生问，给出不同的答案。这种因材施教的理念和因人论事、知人善用的做法，是值得我们借鉴的。

文/史峰

妈妈给孩子上了一堂“坏课”

01

周末，我和妻子带着儿子一起去菜市场，想让儿子接接地气、认认蔬菜、辨辨五谷。

一位年近60岁的老汉，正守着一堆大白菜出售。妻子一看大白菜质量不错，就蹲下来挑拣，老汉便翻出一棵新鲜的大白菜，推荐给我们说：“这棵菜最好，相信我。”说着，老汉把大白菜外边的一圈叶子剥去，剩下的跟大白菜一样干净。

妻子接过“大白菜”就开始抱怨：“有泥。”说着，又把一圈菜叶剥去。老汉连连叹息：“别剥了，都是好菜叶，剥去可惜。”

妻子剥去菜叶后，又嫌价格贵，跟老汉讲价，非要每斤压下一角钱。老汉遇到“论价高手”，无奈地说：“好好，就按你说的价钱卖。”

在这场“白菜交易战”中，妻子似乎“大获全胜”，以满意的价格买到了满意的大白菜。妻子很满意，我却有些不满意：“怎么能那样剥白菜？还给出低价。”

妻子满不在乎地说：“逛菜市场不都是这样吗？”我说：“不该这样，你没发现儿子就在身后吗？”“儿子在身后不是更好吗，顺便让他学学买菜论价的本领。”妻子觉得自己刚才的表现，是教儿子长本领的机会，可是我却认为妻子展示的“买菜课”，对儿子而言是一节“坏课”。

02

我们经常教育儿子要“珍惜粮食”，蔬菜也是一样。把白菜剥去一层又一层，剥去的都扔掉，显然是不爱惜蔬菜的表现。这让儿子看在眼里，记在心里，认为“菜叶可以随手剥，随意扔”，浪费可能就会从此伊始。这是“坏课”的原因之一。

老汉种菜，进城卖菜，都属不易。面对一个生计不容易的老汉，我们不知体恤，狠心压价，显然是爱心不足的表现。这也会让儿子看在眼里，记在心里，认为“弱者不用同情，尽可随心欺负”。善良之心可能就会从此缺失。这是“坏课”的原因之二。

一棵白菜也就六元钱，一斤压下一角钱，看似是“会过日子”的表现，在儿子的眼里却是“吝啬”的范本。我们以“少花几角钱”为美，就是教儿子以“吝啬”为乐，说来道去与人论“小钱”，就是在教儿子学“小气”。这是“坏课”的原因之三。

经过我一番解释，妻子有些羞愧："只顾着赚人便宜，想不到给儿子上了一节'坏课'，刚才我的表现，果真过分。以后，可不敢在儿子面前上'坏课'了。"

每个父母都有让孩子"求真、学善、修美"的期望，殊不知这样的期望要变成现实，最需要父母的"率先垂范"。孩子在生活中的点点滴滴，在成长中的分分秒秒，父母都要注意用自己的好修为，为孩子上"好课"。

03

但是，父母丢掉自己的好修为，给孩子上"坏课"的事却时有发生。

一天，在超市门前，一个妈妈开车，副驾位上坐着女儿。妈妈停车时没注意，轻轻地刮碰了一辆电动三轮车。双方都无大碍，本可以相视一笑，就此了事。可是，妈妈却摇下车窗，冲着电动三轮车的司机大喊："这是机动车辆的停车位，你怎么能挡在这里，你看不到有车来吗？"电动三轮车的司机也不示弱："你自己倒车不把眼睛睁大点，你碰到我，我没找你说事，你还有理了。"妈妈开口骂人："我就是睁到最大，也看不到你这种瘪三。"司机也开骂："自己瞎眼，还赖别人。"

这个妈妈也是在给女儿上"坏课"，这是在教坏女儿。女儿眼观妈妈跟人家对骂，学到的是粗俗无礼，学到的是针锋相对，宽容互让的美德在孩子心中化为乌有。

有个染上"偷瘾"的年轻人，被公安机关处理，警察问他为什么总是有偷拿人家东西的"冲动"。他说："因为小时候跟妈妈逛超市时，经常看到妈妈偷偷地从货架上拿一块糖剥开塞进嘴里。"偷拿一块糖，5秒钟的"坏课"，就毁了孩子若干年的自由，那么5分钟、10分钟，甚至更长时间的"坏课"，对孩子健康成长的杀伤力岂不是更大。

教坏孩子的不是别人，而是父母自己。要做好父母，要在分分钟钟里，给孩子上"好课"，千万别上"坏课"。

七句大实话，藏着七大社会真相(4)

4. 关于心态：没有过不去的坎，只有想不开的人

我们无法改变环境，但是可以调整心情。面对不确定的世界，稳住心态，做好自己。

不要活在别人的眼里，别去计较别人怎么评说。让自己过得舒服比什么都重要。想开点，做自己想做的事，见自己想见的人。过好当下，珍惜每一天，人生才能不留遗憾。

文/李月亮

有多少孩子毁在父母的价值观上

案例分享

案例1

我小时候，邻居家有个小弟弟，经常来我家玩。每次他来，我的玩具、硬币、贴纸就会丢一些，所以我很排斥他来我家。其他的小朋友都有同感。

一次，遇到他妈妈，我们七嘴八舌地告状，说我们丢了东西，这些东西很快都会出现在他身上。原以为，他会得到一番教训，结果被教训的却是我们。

他的妈妈皱眉、撇嘴、厌烦地说："不就那么点破玩意吗？让他玩玩怎么了，玩够了他就还给你们了。"事实上他从未还过。我们还听到他的妈妈跟别人炫耀："我家的孩子，不用花钱也总有玩的东西。"他19岁那年，因盗窃罪入狱。

案例2

我有个远房叔叔很能干，也很抠门。做瓦工赚了不少钱，但是都攒着，舍不得吃，舍不得用，家里没有一件像样的家具，女儿穿二手衣服长大，需要给礼金的红白喜事人情往来，他们从不参加。

而他们的女儿，后来也成了这样的人。她在一家幼儿园上班，据说因为穿着打扮太破旧，经常被小朋友的父母误认为是保洁员。

她从不参加同事、同学的婚礼。别人请她吃西餐，她回请别人麻辣烫。园长重病住院做手术，大家集体凑钱买礼物探望，她不出钱也不出面。后来同事们的集体活动，就不带她了。

她结婚时，订的婚宴，只坐满了两桌。偌大的房间，冷冷清清。她的人生，也是如此吧。

案例3

一个大学老师带过一个学生，特别优秀，是校学生会主席。可惜毕业后就回到老家小城市。老师觉得他落在小县城可惜了，力劝他回北京，还帮他联系了一份很好的工作。但他不愿意去，觉得回老家做个公务员挺好。

老师打电话给他爸，想让他劝劝。可是他爸气壮山河地说："当公务员多好啊，一辈子铁饭碗，衣食无忧。""我们小县城可好了，现在也是高楼大厦什么都有。""我们就盼着他回来呢，去哪也不如回家。"

老师终于明白，这个男生何以如此坚定地要回老家。老师不无遗憾地说："不能说在小县城当个公务员不好，但是这个孩子要是去大城市，很可能会干出一番大事业。”

案例4

一个女同学离婚了，因为没有生儿子。她的公婆重男轻女，口口声声说儿子才是自己的，女儿都是替别人养的。她的丈夫从小听惯了父母对别人没生儿子的嘲讽讥笑，根深蒂固地认为不生个儿子就没脸见人，就对不起列祖列宗。

闹得最厉害的时候，我们都去劝。她丈夫眼泪汪汪，一遍遍地说：“我们俩感情好，但是没有儿子我觉得活着没意思，我家三代单传。”现在他已经再婚，又生了个女儿。听说他跟第二任妻子不和睦，他隔三岔五身上挂伤。

教育观点

父母是孩子的第一任老师。这任老师有多重要？要多重要有多重要。他们决定了一个孩子的出厂设置，给他的人生输入了最原始也是最重要的信息。每个孩子都曾经把父母的话奉为真理。

“妈妈说不能吃糖。”“妈妈说穿短裙子丢人。”“妈妈说上学没用。”这是我们言行的全部标准和依据。要在读过很多书，经历很多事情后，我们才能逐步调整这些信息，取精华去糟粕。

我们虽然有了自己的思想和判断，已经知道父母的话不再是金科玉律，但是“妈妈说”依然深植于我们的潜意识，就算隐约感到哪里不对，奈何打不过之前强大的浓墨重彩的观念植入，挣扎再三，还是扭转失败。于是，很多人被父母的三观绑架着，一生都不曾独立。

没有任何父母是完美的，有一些还非常不完美，不完美得足矣毁子女一生。所以，当我们长大成人，首先要学会的就是独立思考，重新审视父母的意志。

在思考和决断时，比如你觉得生女儿很丢脸、赚钱多比前景好的工作重要、回县城比留在北上广更好。你要问自己：“这是我的想法还是我父母的想法？”“这种想法对吗？”然后扩展思路，尽你所能作出真正来自你自己的判断。

父母说的话，有的对，有的不对。不对的部分，你要警惕、要清醒，要大刀阔斧地去修正。这样你的人生，才是你自己的。

如果你已经为人父母，就必须更加警醒，多读书、多见识、多思考，尽最大努力完善自己，给孩子正确引导，千万别让自己的愚蠢、保守、短见，毁了孩子的一生。

文/詹大年

批评是叫孩子抬头而不是低头

批评的目的是激励而不是打击，是唤醒而不是压抑，是叫孩子抬头而不是叫孩子低头。

案例

初二男生小毛经常躲在厕所里抽烟。一天，我遇到小毛，他跟我打招呼。我说：“小毛，我听说，你在厕所里抽烟了?”小毛看着我，停下脚步。我说：“你在厕所里抽烟是对的。”小毛望着我，一脸疑惑。

“因为你知道在学校抽烟是不对的，所以你才躲在一个不容易被人发现，也不影响别人的地方抽烟。但是，在厕所里抽烟，你会不会感到很压抑，空气也不好，又有负罪感?这些对你都不好。”“谢谢校长，我知道了，我不会抽烟了。”“抽不抽烟，你自己选择，但是我真不想让别人因为你抽烟，而误会你。”小毛抓抓头，笑了，跑了。

从处理小毛抽烟这件事，就可以解读批评的价值和意义。我们为什么要批评孩子？我认为纠正错误、建立关系、传递善良、发泄情绪……都可以是批评的目的。

解读

（1）以“纠正错误”为目的的批评

批评不是叫孩子认错，而是教孩子学会思考；批评不是叫孩子认输，而是教孩子学会尊重。批评可以用沟通的方式进行。

首先，假设孩子没有错，事实上也没有绝对的错。教师完全可以以一种“什么都没发生”的姿态倾听事情的经过以及孩子对事情的看法。然后，帮助孩子分析“对”或

日本家教12条(3)

5. 父母积极向上的生活姿态，孩子一定能领会到

由于父母要一边工作一边养育孩子，容易使父母与孩子接触的时间变少。但是，疼爱孩子，为了更美好的未来而努力奋斗的父母形象，一定会深深地铭刻在孩子的心中。

6. 孩子是父母的影子，父母请务必守正自爱

不守公德的人，让人讨厌、不可信赖。如果自己的孩子这么做时，大人不予以纠正，孩子会误认为自己做得对，这样孩子就可能慢慢变成一个不讨人喜欢的人。同时，大人自己也要注意，尽量不做出格的事，做能一直让孩子依赖、尊敬的父母。

"错"的原因，一起制订解决方案。帮助的姿态很重要。

我们要善于使用描述性批评，而不是评价性批评。对孩子的错误加以描述，就事论事，保持态度中立，不谴责、不侮辱。这样，孩子就容易重新认识自己、反省自己。批评所针对的应该是孩子的过错而非本人。

批评孩子之前，我们一定要弄清楚批评的价值，给孩子一个挨批评的理由。我们要坚定地与孩子站在一起，把过错放在对立面。我们要孤立的是错误，而不是孩子。批评是表达善意不是唠叨，更不是变本加厉。

(2) 以"建立关系"为目的的批评

批评的目的不是分胜负，而是帮助孩子建构自我关系、融洽师生关系。如果师生关系"维持不下去了"，那么批评无疑是失败的。如果孩子觉得自己的生命"维持不下去了"，他的人格就有可能解体。这不是因为"现在的孩子太脆弱"，而是因为被不适合的批评伤害了。批评必须让孩子看到希望，因为人人都活在希望里。

(3) 以"传递善良"为目的的批评

批评的过程本身就是最好的教育。和谐的批评让孩子感受和谐；善良的批评传递给孩子善良；蛮横的批评让孩子学会蛮横。

有些错误，孩子可能一辈子都改不了，但是我们批评孩子的态度可能会影响孩子的一生。一个犯错的孩子，在他最需要尊重的时候，如果能够得到尊重，他应该会终身铭记。

20多年前，我听过一个关于李镇西老师的故事。李老师班上有个男生抽烟，戒不掉。一天，李老师在校门口等到这位男生，他从男生口袋里掏出一包烟，抽出一支后，把19支还给男生说："今天你就抽19支，明天我还在这里等你。"

第二天，李老师抽出2支，把18支还给男生说："明天17支……19天后，就只有1支了。我希望你可以戒掉。"故事讲到这里，有人会问："男生最后戒烟了吗？"还有人问："李老师这样的教育方法，学生会听他的吗？"

说实在的，我第一次听到这个故事的时候，也是这么想的。甚至我根本不赞同李老师的做法。许多年后，我仍然读不懂这个故事。

直到10年前，我才慢慢读懂李老师的用心。其实，学生是否戒烟了，这个结果不重要，李老师要传递的是善良与尊重，这是教育的智慧，也是教育的起点。

（4）以“发泄情绪”为目的的批评

孩子接受批评的姿态，与孩子是否改正错误无关。切忌在有情绪时批评孩子。这时，孩子接受的不是教育，而是伤害。如果彼此都有情绪，先处理自己的情绪，再处理孩子的情绪。

在情绪爆发的时候，批评只会火上浇油，让“批评”打着“为你好”的旗号变成“加害”孩子的利器。“发泄情绪”的批评是悲剧的导火索。

给予孩子空间与自由，允许并鼓励孩子辩解。给孩子“顶嘴”的权利，只有在孩子“顶嘴”的时候，我们才可以觉察到孩子的痛点和泪点，才可以反思自己、对症下药。

要允许孩子“屡教不改”，因为价值观是自我建构的，不是别人灌输的，“屡教不改”才是正常的认知过程。

好的批评，双方都是赢家，而不是一方得意扬扬，另一方垂头丧气，这样的批评是没有效果的。批评的艺术不是“钻研”出来的，一位关注学生的老师，眼神一定是温暖的、期盼的，这样的老师才是学生的依靠。

八个人生智慧(2)

2. 养成阅读的习惯

（1）要读经典

经典之所以被称为经典，就是其中的智慧、思想都是经过实践检验的，这是最值得后人学习与汲取的。

（2）一书不尽，不读新书

在一本书没读完的情况下，不要急着读另一本书。国学大师王国维说，学习的境界要先入乎其内，再能出乎其外。读书更是如此。一本书，你要先能沉浸进去，才能最终从中获得有价值的东西。

（3）不能死记硬背

曾国藩说：“凡读书，不必苦求强记。只须从容涵泳，今日看几篇，明日看几篇，久久自然有益。”也就是说读书沉浸其中，其实应该是一件非常轻松愉快的事，不要当成任务来死记硬背。

（4）勤做笔记

要把读书时的所感所想，不论是心得体会，还是疑惑不解的地方，都要随手记下来，这样才能有助于读而后学。

文/赵若冰

怎么改进孩子的记忆力

早有研究表明，大脑的功能只有很小一部分被开发利用，人的脑细胞还没有得到充分的使用。人类许多能力的培养，都是要从掌握方法开始。而记忆力的差距，也是由记忆方法的差距导致。想要改进孩子的记忆力，除了要有科学的记忆方法外，还要加强记忆方法的训练。

1. 了解孩子的记忆能力，不必急功近利

据统计，成人的记忆模块，是7～8个。何为记忆模块？就是让一个人记住十几个不相干的词，10分钟后再次提问，能够记住的就是7～8个。孩子的记忆模块，是3～5个。

那么不妨把孩子需要记忆的知识，规整为每5个一组，帮助孩子分时分段地记忆。相反，若一次性地灌输大量知识，则不能达到预期的记忆效果。

同理，根据孩子的记忆特点，科学地安排记忆进度，给孩子制定短期可达到的目标，比遥不可及的长期目标效果要好。最有效的办法就是，把长远目标划分为多个短期目标，一个一个地实现，一个一个地跨越。达成一个目标，孩子的自信心就会增强一些，记忆效能就会改进一些，记忆速度就会提高一些。而短期目标一个一个地实现，最终就是遥不可及的长期目标变得触手可及。目标实现了，自信心也提升了，记忆力也改进了，何乐而不为呢？

2. 找到孩子的记忆方法，实现因材施教

我们记住的任何事情，都是通过感官来完成。有些人擅长嗅觉记忆，有些人擅长理解记忆，有些人擅长视觉记忆，能够根据孩子的感官加以巩固，记忆效果就会不一样。

有一组测验说明了如何对孩子进行感官记忆的评估。在测验中分别说“冰激凌、糖饼、红烧肉、热牛奶、饼干”等20个名词让孩子进行分类。

有的孩子按照味道分类：冰激凌、糖饼、热牛奶是甜的，红烧肉是香的；有的孩子按照视觉分类：冰激凌、牛奶是奶白色的，糖饼和红烧肉是红色的；有的孩子按照触觉分类：冰激凌是凉的，牛奶、红烧肉、糖饼是热的；有的孩子按照听觉分类：糖饼在油锅里滋滋啦啦

的，红烧肉在锅里咕嘟咕嘟的，饼干嚼起来嘎巴嘎巴的。

这些分类方式可以从侧面判断孩子的记忆方法，然后根据他们的选择因材施教。

宋代学者朱表说，读书要三到："谓心到、眼到、口到。心不在此，则眼看不仔细。心眼既不专一，决不能记，记亦不能久也。三到之中，心到最急，心既到矣，眼、口岂不到乎？"

现代科学研究表明，从视觉获得的知识能够记住25%，从听觉获得的知识能够记住15%，把视觉和听觉结合起来能够记住65%。

所以，找到孩子最佳的记忆方法后，想办法帮助孩子打通多通道的记忆，让眼、耳、口、鼻、脑等各部位协调起来，就会有意想不到的收获。

3. 熟悉孩子记忆的内容，做到精选记忆

知识并非都要掌握通透，毕竟孩子的记忆压力很大。学习好的孩子，记忆能力强的孩子，往往善于抓住重点、抓住精髓，有的放矢，这就是精选记忆。

郑板桥先生把一些看似记忆力好、喜欢把文章倒背如流的人称为"没分晓的钝汉"。意思是，看似背得滚瓜烂熟，但是实际上不分主次，没有重点，把有用的、没用的都背下来，实在是没用。

对于学生而言，用自己的主要精力，记忆对学习有帮助的东西才对，而且学会划分主次，明白知识的脉络和条理，就是很好的记忆模式。

所以，与其耗费大量的时间刷题，不如理解其题意，搞清楚其精髓，然后举一反三，而不是先抄下来，再背下来，最后做千万遍，能不厌倦吗？

提高孩子的记忆力很重要，好的记忆力，既包括先天的聪慧，也包括后天的记忆训练。父母有责任和义务帮助孩子寻找到最适合孩子的记忆方法和记忆习惯，并加强训练，让孩子在学习中，可以轻松愉快、游刃有余。

七句大实话，藏着七大社会真相(5)

5. 关于修养：读书是门槛最低的高贵

杨绛在《读书苦乐》中写道："读书就好比到世界上最杰出的人家里去串门。翻开书面就闯入大门，翻过几页就升堂入室。"

生命的长度是有限的，知识的宽度却是无限的。在短暂的生命中学习广阔的知识，可以填补精神空虚。读书丰富心灵，坚定意志，让我们在迷茫时找到方向。

父母不经意的举动阻碍孩子的想象力

毕加索说："每个孩子都是天生的艺术家。"但是，孩子长大后还能继续保有艺术灵感吗？

古希腊哲学家亚里士多德说："想象力是发明、发现及其他创造活动的源泉。"想象力的重要性可见一斑。然而，在生活中，却有太多的父母，在不经意间阻碍了孩子的想象力。

1. 父母是怎么阻碍孩子的想象力的

（1）喜欢制定太多"禁令"

豆豆过年时，收到奶奶送的一个炫酷的玩具汽车，他特别着迷，想知道玩具汽车是怎么跑起来的。他拿着爸爸平时用的小工具，把玩具汽车大卸八块。结果被妈妈狠狠地训斥了一番。

有些父母生怕孩子磕着碰着，生怕孩子搞破坏，于是告诫孩子"不许干这，不能干那"。时间一长，孩子的思想和行为就被束缚住了，对父母言听计从。

（2）用晦涩语言回答孩子问题

傍晚，我在中央公园散步，美得不可方物的落日让无数人驻足观赏。我身旁有一对母女也停下脚步盯着落日看。这时，小女孩攥着妈妈的衣角问："妈妈，太阳为什么要下山呢？一直挂在天空上不是很好吗？"妈妈回答说："晚上太阳就下山，这是自然规律。"显然，小女孩并不明白妈妈在说什么。

简短晦涩的"自然规律"四个

日本家教12条(4)

7. 让孩子参与制定家规并一起遵守

家规不仅包括日常问候、门限时间、关灯时间等，还包括不给别人添麻烦、不撒谎等社会规范。为了让孩子懂规矩并一直遵守规矩，父母要经过认真讨论，定出明确的家规，父母和孩子一起遵守这个家规。倾听孩子的意见和孩子共同制定家规也很重要。

8. 千万不要给孩子太多的零花钱

不管孩子怎么缠人，不必要的东西不给买。不要给太多的零花钱，让孩子在定额的零花钱中自己安排、调整怎么花。

字，把孩子的想象力扼杀在摇篮里。难道真的没有更好的回答吗？比如太阳挂在那里一天累了，需要好好休息，休息好了，精神才好，第二天才会再来，给我们带来光明。

孩子的脑袋里似乎永远有着“十万个为什么”。孩子提问时，有些父母习惯用孩子听不懂的晦涩语言回答，直接把天聊死，也无法让孩子锻炼想象力。

（3）习惯进行“成人式点评”

小女孩特别喜欢画画。一天她画了一条长着翅膀的美人鱼，她对自己的画很满意。她兴冲冲地跑到爸爸的跟前说：“爸爸，这是我画的美人鱼。”爸爸说：“你画得不对，哪有长翅膀的鱼。”

很多父母总爱用成人的做事方法，插手孩子的事情，用成人的眼光评判孩子的事情，毫不考虑还有保护孩子想象力这么一回事。

2. 应该如何保护孩子的想象力

（1）支持孩子的奇思妙想

黄磊在一次采访中说，黄多多把吃剩下的萨其马埋在爷爷家的花盆里，爷爷看见了问她在干什么？多多说她在种萨其马。爷爷知道多多的想法后，居然买了两盒萨其马，拆开之后，用绳子一个一个地绑在树上。等多多再次来爷爷家的时候，爷爷告诉多多，萨其马“种出来”了。

孩子看似有些奇怪的举动，父母应该站在孩子的角度去看待。比如去逛街的时候，女孩非要戴上在游乐园买的蝴蝶翅膀；再比如孩子每天晚上，喜欢戴着自己的超人眼罩入睡。父母不妨多给孩子一些自由，也许他们只是想在自己的想象世界里多待一会，如果孩子不是长期沉溺于虚幻之中，你又何必惴惴不安地予以制止呢？

（2）表扬孩子奇怪的作品

英国教育家肯·罗宾逊在一次

七句大实话，藏着七大社会真相（6）

6. 关于健康：生一场大病，人就活透了

《道德经》有言：“名与身孰亲？身与货孰多？得与亡孰病？”人活一辈子，名与利、得与失，哪个更重要？都不是，排在第一位的永远是健康。纵有家财万贯，不如无病无灾。人要是没了，一切都是空的。

身体是革命的本钱，拿命换钱易，用钱买命难。三餐按时，多喝热水，坚持运动，定期体检，早睡早起，想要健健康康，首先是要保持良好的生活习惯。而健康的身体，就是最大的福气。

演讲中讲了一个故事：一个小女孩正在上绘画课。小女孩只有六岁，她坐在教室的后排画画，而她的老师评价她从不注意听讲，但是在绘画课上，她却听得很认真。

老师饶有兴趣地走过去问："你在画什么？"她说："我画的是上帝。"老师说："可是没人知道上帝长什么样。"小女孩说："他们马上就能知道上帝的样子了。"

邓超发过一个视频，儿子画了一幅画叫《保护三人军队》。儿子说要保护自己、妈妈和妹妹。邓超问："那我呢？"儿子说："你被大炮射出去了。"本来只是孩子的一个设计，孙俪为了纪念这幅画的意义，居然把它做成了一件衣服。

（3）多做脑筋急转弯游戏

想象力是孩子的天性使然，但是想要给孩子的想象力插上翅膀飞得更远，父母不妨多给孩子一些专门的训练。比如多做一些有意思的脑筋急转弯游戏；给孩子提供一些简单的词语，让孩子编造故事。

（4）培养孩子的自理能力

一些力所能及的事情，父母不要操办。让孩子在劳动中仔细观察和思考，发挥想象力和创造力；鼓励孩子探索一些生活现象，比如取一些洗衣粉放进杯子里，并用吸管吹泡泡，或者把牛奶倒进花坛，填饱植物的肚子。

（5）多和孩子享受阅读

芝加哥大学生物心理学家勒维说："儿童看书时，会发展出一系列的情节，对于内容和观点的构成都会有自己的想法。"所以，父母在陪孩子阅读的时候，可以鼓励孩子将故事中的内容，凭着自己的想象和记忆画下来、演出来。

（6）多带孩子感受大自然

父母应该创造一些机会，多带孩子去感受大自然的美，呼吸清新的空气，自由发挥想象力。爱因斯坦说过：想象力比知识更重要。所以，我们要保护孩子的想象力。没有知识，可以学习；没有想象力，孩子的未来将是黯淡无光的。

七句大实话，藏着七大社会真相(7)

7. 关于财富

俗话说："一文钱难倒英雄汉。"世界上最为难的事，就是手心朝上，张嘴求人。钱不必多，但是一定要够用。跟得上孩子成长的脚步，跟得上父母老去的速度。不求大富大贵，但求小富即安。 **（儒风君）**

文/梁蕊

培养孩子的自理能力从不包办开始

案例

开学第一天，一所学校一年级的400多个孩子，去食堂吃午餐时，却被餐盘里的虾难住了。半数以上的孩子，眼巴巴地看着餐盘里的虾却无从下手，不是不爱吃，而是压根吃不到嘴里。老师一问才知道，孩子们不会剥虾，因为在家里，都是妈妈给剥好了。

妈妈太能干了，把孩子照顾得细致入微，什么都帮孩子做好，孩子一旦离开妈妈，就成了自理能力差的"低能儿"。

启示

1. 教育孩子独立胜过当第一

小时候，我们都听过懒人的故事。懒人因为父母溺爱，什么事都不会做，甚至连吃喝拉撒自己都做不了。

父母出远门的时候，因为担心懒人不会自理，就在他的脖子上套上大饼，希望他能吃饼充饥。但是没想到的是，懒人只吃了面前的大饼，懒得没有转动大饼，因此饿死在自己的家里。

这样的故事看似离奇，然而在现实中却发生过。他叫杨锁，与这个懒人一样，一直过着饭来张口的日子。

他13岁那年，父亲离世了，他的母亲也因为过于劳累而病倒。在临终前，母亲意识到由于自己的溺爱，让杨锁成为一个废人，但为时已晚。杨锁最终因为懒饿死于23岁那年。

古人有云：虽曰爱之，其实害之；虽曰爱之，其实仇之。这是对溺爱一词最好的诠释。

韩非子有句话：人之情性莫爱于父母，皆见爱而未必治也。意思

假期带孩子做这些事比补课强(3)

3. 带孩子爬一次山

如果孩子平时做事经常半途而废，遇到一点挫折就放弃，我建议你带孩子去爬一次山。爬山的过程总是漫长而枯燥的，很多孩子都会喊苦喊累，想要放弃。这个时候，父母千万不能轻易妥协，可以放慢速度，温柔有力地鼓励孩子，哪怕只是攀上一小段，也要及时地为孩子喝彩。

当孩子历尽千辛万苦终于登顶后，那种震撼和喜悦，会给他的心灵留下不可磨灭的印象。在这个过程中，孩子也会明白，成功的路上注定充满艰辛和汗水，但是只要有足够的毅力坚持下来，收获的将是最美妙的风景。

是说，人与人之间的感情没有比父母爱子女更深的了。但是，只有爱却不能教育好孩子。

杨绛的父亲说，教育孩子独立胜过当第一。不独立的孩子，再优秀也很难活得幸福自在。

2. 包办孩子是错误的认知

教孩子系鞋带很麻烦，但你帮他系，三秒钟就搞定了；教孩子整理书包很费时，但你帮他整理，一分钟就搞定了。于是，我们二话不说就代劳了，还不忘宽慰自己：他长大了就会了。这是一个特别错误的认知。

八岁时你没教他系鞋带，20岁时他学会了。20岁时应该赚钱养活自己了，他却只学会了系鞋带。

人的能力是循序渐进的。一个没有独立能力的孩子，绝不可能在上大学的第一天，忽然就会整理房间，洗衣做饭，照顾自己了。

八岁时，你不让他自己整理书包；18岁时，你不让他独自处理烦恼，28岁时，你还给他买名牌、带他吃大餐，就难保他不会在48岁时依然啃老。

你若真爱孩子，就该让他自己吃饭，自己处理矛盾冲突。他会在做事的过程中，感知世界，了解自己，掌握生存技能；也会慢慢地承受压力，权衡利弊，与人合作，收拾残局，在逆境中迅速调整，在迷茫时保持耐心。

我们不求孩子有多么快意的人生，但起码不能让他40岁了还躲在我们的羽翼下瑟瑟发抖。否则，你到了80岁，忽然意识到我错了，可是已经不能从头来过。

日本家教12条(5)

9. 从小做家务，事情虽小但意义重大

在家里定出规矩，让孩子分担家务，对培养孩子的责任感、自立心、感受到自己是有用的人等方面很重要。让孩子从“把用过的东西整理好”等小事做起，养成和父母一起做家务的习惯。

10. 给孩子单独房间的同时，也要给他定好规矩

如果孩子整天待在自己的房间里，父母就不知道孩子在干什么，父母与孩子间的对话也会减少。要使孩子的房间对孩子的成长起到作用，定出家规很有必要。比如孩子回家后，要先在起居室露个面再进自己的房间；孩子的房间不上锁；孩子带朋友进自己房间前，先把朋友介绍给父母；父母觉得有必要时，可以进入孩子的房间，以便把握孩子的实际情况。

改变孩子不自信的秘诀是提升能力感

文/董一诺

1. 孩子不自信

我接孩子放学，她跟我聊学校的事。她突然停下来问我：“妈妈，如果有人不自信该怎么办呢？”

这个学期，她当上了学习组长，这让她觉得，她对同组小朋友的学习有了“连带责任”，她说“比如郝桐桐，每次考试后她都说‘我这次只能考60分，我放弃了’。如果她总是这么想，肯定考不好啊。”

我首先肯定她的好意，然后肯定她的判断——如果相信自己学不好，那么一定学不好，这就是心理学上的“循环自证”。但是这些都不重要，重要的是怎么才能让郝桐桐不这么想，甚至相信自己是能够学好的，即“能力感”。

2. 什么是能力感

能力感和自我意识的发展有着密切联系。它和“自主感”是一对相辅相成的心理素质。如果严格区分，自主感是一个名词，代表孩子相信自己能够根据自己的意愿做事的一种意识状态；而能力感是一个动词，它是在亲自实践中，发现自己真的能够做到，从而获得的心理体验。

也就是说，一个孩子从他系上第一颗扣子、吃第一口饭、认识第一个字开始，他就已经知道自己有没有能力了。如果他总是能够独立完成事情，并得到正向反馈，他就会产生成就感，进而相信自己有能力完成更难的事情，而这种自信，会促使他挑战并完成其他事情，因而形成良性循环。反之，他会一直挫败，而这些挫败的感受，会影响他做其他事情，最终影响他对自我的评价。

3. 为什么能力感不足

(1) 限制

和贴标签不同，限制和替代是以爱之名的伤害。比如早年的真人秀《妈妈是超人》中的马舒雅，因为担心孩子受伤，把客厅的桌子、沙发全部清走，全家人吃饭的时候，只能在地毯上铺一块布席地而坐。这就是“限制”。

(2) 替代

有些家庭的祖辈，仿佛是孩子“肚子里的蛔虫”——你不说话我都知道你想干啥。孩子刚觉得口渴，一杯水就递过来了；明天就开学了，父母给孩子收拾书包：“你早点睡，明天还要早起呢。”这是“替代”。

而这些过于精心照料的背后，潜台词是“你需要我的照顾才能活下去”“只有我才能做好”，这何尝不是一种父母的自恋和对孩子的伤害？

（3）贴标签

这是挫伤孩子能力感的绝杀武器。在心理学上，有一个“标签效应”：如果一个人被别人下了某种结论，就像一个商品被贴上了标签一样，很容易导致人的行为与所贴的标签一样。孩子正处在人格塑造期，“贴标签”这种行为对他的伤害是很大的。

4. 怎么提升能力感

（1）鼓励尝试

很重要的一点就是，尽可能地让孩子去尝试他想要自己完成的事情，并顺利掌握。具体方法是：一件事情只要没有生命危险，就让孩子去试试；一件事情只要孩子已经掌握，就不要再帮助他了。

（2）查找原因

譬如针对那个不自信的同学，各种吹捧“你可以、你要加油、相

日本家教12条(6)

11. 孩子并不能正确发出危险信号

父母情绪焦躁，对孩子的爱抚、疼爱不够，以及对孩子过分娇生惯养和过多干预，都会影响到孩子的心理健康，并且经常会在孩子身上表现出来。比如孩子出现肚子疼、恶心、拉肚子、食欲缺乏、头晕眼花、发烧等症状，以及吃得过多、失眠、吮指头、咬指甲等行为。当察觉到这些症状、行为后，不要只担心孩子是不是生病了，还要好好想想这些症状、行为是不是由于心理原因造成的。

不要仅给孩子贴上“神经过敏”“任性”“赖学”之类的标签了事，要好好观察孩子，认真听听孩子说话，做出努力理解孩子的姿态很重要。

12. 耐心关注孩子的情绪，并保持和他谈心的习惯

人是一种喜欢被别人爱、被别人理解的生物。如果得不到别人的理解而产生的不满积累太多，有时会一下子爆发出来。孩子突然大发脾气时，连孩子本人都搞不清是怎么回事。其实，孩子发火、苦恼是有原因的。父母平时要做到仔细听孩子说话、与孩子站在同一角度考虑问题、对孩子的事非常关心等，孩子便能切实体会到自己被父母爱着。

信你能做好”毫无意义，而是帮助她查找成绩差的原因是什么，努力帮助她解决问题。

（3）发展优势

培养一个优势学科，做到这门课即使孩子不用力，也能有碾轧别人的快感，那么孩子就可以从这门课中得到能力感，而这种好的感觉，会延展到其他科目，直至各科突破。要记住，能力感是一个动词，只有在真正做到之后，才能相信自己有能力，无论改变多么微小，先做起来才行。

（4）不贴标签

有个绘本非常形象地运用了“贴标签”，把贴标签对人的影响描绘得特别生动。这个绘本叫《你很特别》。

有一群小木头人，叫微美克人，他们整天只做一件事，而且每天都一样，就是互相贴贴纸。那些木质光滑、漆色好，或者有才能的木头人，会被贴上小星星，而那些木质粗糙、油漆脱落，或者什么都不会的木头人，会被贴上灰点点。

胖哥就是一个被贴满了灰点点的微美克人，他想要跳得跟别人一样高，却总是摔得四脚朝天，当他摔下来，别人就会围过来，给他贴上灰点点。他做了傻事，比如忘了戴帽子，别人就会再给他贴上一个灰点点。有些人只因为看到他身上有很多灰点点，就跑过来再给他贴上一个灰点点，没有其他理由。

在其他微美克人的眼里，胖哥理应被如此对待：“因为他不是好木头人。”听多了这样的话，胖哥也这么认为，他说：“是啊，我不是个好微美克人。”

我们以为贴标签会让孩子改变，可惜孩子不但不会改变，反而认同了标签。标签让孩子变得没有内疚感，名正言顺地变成标签描述的那种人。

假期带孩子做这些事比补课强（4）

4. 带孩子远行一次

有对父子上了热搜：14岁的男孩不想上学了，父亲便辞职带他自驾游，游遍了大半个中国。父子两人从丹东出发，途经山海关、开封、西安等地，了解了不少中国历史和文化。这段旅程不仅拉近了父子距离，也让男孩见到了大千世界，从思想上改变了对学习的态度。一次远行不仅开阔了孩子的眼界，也改变了他的人生观。

美亚曾经说过：“当你看过世界宽广，见过众生百态，你会发现内心更加勇敢和自信。”如果有条件，趁着漫长的假期，尽可能地带孩子来一次远行吧，好的教育绝不是把孩子关在房间里死读书。

留白时间是孩子的美好时光

文/徐智明

咨询

“孩子周末无事可做，我要不要给他报几个兴趣班？”“孩子总喜欢自己玩，不喜欢跟大人一起玩，长大会不会性格孤僻？”“孩子到青春期了，喜欢待在自己的房间里，不愿意让父母进去打扰他，是不是叛逆了？”

很多父母只要看到孩子“无事可做”，或者“喜欢独处”就开始担心，总是觉得会有什么不好的事发生，或者正在发生。孩子无事可做，真的不好吗？

观点

我认为，这不但是好事，而且是很好的事。如果一个孩子能够有自己“支配”和“独处”的时间，他就能够获得独处的能力、静思的能力和觉知的能力。

（1）独处的能力

孩子无事可做又不要求大人陪伴时，只要没有表现出烦躁和无聊，他就是在“享受”自己的独处时光。这时，孩子的状态既惬意又满足，那一刻你会觉得，他不是一个小宝贝，而是一个独立的大人，他在享受这种独处的状态。

我们小时候，大人们都上班，没时间“陪伴”孩子，孩子们有很多“放空”的时间自己待着，有时看看蚂蚁搬家、蝴蝶飞舞；有时奇思妙想；有时什么都不想，只是安静地待着，并不觉得闷，也不需要陪伴。

现在的孩子，享受不到这种独处的乐趣。要么被人陪伴，要么上兴趣班，几乎没有能够一个人安安静静地待一会的时间。慢慢地，孩子的独处能力消失了。然而，讽刺的是，等到他们成年之后，他们又经常去知乎上提问，去读各种心灵鸡汤，去学习“独处”，以便达到自我身心的和谐。

（2）静思的能力

耐心观察一个能够独处的孩子，你会发现，他并不像大人想象的那么无所事事、无聊、荒废时间。很多时候，他是沉浸在一个属于自己的世界中；有些东西，正在他的头脑中发生；那是属于孩子们的智慧花朵，在你看不见的地方绽放。

大人面对孩子时，基于“我比你懂”的优越感，经常有一种盲目的自信，觉得孩子就是一张白纸，然后他所有的一切，都是由大人一笔笔地描绘，过程由大人掌控，完全透明可见。

其实，并非如此。孩子头脑中的东西，远比大人的丰富，而且有相当一部分，并不来自大人，而是由他们自己搜集并衍生出来的奇思妙想。

但是，大人们经常不给孩子静思的时间。小孩子“想事”，担心他们太孤僻、太内向、有“自闭倾向”；大孩子“想事”，担心他们“心不在焉”，有“不可告人”的秘密。当大人不了解孩子想什么的时候，就会担心甚至恐惧，总觉得孩子有些事已经脱离了自己的掌控。

（3）觉知的能力

放空、独处的时间，是一个人和“自我”最接近的时间，是建设独立人格的重要环节。

法国哲学家萨特说，如果你独处时感到寂寞，说明你没有和你自己成为好朋友。德国哲学家叔本华说，一个人只有在独处时才能成为自己。谁要是不爱独处，他就是不爱自由，因为一个人只有在独处时，才是真正自由的。很多人在成年后，痛苦地寻找自我，恰恰是因为在儿童时代，没有独处的经历。

在幼儿园，孩子要和小朋友们一起玩，做个“表现特别棒的小孩”；在学校，孩子要规规矩矩地上课，做个合格的小学生、中学生；在家里，孩子要服从父母的“管教”，做个“听话的孩子”。

在这些场景下，孩子都是在扮演“社会角色”，成为别人希望的样子。只有在自己支配的时间里、在和自己相处的时候，孩子才能做最真实的自己，做自己想做的事，想自己想思考的事，他面对的才是一个真正的“我”。

在美学中，有个概念叫“留白”，书法、绘画有了留白，才有独特的神韵和无限的想象空间。父母给孩子自由的时间，允许他们独处、发呆、做他们喜欢的事，也是一种留白；孩子会在这种不被别人控制的时间和空间里，获得独处的能力、静思的能力、觉知的能力，慢慢地成长为真正的、更有力量的自己。

家教句典（4）

4. 治家是治国的前提

孔子提出，修养身心，保持恭敬之心，养成敬畏之心；修养身心，并使亲朋好友感到安定快乐；修养身心，并使天下百姓过上太平的生活。之后孟子提出：“天下之本在国，国之本在家。”在《大学》中更是提出：“欲治其国者，先齐其家；家齐而后国治；其家不可教，而能教人者无之。”

启示

家是最小国，国是最大家，家国一体，家庭是社会的细胞，每个家庭都幸福美满，国家焉能不好。所以，作为一个普通人，我们有责任把自己的家庭搞好，包括教育好孩子。

文/蒋佩蓉

帮助孩子养成勤于发问的好习惯

1. 当孩子发问时，肯定是个好问题

小儿子凯安对飞进屋子里的蚊子深恶痛绝，他问我为什么上帝会造出这种毫无正面存在意义的生物。之后，凯安和我有了一轮讨论。

我们首先质疑了“蚊子没有正面作用”这一假设，通过查询资料我们发现，蚊子对于植物的授粉有积极意义，而且在食物链上是其他昆虫和青蛙的食物，蚊子的灭绝会破坏食物链，引发一系列的严重后果。让人惊讶的是，世界上蚊子的种类超过了3500种，而会叮人的蚊子只占一小部分，而且这些蚊子都是雌蚊子。

之前假设蚊子叮人是将人血当成食物，但是调查发现，蚊子叮人是需要血液中的蛋白质分子产卵，而最佳血液是老鼠或水牛的。因为城市中人类的数目远超过老鼠与水牛，所以它们选择叮人。

被蚊子叮咬后，我们之所以会觉得痒，是因为蚊子吸血时，唾液会混在血液里阻止血液凝结，痒的感觉是人体肌肤启动免疫系统，保护我们免受外来物的入侵。

查证的过程，推翻了“蚊子叮咬只会带来负面作用”的认知。凯安一直兴致盎然，又提出了新问题：“为什么其他昆虫没有这个能力?”“为什么雌蚊子非要选择这种方式产卵?”“为什么蚊子不叮咬其他生物呢?”

后来，凯安做拔罐治疗时，皮肤上出现了黑色的淤血，他想起他的研究，并没有涵括蚊子吸血后遗留在人身上的唾液与人体皮肤之间的反应情况。他很好奇如果被叮后马上把蚊子的唾液吸出来，能否及时回避蚊子的唾液产生的反应，不产生痛痒的感觉。他买了一套拔罐用具来实验，结果兴奋地发现真的有效。

凯安用拔罐的方法，消除了蚊子叮咬后带来的痛痒感，整个过程切实遵循了科学的实验方法：首先提出一个假设，随后制定步骤检验这个假设，而最终的实验证实了假设的可行性。

如果我只是简单地递给凯安一瓶清凉油，制止他对蚊子叮咬的抱怨，就不会有后来的一系列的学习和调查了。

一个蚊子叮咬的小问题，引发凯安深入探究并找到解决问题的科学方法，这样的学习似乎对提高学习成绩没有直接帮助，也不能体现在大学申请的表格中，但是对塑造孩子的思考能力和细微观察生活的能力，绝对有所裨益。

2. 引导孩子远离那些非黑即白的问题

通常人们会比较抵触他人的说教，但是同样的道理，如果是自己的感悟或发现，往往兴奋难忘。因为发现和感悟无法通过说教获得，而要通过思考才能获得。最能启发人的思考方式是提问，提问能引起好奇心，而好奇心会成为思考的动力。

捷克著名作家米兰·昆德拉曾经说过："人们的愚蠢来自对每件事都有一个答案，学习大师的智慧来自对每件事都有一个问题。"

父母跟孩子说话时，大多问的是导向性问题而非开放性问题。导向性问题更像是说教，问题后面有一个标准答案，对方只能回答"是"与"不是"。而开放性问题没有标准答案，对方可能会有我们没有预料到的回答。做父母最大的功课，就是要改掉说教的坏习惯，练习提问的技术，从问导向性问题转变为问开放性问题。

问开放性问题的关键是，提问时心态是开放的，而不是具体的期待。比如当我们问孩子："这是你最喜欢的口味吗?"孩子很可能会按照我们的暗示，或者为了讨好我们，而认同我们的建议。但是，当我们问孩子"你最喜欢的口味是什么"的时候，孩子就会自由诚实地分享他最喜欢的口味。

再比如孩子从学校打回电话说作业本忘在家里了，大部分父母本

八个人生智慧(3)

3. 可以和任何人沟通

很多人会发现，中国家庭亲子关系有个特点，父母也好，孩子也好，为对方做了什么，基本不说出来，心想着只要问心无愧就好，缺乏沟通。

有人说："在这个年头你要出人头地，说穿了没什么大学问，就是敢表达自己，让别人充分地了解你的长处，你才能被人赏识，才有可能成功。"这话虽然有些以偏概全，但是也有一定道理。没有良好的沟通能力，就无法深入现实社会，就会失去很多发展的机遇，更重要的是也容易造成家庭的不幸福。所以，在家庭教育中，要想让孩子学会与人沟通，先从自身做起，学会与孩子沟通。

能的反应是"你怎么这么糊涂?""我今天很忙，你要我怎么办?"。这样的导向性提问显然有说教和责备的成分。如果反问孩子："这是一个很有意思的问题，你觉得你能做些什么呢?"这个开放性问题里没有期待，也没有说教或责备，只有好奇，也不假设你回家拿作业本给孩子送去才是唯一答案，目的是帮助孩子思考和发现自己的答案。

导向性问题很容易偏见介入，当我们问孩子："现在班上的情况严重到了什么程度?"孩子只能给我们负面的回答，从而更加确定我们偏见的假设。但是如果我们问孩子"现在班上的情况怎么样?"孩子就会自由地给我们正面或负面的回答。

当然开放性问题也有缺陷，问题问得太开放太广泛，得到的回答也会停留在肤浅的层面，而无法深入探索。因此，要注意限制提问的范围，以便进入更有意义的讨论。

提问的过程，也是批判性思考的过程，批判性思维最基本的就是探讨问题之前，先收集所有的相关资料和信息，回答5W+H（谁？什么？何时？何处？为什么？如何?）这六个基本问题。从幼儿园阅读绘本开始，孩子就可以从故事书里的内容回答这六个问题，到了大学遇到的问题复杂了，但是基本上还是用这个框架来提问。

3. 训练孩子逐渐提出有质量的问题

在家庭生活中，帮助孩子培养批判性思维有很多技巧，其中最重要的就是培养孩子的好奇心和兴趣，比如在他提出问题时，不妨多跟他善意地唱反调，因为这能帮助他们将自己的想法厘清逻辑，变得条理清晰，并反思自己到底为什么会这么想。

八个人生智慧(4)

4. 独立解决问题

现在的孩子，大多数是独生子女，不会做饭，不会洗衣，不会换灯泡，这不是什么高贵的表现，而是不懂照顾自己，不会动手做事，不会独立解决问题。独立面对和解决问题的能力是现代社会每个人必须具备的生存能力。

要想让孩子具备独立解决问题的能力，父母应该放手，让孩子独立分析、解决自己遇到的问题，遇到事情要冷静，设法解决问题，而不是消极等待。

或许在此过程中，孩子做得并不十分恰当，但就是在这些小事的处理过程中，孩子才渐渐成熟起来。父母要引导孩子独立思考、勇于实践，帮助他们不断地成长起来。

我记得儿子们曾经问过我："蠕虫会打哈欠吗？""眼镜蛇张开嘴时，会不会比我的手掌大？""鱼是如何睡觉的？"这些问题实在超出了我们的回答能力。

在搜索答案之前，我们要鼓励孩子先提出自己的答案，比如"你为什么认为鱼需要睡觉呢？""你认为鱼是如何睡觉的？"引导他提出假设，最后通过研究找寻答案。如果最后他的假设被证明是对的，他的成就感就会油然而生，也许还会衍生出一些新的问题。

如果孩子有新想法或假设时，试着让他运用批判性思维能力，想想这个假设有几种不成立的可能。科学方法的存在意义是为了证明事情是错误而不是正确的。

如果孩子试遍了所有的实验方法，都没能证明他的观点是错误的，那么可能他的假设是站得住脚的。这类练习与发散性思维有关，又叫作"头脑风暴"，这样孩子遇到挑战时就不会一开始就乖乖认输。

培养批判性思维能力，就要给孩子独立作决定的机会，并教育孩子在作决定之前三思而后行，懂得种什么因结什么果，懂得如何作出明确决策，这样不但能增强孩子的品格和个人信念，还能对孩子的未来产生重大影响，并最终决定孩子在家庭、社会、国家中的影响力。

比如孩子问："我能不能先玩一会电脑再做作业？"你可以与孩子一起估算并统计出完成作业、吃饭、读故事、洗漱及其他不确定活动所需要的时间。从上床时间开始往前倒着推算，让孩子自己决定哪些活动是没有商量余地的、哪些是可以灵活分配的。

这个历练远比简单地说"不"更有意义，父母要扮演好引导者的角色，将孩子推到主导地位，用合适的问题引导孩子不断思考，寻找解决方案。

家教典故(1)

1. 遇物则诲

唐太宗对太子李治的教育方法是：遇物则诲。就是在生活中随时随地抓住事物，进行教育。

吃饭时，教育太子要重视农业发展，重视农民的问题，减轻农民的负担；骑马时，不使之过度劳累，告诫太子对待百姓要有劳有逸，实行休养生息的政策，如果压迫剥削老百姓，就会引起反抗；休息时，看见木匠锯木板借助绳墨辅助，教育太子将来做君主，要注意听取侍臣们的进谏，集思广益，不能凭借主观意志独断专行；乘船时，江水既能把船浮起来，也能把船掀翻，告诫太子要维护自己的统治地位，提防人民的反抗，缓和阶级矛盾。

改变人生的不是道理而是习惯

文/儒风大家

孩子总是不断长大，但是一些优秀的品质，并不会随着年龄的增长而增长。很多父母都不想刻意培养孩子的品质，想当然地认为，长大就好了，长大就懂事了，长大就会了。这或许有些道理，孩子长大了，见识多了，自然就开化了。

但是，这么一来也容易把孩子耽误了。真正优秀的品质，绝不会随随便便就能养成，着实需要父母费一番苦心。

下面这六个习惯，就是父母应该着力培养孩子应有的教养，能为孩子的一生打下坚实的基础。

1. 好学

《论语·季氏》有言："生而知之者，上也；学而知之者，次也；困而学之，又其次也；困而不学，民斯为下矣。"可见学习对于人生的重要性。

诸葛亮在《诫子书》中说："夫学须静也，才须学也，非学无以广才，非志无以成学。"可见学习是孩子成才的必由之路，只有依靠不断的学习才能走向未来。

家庭教育和学校教育都只是人生的部分阶段，学习也不仅仅是学书本知识。只有让孩子从小就养成主动学习、乐于学习、终身学习的习惯，才能保证孩子不会在这个飞速发展的时代落后，不用担心孩子长大了找不到工作，不愁孩子在社会上无法立足。

诸葛亮也告诉我们学习有两个重要条件：立志和守静。学习不是一件容易的事，很多孩子容易三心二意，半途而废，需要立志来坚定意志；学习又需要安静，只有沉静下来，才能真正深入进去，以免浮在表面，做无用功。

2. 知耻

《礼记·中庸》中说："知耻近乎勇。"孟子也讲："羞恶之心，义之端也。"缺失羞耻感是性格上的缺陷。知道为自己不好的行为感到羞耻，这是孩子道德观念的觉醒，也是自我改过的第一步。

没有羞耻感的孩子，会经常恣意妄为，很容易干出失足成恨的事情。培养孩子的羞耻感，不仅是帮助孩子培养完善、完满的人格，也能给孩子的未来铺就一条安全的道路。

让孩子知道什么事可以做，什

么事不能做；让孩子知道犯错会被嘲笑、被厌弃。这样的孩子，才能改正自己的错误，成长为更好更强大的人。

真正优秀的父母，在孩子犯错内心出现羞耻感的时候，会循循善诱，利用这种羞耻感引导孩子彻底认清自己错误行为的危害性，引导孩子不断改过、完善自我。

3. 上进

王阳明不强迫自己的孩子参加科举考功名，梁启超不强迫孩子学什么专业、是否读博士。

对孩子而言，父母可以不苛求孩子考第一名，不苛求孩子必须考上名牌大学，但是一定要培养孩子的上进心，让孩子学会不放弃，更不能自暴自弃。

宋代名相范仲淹两岁时，父亲因病去世，母亲谢氏贫困无依，只得改嫁。范仲淹成年后发誓自强，告别母亲求学，借住在寺庙里。范仲淹需要自理生活费，过得十分艰难。他只能吃稀粥，深夜困倦，就用冷水洗面，振奋精神，继续读书。最后范仲淹中了进士，成为一代名相，家族延续800年不衰。范仲淹在困境之下没有放弃自己、放弃学习，终成大才。

作为父母一定要培养孩子的上进心，让孩子无论在什么时候都不放弃、不抛弃。

4. 勤俭

曾国藩说："天下古今之庸人，皆以一惰字致败。"懒惰不知道毁了多少孩子，误了多少人。不管孩子智力高一点还是普通一点，不管家境好一点还是糟一点，勤俭对于每个孩子而言都是重要的。

运气就是要运动起来，也就是勤奋才能产生运气。宁可让孩子学会愚笨地勤奋，也不要让他们学会聪明地投机取巧。而节俭也不是在吃穿上苛责孩子，而是要培养孩子有节、有度的品质。

现在的父母，爱给孩子买名牌，买最好的。这很容易助长孩子奢靡和没有节制的生活习惯。如果孩子穿衣只认名牌，吃饭只要昂贵的，这是十分危险的。勤俭为本，忠厚传家；勤俭传家，耕读继世。这些古人留下的古训，其实蕴含了深刻的道理。

5. 守分

守分就是学会守规则，尊重规则和规律。懂得守规则的孩子，长大更容易理解这个社会。让孩子守分，不是要禁锢孩子的思想，更不是要抹杀孩子的个性和创造性。

规则是一种约定俗成，而不是什么不可更改、不可触碰的高压线。我们之所以遵守规则，是因为规则能保证人的自由，而不是限制、剥夺人的自由。

不要让孩子为了守规则而守规则，那样就成了一潭死水。如果孩子仅仅是为了守规则而守规则，长大以后，虽然不会做出什么违法的事，但是也难以有所建树和创新。

6. 有恒

一次，苏格拉底布置了一项作业，让弟子们每天甩手100下。过一个星期后，他问完成情况，九成的学生都坚持做了。一个月后，他又问，只有一半的人坚持做了。

一年后，只有一个人坚持下来了。这个人就是后来的大哲学家柏拉图。在苏格拉底的徒弟中，比柏拉图聪明的大有人在，但是只有他一个人成就最大，这绝非偶然，而是恒心恒力的结果。

现在社会上有些人心浮气躁、急功近利、缺乏恒心恒力。优秀的父母一定要注意培养孩子恒心恒力。

让孩子每天坚持做一件小事，和孩子一起坚持做一件事，这都是在培养孩子坚持不懈的品质。

在生活中，有很多天资不错的孩子，但是由于缺乏恒心，做事经常半途而废，最终难成大事，这一切都是父母未刻意关注培养所致。

八个人生智慧(5)

5. 懂得尊重他人

孟子有云：“爱人者，人恒爱之；敬人者，人恒敬之。”要想获得别人的尊重，得先学会尊重他人。有的人，自以为很高贵，看不起别人，对待地位比自己低的人，总是一副高高在上的模样，总是控制不住自己的炫耀欲。

没有人想让自己的孩子成为这种人。但是却事与愿违。很多父母为孩子花钱从来不吝啬，对孩子的任何要求都满足，却很少对孩子进行尊重教育，导致孩子不懂尊重长辈、尊重父母、尊重老师、尊重同学；想说什么就说什么，想做什么就做什么。

在日常生活中，父母应该时刻创造条件，启发孩子学会用感恩的心态去面对父母的付出，让孩子先从感恩父母开始。

比如让孩子知道，父母为自己做事后要说谢谢，通过这种小事、小情绪让孩子熟悉这种感恩的状态，并最终知道如何感恩。只有学会感恩，才能懂得尊重。

孩子有些坏习惯可能是你纵容的

文/沫沫

中午，我走到小公园的时候，看到一个刚刚会跑的小朋友，踉踉跄跄地“疾驰”在前面，后面跟着他的爷爷奶奶喊着：“跑慢点，跑慢点，别摔倒了。”这时，小家伙正好跑到我的前面，忽然停住脚步，快速地从地上捡了一个东西塞进嘴里。这时，他的奶奶也跟上来了，也看见了小家伙的这个行为并说：“你捡了地上的什么东西？好不好吃？”然后，居然没有下文了。

我很诧异，难道不应该立即让孩子把东西吐出来，或者从孩子的嘴里，把东西抠出来吗？孩子的一些坏习惯，真的是家人不经意间纵容而成的。以下行为父母一定要注意，以免酿成祸端。

1. 随便捡东西吃

孩子在两岁之前，会有一个口欲期，看到什么，都想放到嘴里尝一尝。这是他们学习的一种方式，也是成长的一个阶段。大多数孩子都有过捡东西吃的行为，但并不是所有的孩子都因此形成了坏习惯。

有统计显示，但凡孩子有捡东西吃的坏毛病，其家人大多有“节俭”的行为，看到食物掉到桌子上觉得很可惜，捡起来吹吹，直接塞进嘴里。孩子看得到，自然也学得牢。不要以为告诉孩子“掉到桌子上扔了太可惜，妈妈是大人可以吃，小孩子不能吃”的道理就可以；孩子根本不理解。

对于孩子而言，东西掉到桌子上、掉到地上，东西掉在家里、掉在外面，是没有太大区别的，东西只是掉了而已。他不会想到“妈妈只是吃了掉在家里桌子上的食物”，也不会辨别地去想“如果掉在外面的桌子上，妈妈是不会吃的”。

因此，食物掉了就是掉了，只要没有外包装，直截了当地捡起来扔到垃圾桶里就好，至少也要捡起来清洗之后再吃。不必为了一点点的可惜，而误导了孩子。

2. 任意扔东西

孩子在八个月龄左右，会有“扔东西”的行为，而且他们会乐此不疲地扔，手边有什么东西，就扔什么东西，只要他们拿得起来。这是他们在成长过程中学会的一项本领。在扔东西的过程中，孩子看到东西坠落的方式、痕迹和轨道，并且注意到不同东西着地时发出的不同声音，逐渐发掘扔东西和发出声音之间的关系，从而学习一些逻辑知识。所以，扔东西对于孩子的智力和心理成长都大有好处。在孩子开始尝试掌握这项技能的时候，可以提供给孩子一些合适的玩具和一个安全的环境，让孩子开心地去尝试，并及时地给予表扬，增强孩子的自信心和快乐情绪。

但是，当孩子渐渐长大，就要淡化他们扔东西的行为了，同时也不要让孩子形成“我乱扔东西时，父母会格外关注”的印象，比如平时对孩子的行为不闻不问，而当孩子乱扔东西时，就大呼小叫。对于孩子而言，这会让他们形成呼唤父母的意识，最终养成乱扔东西的坏习惯。

3. 破坏性行为

孩子从两岁左右开始，好奇、好动、好问、好探索，越来越多地表现出各种破坏性行为。

孩子的破坏性行为分两类：无意破坏和有意破坏。比如刚给孩子买了一个玩具，他没拿稳，掉在地上坏了，这属于无意破坏；比如故意将积木推倒，故意将妈妈的手机扔进水里，故意将绘本撕毁，这属于有意破坏。

还有一种破坏属于孩子探索性行为，比如撬开家里的收音机，看看人藏在哪里；还有一种破坏属于模仿行为，比如孩子模仿种菜，将家里的花拔出来又重新种下。

八个人生智慧(6)

6. 养成严谨的品性

严谨的品性是孩子将来与人交往、受人尊重、让人欣赏的最基本的人品。未来社会是一个合作与竞争并存的社会，要使孩子将来能够适应繁杂的社会性事务，就必须养成严谨细致的习惯。

时常听到父母们抱怨：“孩子一天到晚总是忙忙乱乱的，做事毛手毛脚、慌慌张张、丢三落四的。”“每天上学总是把一些学习用具遗落在家里。”“平时挺聪明的，一到考试就因为马虎，错很多题。”“真是让我们着急，怎么说都不管用，怎么办呢?”

归结起来，就是孩子做事不严谨，这就需要引导孩子做事的计划性。父母应该跟孩子说，一个人不管做什么事，都应该有一个周密的计划，先做什么、后做什么，事前做哪些准备、如何开始等。最重要的是，父母要以身作则培养孩子严谨细致的习惯，帮助孩子克服做事马虎、毛躁、毛手毛脚、慌慌张张、丢三落四的毛病。

孩子形形色色的破坏行为动机复杂多样，父母应该区别对待，切不要不分情况，训斥或打骂。

对于有意破坏应加以制止，要指出危害，教育孩子今后不要再发生；对于无意破坏应该谅解，并给予安慰；对于探索性破坏和模仿性破坏，要讲清道理，在适当的时候和安全的环境下，允许孩子探索和模仿。

4. 攻击性行为

很多孩子都有咬人、打人的阶段，尤其是打自己最为亲密的陪伴人，比如妈妈；这同样也是孩子的一种成长模式。造成孩子攻击性行为的原因有很多，可能是一种自我保护，也可能是一种自我发泄，还有可能是单纯的模仿。

在孩子年幼的时候，出现攻击性行为，父母要及时纠正，并适当淡化就好。如果孩子在三岁左右，攻击性行为更加强烈，那么就需要及时调整孩子所接触的东西，比如所看视频有没有打斗、攻击性的情节；周围的人有没有相互打斗、不友好的行为。

平时父母还要身体力行地做孩子的榜样，尽可能温文尔雅、礼貌待人接物。随着孩子自我意识的成长，很多孩子也会逐渐比较任性，以自我为主。而孩子的这种行为与家人的过度溺爱、娇惯有很大关系。当孩子因为没有得到满足而大发脾气、任性的时候，父母却妥协、忍让，最终滋长孩子的情绪，养成其恣意妄为的坏毛病。

所以，要让孩子知道有可为有可不为，同时家有家规，每个人都要好好地执行。只有全家人态度一致，方向一致，才能调教出有好习惯的孩子。

假期带孩子做这些事比补课强(5)

5. 培养孩子一项特长

有个妈妈发帖说："女儿上大学的第一天，就哭着打回电话，说为什么小时候不逼着她掌握一门特长?"原来，军训后，大家轮番表演才艺，大学各社团招新人，她只能站在一边，干巴巴地看着。因为她除了读书，什么都不会。

"00后"天才画家凌云登，从三年级开始学习画画。初三的暑假，他用钢笔画了五幅作品，上传到贴吧，一炮而红，之后还开办了自己的画展。因为这份特长，他虽然成绩平平，却依然成为同龄人中的佼佼者。

也许不是每个孩子都能有这样的天赋，但是每个孩子都应该拥有选择的机会。培养孩子一项特长，不一定能改写人生，却可以拓展生命的宽度，丰富精神世界，帮助他看到人生的更多风景。

文/高志宏

你能分清规则和规矩吗

咨询

平时，我给孩子立的规矩，孩子都能遵守，我提出的要求，孩子也能配合。可是，孩子刚上学，我就收到老师的投诉："孩子上课不听讲，跟同桌说话；下课和同学们打打闹闹；老师批评他，他不但不听，还顶嘴。"为什么孩子在学校的表现，跟在家里完全不一样呢？

分析

妈妈错把家规当成社会规则；错把接受父母的管教当成孩子有规则意识。

(1) 规矩对"个人"，规则对"角色"

规则是"需要大家共同遵守的制度"，它对应的是人在社会中的角色。比如只要你是公民，你就要遵守国家的法律法规；只要你是小学生，你就要遵守校规、校纪。

家庭也会有一些不成文的规则，需要父母和孩子各自遵守。比如谁都不可以说脏话，父母不可以随意看孩子的日记，孩子也不可以乱动父母的东西。

规矩当然也是规则，当父母说"在家里给孩子立规矩"时，针对的通常是孩子——你这不可以，你那不可以，而不是这个年龄段的小朋友不可以做什么事情。比如你不能对父母说脏话——这是父母给孩子立的"规矩"；小朋友说脏话是不好的行为——这是父母告诉孩子的"规则"。你不能从父母的钱包里拿钱——这是父母给孩子立的"规矩"；孩子不能拿别人的钱——这是父母告诉孩子的"规则"。

孩子在家里只知道针对自己的"规矩"，却不知道作为小朋友应该遵守哪些"规则"，自然不具备社会角色的"规则意识"，即作为幼儿园的小朋友应该做什么，不应该做什么；作为小学生，应该做什么，不应该做什么。

而且这些孩子在家庭之外，比如电影院、游乐场、餐厅，通常也不遵守规则，因为他不知道，作为电影院的观众、游乐场的游客、餐厅里的顾客，什么样的言行才更合规。

(2) "守规则"自己受益，"立规矩"父母受益

作为社会成员，遵守规则，受益者是自己。比如遵守交通规则，每个人都可以享受交通秩序和安全

保障；小学生遵守校规校纪，可以创造更好的校园环境，每个孩子都会从中受益。

培养孩子的规则意识，要让孩子明白，规则不是用来“管”他的，而是用来“帮”他的，他才乐于遵守。

给孩子“立规矩”的作用恰恰相反。尽管父母认为给孩子“立规矩”是为他们好，实际上，父母“立规矩”的初衷，大部分都是为了让孩子更乖、更好管，这件事的最大受益者是父母——孩子清楚这一点。

所以，在家里接触过多“规矩”的孩子，很容易形成一个错误的认知——大人说的那些“不可以”，都是用来“管”我的，都是为了让大人省心、省力、省事。

到了学校，面对校规校纪以及老师的各种要求，孩子同样会这么认为，而且他知道，老师不会像父母那样打他骂他，所以他不用怕。不但“规则意识”没有建立起来，孩子破坏规则，恐怕还有恃无恐。

(3)“立规矩”是“他律”，“规则意识”是“自律”

“立规矩”是一种严厉的表达方式，很多父母在执行中，也会比较严厉，比如不守规矩，父母可能会打骂、惩罚。这么做，等于让孩子习惯依靠“他律”来约束自己的言行。

“规则意识”则是一种自律，他明白在某个场合，作为某个角色，他不应该怎么做，为什么不能那么做，然后他自觉自愿地自我约束，即便没人监督，他也会那么做。

所以，用“立规矩”培养“规则意识”，目标和结果都会大相径庭，更容易培养出在父母眼皮底下乖乖听话，离开父母管束就放飞自我的孩子。孩子在家越听话，在外面就越放飞自我，因为平时被压抑得太厉害了，任何一个能让他们稍微有点自由的机会，他都不肯放过。

建议

在日常生活中，帮助孩子建立“社会角色”的认知，并且告诉孩子，作为某个角色，合规得体的言行是什么样的，为什么？帮助孩子理解“社会生活”如何运行，每个人在其中起什么作用。比如幼儿园是如何运行的，幼儿园的小朋友们对此能够帮上什么；学校是如何运行的，每个学生的作用是什么。减少父母对孩子事无巨细的监督、管控，让孩子有机会尝试自己管理自己。

在家庭生活中，充分体验过自律的孩子，在幼儿园和学校生活中更自律，不会时刻准备放飞自我。

文/蜉蝣

告诉孩子自律者优秀 懒散者出局

知乎上有段话一度火爆："既然整天不思进取，浑浑噩噩，没有半点目标可言，就不要做英雄式的梦，好好地甘于平庸。既要前程似锦，又要毫不费力，你咋不上天？"话糙理不糙，每个迷失在舒适区的孩子，都需要父母将他点醒，没有轻而易举的成功，只有日复一日的努力和自律。

1. 所谓自律，就是自己给自己定下的纪律

经常有父母抱怨：孩子做作业要大人守着，电脑一玩一整天，起床、睡觉、吃饭、上学都得催。总之，大事小事都得大人看着，否则别指望他能自己做好。其实，这些都是孩子缺乏自律的表现。缺乏自律的孩子，总是需要一个教练般的角色在身边不断地鞭策他，否则就很容易懈怠。但是，学习是孩子自己的事情，如果孩子不自律，无论如何都是做不好的。

所谓自律就是自己给自己定下的纪律，并且逼迫自己去遵守。在别人出去玩的时候，强迫自己专心看书；在别人睡懒觉的时候，强迫自己坚持早起；在别人心神不定的时候，强迫自己心无旁骛。

孩子唯有做到自己管理自己，用自律代替懒散，怀揣初心，把模棱两可的三分钟热度变成一往无前的决心，把摇摆不定的"我愿意"变成清晰的"我会完成"，才能实现自己的理想。

虽然，前进路上难免会感到疲惫，但是只要心中还有最真挚的热忱，终将抵达想去的远方。

2. 自律的过程很难熬，但自律的人生很美好

记得有人问董卿："你能一直坚持每天睡前阅读一小时吗？"董卿十分诚恳地讲道："这个无所谓坚不坚持，就是你的习惯。卧室里没有电视机，没有手机，没有任何电子产品，这是我的一个习惯，安静地看会书，就可以睡觉了。"

自律前，觉得不可能，自律后，觉得万分煎熬，再坚持一段时间后，就成了习惯。那些从小坚持阅读的孩子，不会觉得每天阅读很痛苦，相反当某一天没有看书，他反而不

习惯；那些习惯写完作业再玩耍的孩子，不会觉得先学后玩有多难熬，相反你让他先玩后学，他反而玩得不痛快。

真正的自律，并不像外人见到的那般“痛苦”，而是和日常吃饭、睡觉的行为一样习以为常。自律的孩子，他们看似自虐，实际上他们享受解题的快乐，享受努力获得好成绩的快乐。自律的孩子看似辛苦，但是他们从来不会失意和迷茫，因为他们有自己的目标。

自律不是“痛苦”和“磨炼”，而是帮你达成目标的方式。

球星C罗说，值得拥有的东西，永远都来之不易。你今天的日积月累，早晚会成为别人的望尘莫及，这就是自律的意义所在。

3. 放纵不是自由，自律才能掌握人生

知乎上有一个问题：你最深刻的错误认识是什么？点赞最高的回答是：“以为自由就是想做什么就做什么，后来才发现自律者才会有自由。”想看电视就看电视，想玩手机就玩手机，不想写作业就不写作业，不想上课就不上课，这些都不是自由，而是被欲望裹挟，被懒惰控制。你不是不想上进，而是懒得上进，你不是不想好好学习，而是被诱惑影响。

窦文涛曾经在“圆桌派”中说过，这自律的人，才叫有自由。就像不自律的人，他其实是被欲望控制的，你想吃吃想睡睡，屈服于肉体。这自律的人，我精神上说让躯

八个人生智慧(7)

7. 懂得自我批评

有教育家说，批评孩子，不如帮孩子学会自我批评。批评孩子的目的，是让孩子意识到自己的错误，改正错误，避免下次再犯同样的错误。在此过程中，一定要引导孩子学会自我批评，坚持自我批评。只有逐渐地学会了自我批评，孩子才能正确认识自己的错误和原因。

教育孩子学会自我批评，父母一定要发挥好带头作用。父母也难免犯错误，在孩子面前要勇于认错，有错就改。可是，有相当一部分父母，不愿意向孩子承认自己的错误，害怕失去父母的威信。

这么想完全是多余的，父母在教育孩子的过程中出现错误，如果诚恳认错，并加以改正，孩子对父母反而会加深理解和尊重，也会使孩子明白做人的基本要求，从而更加主动地约束自己。

体起来，它就得起来，让它少吃它就得少吃。这样的人，才叫自由。

肆无忌惮地放任自己，这样得来的自由，终将在现实中倒塌，而自律赢来的，是你对现实的自主感，是真正的自由。早起读书，虽然起床时有片刻痛苦，但是一天结束时却内心充实；放肆玩乐，放纵的当下虽然快乐，但是临睡前却经常愧疚自责。

学习本就是反人性的，是带有一定痛苦的，是需要咬牙坚持的，正因为如此，所以优秀永远只属于少数人。真正能够登顶远眺的人，永远是那些心无旁骛，坚持往前走的人。所以，去成为一个自律的人吧，过上高级且自由的生活，不悔此生。

4. 优秀的背后无他，唯自律而已

湖南女孩姚婷入选华为“天才少年”，和普通人比起来，她并没有聪明的天赋和强大的背景，她的成功，靠的就是十年如一日的自律。她的高中班主任这样评价她：“她是一个非常自觉、自律的孩子，根本不需要老师操心，对自己的学习有规划，知道什么时候该做什么事。”

没有谁是神的孩子，凡人的资本在于勤奋和自律，这看似是无奈应对，实则又是最智慧之选。命运是公平的，越是通往成功的路，越是不好走。

你要想有所成就，必须有所放弃，放弃自己贪图享乐的懒散，放弃自己好逸恶劳的惰性，放弃自己三心二意的犹豫。选择了远方，就别怕风雨兼程，多点自律，就更接近你想成为的样子。

正如《我的前半生》中有句话：路要自己一步步走，苦要自己一口口吃，抽筋扒皮才能脱胎换骨，除此之外，没有捷径。所有出众者的背后，都有着超乎常人想象的努力。

假期带孩子做这些事比补课强(6)

6. 带孩子每天运动

校长唐江澎提出：“好的教育应该是培养终身运动者、责任担当者、问题解决者和优雅生活者，给孩子优秀而健全的人格。”其中培养终身运动者是排在第一位的。

湖北省理科状元唐楚玥，从小就喜欢各种运动。疫情防控期间，她每天都和家人打一小时的羽毛球，在学校运动会短跑项目中，她拿过年级第二的成绩。正是运动让她在学习上精力充沛，时刻保持一个好的心态。

平日里孩子大多学业繁忙，假期是带孩子运动的最好时机。每天抽出半小时，楼下的小广场、附近的公园都是运动的好去处。弱不禁风的身体，很难培养出有活力的灵魂。

文/麦子

当孩子说“妈妈，我不想学了”

一天，我送孩子去上书法课，在小区门口看到一个妈妈拽着孩子往车里塞，孩子一边哭一边挣扎：“我不想学舞蹈了，我不去，太累了。”妈妈大吼：“你今天去也得去，不去也得去。”最终，孩子拗不过妈妈，上了车，去学舞蹈。我们到底该不该逼孩子？当孩子皱着眉头跟我们说“不想学了”，我们该如何应答？

1. 不要让你的第一次放弃来得这么早

李亚鹏在一个节目中，聊起自己的女儿。李嫣很喜欢弹钢琴，已经学了五六年的时间，但是一次未通过乐理知识的考试，导致她考级失败。她很不开心地说：“爸爸，我不想学了。”吃晚饭的时候，李亚鹏说了一段话：“你不想考乐理了，没问题，人生总要面临一些放弃和失败，我考交规考了两次都没通过，但是你才12岁，你要不要让你的第一次放弃来得这么早啊？”后来，李嫣顺利通过考试。

所以，不要轻易放弃，否则你会错过你本该拥有的精彩。正如蔡康永所说：“15岁觉得游泳难放弃游泳，18岁遇到一个你喜欢的人约你游泳，你只能说我不会；18岁觉得英文难放弃英文，28岁出现一个很棒但是要会英文的工作，你只能说我不会。人生前期越嫌麻烦，越懒得学，后期就越可能错过让你动心的人和事，错过新风景。”所以，不要让未来的自己懊悔当初的轻易放弃，不要让自己午夜梦回时，心里全是不甘和后悔。

2. 不要在长大后，后悔当初没人逼你一把

刘宪华的一段小提琴表演在微博上火了，聚光灯下的他，优雅淡定，琴声时而宛转悠扬，动听缠绵；时而倾泻奔流，行云流水，实在让人惊艳。

一次，Angelababy问刘宪华：“你是小时候被父母逼着学小提琴的吗？”“对，被逼着。”“你愿意吗？”“我不愿意，一直到十一二岁时，都一直不想拉；后来，我参加了第一个比赛，从那时起，我就开始喜欢了。”“你现在感谢父母吗？”“非常非常感谢。”

演员倪妮也在一旁感叹：“是啊，真的挺感谢他们的，如果他们

不逼你，这些东西永远不会长在你的身上。”这时Angelababy怅然若失地说了一句话：“为什么当初没有人逼我呢？”这句话，承载着多少不甘和懊悔。

孩子想退缩、想放弃，也不难理解。积年累月，风雨无阻地上课，很多父母都觉得又累又烦，更何况是去上课的孩子呢？

可是，如果这个时候，我们轻易地让孩子打退堂鼓，孩子很可能会在将来后悔，当初的自己为什么没能咬咬牙坚持下去呢？我们也会自责内疚，为什么当初没能逼孩子一把呢？

3. 人的一生，总得有个爱好

让孩子学有所长，拥有一项伴随一生的兴趣爱好，是送给孩子的最好礼物。

这份礼物，是让孩子多一份生活的底气。刘若英七岁时，她问祖母：“我为什么要学钢琴？”祖母说：“如果有一天你老公不要你了，你还能有一技之长，可以养自己、养小孩。”长大后，她才明白，祖母坚持让她学钢琴，只为让她长大后有门手艺，不用被迫谋生，做自己想做的事，多一份生活的底气，多一份生活的选择。

这份礼物，是帮助孩子发掘自己的特长。天生的叫天赋，但是没有孩子生来就有特长，比如莫扎特从小就有音乐天赋，但是他的钢琴特长也是后天父母培养的，他也不是生下来就会弹钢琴。孩子的特长，要靠后天培养。父母要做的就是帮助孩子在不断的探索中，发掘自身的特长，将自己身上的闪光点不断放大、再放大。

这份礼物，是让孩子收获更多珍贵的精神品质。胡可上传儿子边哭边练琴的视频，引得大家拍手称赞，视频中的孩子抹眼泪的同时，

家教典故(2)

2. “身教”和“言教”

晋朝刘子真，曾任河南尹丞、太尉，著有《春秋条例》一书，而且品德高尚，行为检点。

可是，他的儿子却因为贪污受贿受到制裁，父亲也因此受到株连被罢官。朋友告诉他：“谁都知道，你是个清官。为什么平时不注意引导孩子学习你的好品行呢？”刘子真说：“一个人的路，是要靠自己走的。我忙于公务，哪有时间教育他呢。”

朋友说：“作为父亲你独善自身，只注意自己的品行，却不注意启发、诱导、教育子女，这是不对的。‘身教’固然重要，但是没有必要的‘言教’，‘身教’也不会发挥很大作用。这不能不说你这个做父亲的失职啊！”

双手不忘弹琴的小模样，让人又感动又心疼。小小身体里，蕴藏着大大的能量。正如胡可所言："我们不需要执着一定完美的结果，却要拥有坚持的品质。"

4. 坚持的惊喜，就藏在你以后的路里

孩子五岁时，我给他报了各种兴趣班：书法、击剑、跆拳道、钢琴。然后，让他从中选出自己最喜欢的一两个坚持学下去。一个月过后，他做出决定，选择书法和钢琴。如今他已经坚持三年了，这期间他也曾告诉过我："妈妈，我不想学钢琴了。"我耐心地说："你忘了我们拉钩做的约定吗？你不想成为一个出尔反尔的人吧？"

有时，我也想偷懒，每当这个时候，孩子反而也过来劝我："妈妈，你不能半途而废啊！"

美国有一项研究发现："决定孩子未来的，并不是智商，而是坚持。"罗振宇在《逻辑思维》里有个很经典的说法："孩子都喜欢宠物，因为宠物可以给出即时反馈。"人性都是喜欢即时反馈的，孩子爱玩游戏也是这个原因。

但是，孩子将来要成功，就必须有延迟满足的能力。就是能够忍得住，在不能马上看到成果的前提下，还能付出努力，坚持行动。所以，陪着孩子一起栽花种草吧，今天浇浇水，明天施施肥，表面上没有什么变化。但是，总有一天，孩子会发现自己所有的努力都没有白费，花开的那个瞬间，孩子就明白了，不能马上看到成果的努力，其实能带来更大的惊喜。

八个人生智慧(8)

8. 培养自学能力

自学能力要从小培养，那么如何进行有针对性的培养呢？不妨试试下面三个方法。

(1) 培养孩子的学习兴趣

兴趣是最好的老师，孩子一旦对学习产生了兴趣，父母就不用操多少心了。

(2) 引导孩子学以致用

学习的目的在于应用，在于指导人们的生活，学习而不与实际相联系，是没有用的。最为行之有效的学习方法便是与实际相联系。通过解决实际问题，让孩子获得成就感，激发学习兴趣。

(3) 创造一个自觉学习的家庭氛围

父母要求孩子读书，自己却坐在电视机前看电视，那么教育的效果就会大打折扣。如果全家人能够一起坐下来，一起读书，一起讲故事，一起画画，一起拼图，这种家庭氛围对孩子而言，是一个潜移默化的影响。 **(京博国学)**

文/赵若冰

阅读的乐趣在于找到书中的新鲜感

家中故事

孩子说最近看《西游记》唐僧收孙悟空这一回，很有感触。我问他有什么感触？他先问了我几个问题："孙悟空被压在五行山下，五行山又叫什么山？""五指山？""唐僧为什么给孙悟空起名叫孙行者？""师徒还有很远的路要行？""唐僧和孙悟空第一次产生嫌隙是因为什么？""因为孙悟空杀死了几个强盗。""几个？""一伙强盗。""强盗各叫什么名字？""这么大一部书，强盗的名字都会写出来？"

孩子告诉我："我总算发现阅读的乐趣了，如果带着这几个问题去看书，你一定也会看得很认真吧！""书中都有答案？书中有这伙强盗的名字？"我半信半疑地拿出《西游记》。还真有，只是当初看书时，只为故事情节，至于细节都匆匆而过。在孩子的追问下，细想这些细节，还真是意义深远。

故事启示

阅读的乐趣在于可以不断地从书里找到新鲜感，那些过去可能是无意中漏掉的章节，可能是不小心被风吹去的页码，也可能是觉得无聊晦涩而放弃的内容，在另一个时间段，在另一种心情下，忽然倍感新鲜，感触至深。所以，对于培养孩子的阅读乐趣，父母要尽可能地做到以下这些。

（1）不要把阅读当作负担

有些父母会把专家推荐的书目当作至尊宝典，认为只有这些书才是孩子应该用心去阅读的，至于其他书，都叫杂书、闲书，阅读就是在浪费时间。殊不知，这种强迫式的阅读，只会让孩子把阅读当作负担，毫无乐趣可言。

孩子喜欢的东西是有规律的，需要一个漫长以及不断改变、调整的过程。所以，即便父母想要干涉孩子的阅读，也要有方法才好。

孩子阅读的书目，你都看过吗？你都了解吗？你知道里面讲了什么故事、作者想要表达什么样的情感吗？只有父母做到和孩子的阅读同步，才有可能有的放矢地和孩子共同探讨，而不是盲目地指责或强迫式地填鸭。

（2）听孩子讲他喜欢的书

孩子是需要倾诉的，那么聆听就是父母的一种本领。每天抽出时间，静静地听孩子给你讲他看过的书、读过的故事、领悟的道理。只有你愿意听，孩子才愿意讲；只有你能够安静、不打断地听，孩子才愿意滔滔不绝地分享；只有你平和地提出建设性的意见，而不是横加指责，孩子才愿意听从你的建议。

“阅读不是为了雄辩和盲从，而是为了思考和权衡。”为什么不能给孩子一个思考和权衡的时间呢？为什么要把自己的学识用到雄辩上，还要求孩子盲从呢？

（3）阅读时间也不必过长

阅读固然重要，但是还没有重要到把其他事情，包括运动等都排斥到一边的程度。陪小孩阅读，要看小孩的状态，如果他已经坐不住了，听不进去了，就及时停止。幼儿阶段，玩耍、做游戏更重要。

能够自主阅读的孩子，阅读时间也不必过于控制，如果同一姿势读书时间过长，可以让孩子运动运动、做做眼保健操、适当吃些小点心、补充一些水分。爱阅读的孩子，在不同的时间、不同的地方、不同的角度都可以读书，随手拿起一本书就能投入进去，不必严格掐算阅读时间。

总之，阅读是一个漫长积累的过程，父母要有足够的耐心。想要提升孩子的阅读乐趣，只能基于对孩子的深度了解之后，不断地尝试调整引导孩子阅读的策略，寻找到孩子的乐趣所在，孩子才会真正地喜欢阅读。

德国家教62句(3)

17. 家里萦绕美妙的音乐，是让孩子喜欢音乐的最好方式，潜移默化的音乐教育，父母喜欢，孩子就会喜欢。

18. 家庭气氛和谐，才能养出性格平和的孩子，不要在孩子的心里埋下暴力的种子。

19. 爱孩子就让他知道，他不是捡来的；爱要说出来，要让孩子知道。

20. 居高临下、大声训斥、缺乏耐心，只会让孩子充满压力，将孩子视为个体，平等对待、相互尊重。

21. 不干涉、多鼓励，让孩子自主学习。

22. 即使孩子犯错，也不能随便训斥，孩子也是有尊严的，不是孩子不成器，是教育出了问题。

23. 鼓励孩子与大人争辩。

24. 尊重孩子的发言权，理解孩子的想法，对孩子说话时，要半蹲，眼睛相互对视。

文/沫沫

喜欢阅读的孩子比较早慧

阿根廷著名诗人、小说家、散文家、翻译家博尔赫斯说：“天堂是一座图书馆的样子。”这句话真的很美，让人一下子就能体会到阅读的力量。阅读是一种生活方式，也是孩子认知世界最为便捷的方式之一。在阅读中，可以领略到不同的世界、不同的种族、不同的人们那些似曾相识的喜怒哀乐；可以领悟到不同的时间、不同的空间、不同的领域那些仿佛共同又不同的往事。

1. 阅读让孩子不留遗憾

阅读的美、阅读的力量不仅仅在于此，当习惯于阅读，孩子就会在独处时精神富足、团建时保持风骨，不会随波逐流，亦不会人云亦云。

通过阅读，孩子们可以增加见识、汲取经验教训、遇事善于开动脑筋，有一种精神力量在不断地引领他们一路前行。

通过阅读，为孩子增加一种书卷气息。知识的力量是无穷的，知识所带给孩子们的智慧亦是无穷无尽的，孩子的为人处世之道、世界观、价值观自然而然形成，对生活充满热情，成败得失自会宠辱不惊。

喜欢阅读的孩子比较早慧，这是因为阅读能够活跃脑细胞，大脑本身就是越用越灵活的器官，越吸收知识、越善于思考，大脑就会越兴奋、越强壮，让孩子的成长不留遗憾。

2. 如何让孩子爱上阅读

（1）把握阅读的黄金期

如果在孩子六岁之前，能够养成阅读的习惯，孩子的一生就会受益匪浅。因为0～6岁是孩子大脑的高速发育期，在这个阶段培养阅读习惯，有事半功倍的效果，而且一旦习惯养成，也不容易半途而废。

培养孩子阅读习惯的关键在于——亲子共读。亲子共读的重点在于要求孩子阅读的时候，父母也要有阅读的意识和习惯。而不是要求孩子读，父母在旁边看手机，这不是“亲子共读”。

对于不能自主阅读的孩子而言，亲子共读可以是一种亲子阅读的形式，由父母为孩子读绘本，讲睡前故事，不仅能促进亲子关系，还能让孩子养成阅读习惯。

对于已经能够自主阅读的小学生而言，亲子共读可以是共同阅读一本书，从而有了共同语言，可以共同探讨、共同分享；也可以是共同阅读，但是各读各的。不管怎么读，这个共读的时间还是要把握好，并且能够有深入的交流。

对于再大一些的孩子而言，亲子共读可能就是一段父母孩子在同一个空间共同度过的时间，孩子自有自己的兴趣爱好，父母也有自己的阅读宽度和深度，那么各读各的，只是稍一抬头，就会发现旁边或者对面的他认真专注的样子，幸福感、温馨感油然而生，这将成为孩子和父母最为温暖的回忆之一。

（2）适当的读物，丰富的形式

在孩子还不能独立自主地完成阅读之前，给孩子挑选适当的读物很重要。不是所有的名著都是最适合当前的孩子，也不是所有的必读书目都要孩子逐字逐句地完成。

首先，要考虑孩子的接受能力。比如识字量，若是生字太多，很难引起孩子的阅读兴趣；比如排版过于紧凑，字体太小，孩子看起来很费力，自然也不愿意阅读；再比如内容晦涩、历史感比较厚重，也不符合孩子当前年龄所能接受的范畴，孩子当然不愿意阅读；还有篇幅过长，小小年龄就开始啃“大部头”，看不完是一回事，但是看不懂是一定的，阅读难度太大，导致孩子难以对阅读感兴趣。所以不如从实际出发，从孩子的年龄和兴趣出发，不必过度追求名著效应，循序渐进才是上策。

其次，要给予孩子多种形式的阅读。让孩子亲身体会到阅读的乐趣，他们才愿意读下去。我家孩子是小学三年级开始阅读《哈利·波特》的，这种读物篇幅过长，孩子阅读起来还是相当费力。但是因为他看过影视版的《哈利·波特》，疯狂地喜欢上了《哈利·波特》里的故事情节和人物，所以即便读起来困难重重，不认识的生字很多，但是丝毫不影响他一点一点地坚持读下去。

所以，对于小孩子而言，想要提升他们的阅读兴趣，不仅仅是图书绘本，一些经典的卡通片、电影都是很好的导入工具。有些孩子可能会对图片、手工感兴趣，用这个作为孩子阅读的突破口，也是非常好的选择。只有阅读的形式丰富多彩，孩子才能不知疲倦地一直喜欢下去、坚持下去。

没有不爱阅读的孩子，主要看父母如何引导和带领。有时父母不正确的方式方法，比如强迫孩子阅读，或者给孩子很大的压力，那么孩子的阅读兴趣就会被消磨掉。

文/柏燕谊

孩子对学习不感兴趣怎么办

很多孩子对学习不感兴趣，对玩感兴趣，像电脑、游戏等，孩子总是玩不够。很多父母都会想到一个问题，怎么做才能让孩子对学习就像看电脑、玩游戏那么投入呢？

1. 建立起学习的兴趣

案例1

有个六岁的小男孩，就像一个“恐龙专家”，能说出上百种恐龙的名称，知道它们的习性，而且这些知识的获得，仅仅是因为他喜欢恐龙，对恐龙感兴趣，并不是被动地获取信息。可见，建立起孩子的学习兴趣，是最好的学习动机。

案例2

一个孩子在美国读二年级，他的妈妈在博客上贴出了美国学校为学生们安排的课程表。课程表里所有的课程都是以20分钟为单元进行，而且是动手环节、游戏环节、课程环节、解决问题环节穿插进行。

这个课程表安排得很巧妙，动手和游戏都是孩子们最喜欢，也是感觉上最放松的环节，20分钟正好是孩子注意力的极限，及时穿插进行，非常容易重新调动孩子的学习兴趣，集中孩子的注意力。

妈妈说，课程环节很少，作业也不多，但是孩子们学到的内容却很丰富。学校之所以为学生这样安排课程，就是要让每个孩子都能感受到学习的乐趣，并通过学习变得

德国家教62句(4)

25. 应该给孩子的是爱，而不是伤害，爱与被爱是最可贵的能力。

26. 尊重孩子的爱情。

27. 缺少体罚的教育，是不完整的教育。

28. 让孩子在碰撞中成长，而不是在呵护中长大，磨炼孩子非凡的勇气和胆量，他才能保护自己。

29. 不让孩子做家务，是害而不是爱；让孩子体会天下没有不劳而获的事。

30. 让孩子了解社会的黑暗面，学会自我保护。

31. 德国人的饥饿教育：不好好吃饭，就得挨饿。

32. 给孩子的成人礼：尝试让孩子一个人旅行。

更加自信。

案例3

爸爸经常和女儿玩24点扑克牌游戏。女儿知道爸爸数学好，所以每次女儿赢了爸爸都格外高兴，输了也不懊恼——因为爸爸输了也不懊恼。这让女儿觉得输给爸爸也没什么大不了的，下次赢了就好。

24点游戏考验心算速度和运用算式的熟练程度，谁最先想出方法，就算谁赢。显然，大部分时候，爸爸都比女儿先想到答案。但是，爸爸有时会等着女儿，有时会问女儿："除了爸爸说的方法，你还能想出哪种方法?"

这样不仅缓和了女儿的情绪——女儿也不喜欢总输——还给女儿开拓了解决问题的思路。为了赢爸爸，女儿有意识地学习数学课本中的加减乘除知识，练习心算。慢慢地女儿就和爸爸不相上下了。随着赢的次数增多，女儿越发喜欢这个游戏。

孩子对数学越来越感兴趣了，经常对"老师提出的疑难问题"找出多种解决方案，老师也喜欢爱动脑筋的学生，经常给予女儿高度赞美，形成一个积极学习的良性循环。

点评

孩子在小学阶段的主要任务是学会学习——建立起对学习的兴趣，掌握学习的策略。

对小学生而言，最重要的学习任务不是积累知识，而是获得学习的动力和能力。积累知识是在孩子获得动力和能力后，自然而然发生的，是有效率的学习带来的结果。

2. 适度创造鼓励环境

(1) 合理奖赏

小学生以外部动机为主，成人的奖励是孩子学习的动机之一。需要注意的是，为避免破坏孩子的学习兴趣，父母在给予奖励时应该表达自己对孩子的期望。

(2) 定期评价

对于某些学习内容，可以采用定期评价的方式，对孩子的学习情况进行反馈和监督，比如让孩子能够清楚地看到自己的进步，这些细小的行为却是强大的正向反馈。

(3) 适度竞争

让孩子跟其他孩子一起看书、学习钢琴。让孩子了解同龄人的学习情况，形成适度竞争的环境。但不要说"你看邻居家的小刚，总是考第一，为什么你考不到"之类的话，这反而容易引起孩子的反感。

文/粟言点点

给孩子选择和决定的权利

案例

妈妈最近犯愁了，给孩子报的钢琴班，孩子不去了。英语班和书法班也都学得很被动，唯独对足球非常感兴趣。妈妈规划明确，小学毕业前，钢琴过10级，英语过PET，书法至少获个省级奖。至于足球，妈妈只想让他玩玩而已。然而，现实完全脱离她的规划，她希望孩子发展的，孩子都排斥；她不希望孩子发展的，孩子却喜欢。她不知道该怎么办。

点评

兴趣投资，父母舍得花钱，可是花钱只是最轻松的一步。学习过程中的各种问题应接不暇，更让父母头疼。真正能把兴趣发展下去的孩子少之又少，大部分都是高开低走，甚至成为遗憾和隐痛。很大一部分原因，是父母不合理的目标预设和错误引导。

观点

（1）兴趣是成功的基石

案例

“苹果教父”乔布斯说，他曾经做得最棒的一个决定，就是大学没毕业就去创业了。他不必再去读自己不感兴趣的课程了，可以选择自己感兴趣的课程。创业初期很艰辛，因为没有钱，他只能睡在朋友家的地板上，为了填饱肚子，他去捡五美分的可乐瓶子。他说：“我跟着我的直觉和好奇心走，遇到的很多东西，此后都被证明是无价之宝。”

分析

美国心理学家安杰拉·达克沃思曾经采访了数百位在不同领域有着卓越成就的人士，发现他们共同的特点就是：“他们所从事的事业都是他们非常热爱的，也就是他们真正的兴趣所在。”

可见，兴趣是推动孩子求知的一种内在力量。这股力量强大到可以让孩子全身心地投入，产生强烈的探求欲望，形成不可估量的自制力。即使遇到困难也能迎难而上，更坚毅、更长久地坚持。

（2）兴趣要允许试错

案例

一个妈妈说，她12岁的儿子特别喜欢编程和游泳。其实，孩子从三岁开始，就接触了各种兴趣班，学过象棋、乒乓球、画画、电子琴、足球、书法，经过不断地尝试和探索，才终于找到了这两个稳定的兴趣。

分析

对的兴趣，不是父母强加在孩子身上的兴趣，而是孩子真正喜欢并愿意投入热情的兴趣；对的兴趣，一定要允许孩子试错。

安杰拉·达克沃思在对数百位成功人士的采访中发现，成功人士在找到“兴趣和激情”之前，大多数都花了很多年的时间探索，而且那个让他们最终“孜孜以求”的事情，很多时候并不是他们第一次遇到时就一见倾心的那个。

达克沃思说：“在找到固定的激情并准备每天花数小时辛勤磨炼此项技能之前，孩子们必须先探索，从而激发出真正的兴趣。”

有些孩子十分幸运，在童年时就锁定了自己一生的兴趣方向。然而，大多数孩子却需要在不断的接触、尝试中逐渐认识自己，做出判断，这尤其是需要父母的正确引导。父母能为孩子做的最好的事，就是允许创意、允许试验，让他们追随自己的内心。

（3）发展兴趣，孩子才是主角

案例

美国作家玛德琳·莱文在一所美国顶尖中学做完演讲后，一个妈妈向她请教，如何激发孩子的学习热情：“我女儿特别热爱写作，老师说她有罕见的才华。我一直鼓励她参加写作比赛，但是她不肯，她说自己就是写着开心。但是，我认为她可以做得很好，怎么才能让孩子参加比赛呢？”

文莱说：“你女儿喜欢写作，那太棒了。别干扰她，让她写。”然而，在场的父母们赞成这种说法的寥寥无几。

分析

孩子上兴趣班，大部分父母的功利性和目的性非常强。选班一定要能够为学业加分，成为人生晋升的工具。在学习过程中，急需看到显性的效果，要求孩子考级，参加各种比赛，拿到优异成绩，以此作为评价孩子学好学坏的标准。

父母要合理引导和监督，要知道何时推进，何时撤退。如果孩子在某件事上展现出天赋，有浓厚的兴趣，无论如何都要尽量支持。如果一件事已经影响到孩子的身心健康，让孩子感觉到惧怕和痛苦，就应该考虑放弃。发展兴趣，孩子才是主角，如果父母越俎代庖，即使短期内取得一些成绩，最后也会以悲剧收场。只有学习自己真正喜欢的东西，他们才能热情洋溢，才会心甘情愿地付出努力。

建议

（1）做个合格的配角

孩子小的时候，要让孩子涉猎广泛，父母则要细心观察，注意观察孩子实际是什么样的人，擅长什么、喜欢什么。当发现了孩子的兴趣火花时，父母则要适当地“煽风点火”。

美国知名教育工作者朱莉·利思科特·海姆斯提出父母“煽风点火”的三种方式：一是家庭晚餐谈话是发现火花和煽风点火的好时机；二是持续提问则可以触及他们愉快经历的核心；三是帮助孩子找到同一条道路上的先行者，更有助于深化孩子的兴趣。

随着孩子年龄的增长和阅历的增加，父母要帮助孩子调整他们的兴趣，哪些合理、哪些不合理，帮助他们分析和选择。父母一定要谨记：你是配角，孩子才是主角。

朱莉·利思科特·海姆斯说：“父母可以帮助孩子厘清选择，琢磨孩子的才能和兴趣，如何与当今世界的机遇和需要相匹配。父母可以支持孩子自行探索各种目标方向，并为他们发现可能的目标，开放更多的潜在资源。在做这些事情时，父母处于配角地位，而不是主角，因为这出戏的舞台中心属于孩子。父母最有效的帮助是间接的，但也是无价的。”

（2）助力孩子找到兴趣

很多孩子的兴趣变无趣，都和父母的功利心和过度控制有很大的关系。孩子发展特长，父母要放下焦虑，保持一颗平常心。不要去想跟别人说起孩子时，孩子能让你感到骄傲的东西是什么，或者你一直希望孩子成为一个什么样的人。你要在根本上信守这样的观念：这不是你的事，是孩子自己的事。

对孩子提出合理期待和目标预设，不要只盯着孩子的不完美和成绩，而是要关注孩子是否热爱。一旦在孩子心中种下兴趣的种子，他们的学习动力和能力都将启动，内心的力量就会被唤醒，他们必将越来越优秀。

美国加州大学心理学教授艾莉森·高普尼克说：“爱的意义，不是塑造我们所爱之人的命运，而是帮助他们塑造自己的命运。”孩子的成长是一个春播秋收的过程，父母需要的不是一味地修剪、施肥、催熟。而是做好配角，给孩子选择和决定的权利，引导他们找到自己的热爱，然后静待花开。

文/尹建莉

“不言之教”的教育怎么做

听过三个“不言之教”的故事，故事来自同一个人。

故事1

讲故事的先生是做设计的，一次，他应邀到清华大学和学生们做交流，给设计专业的学生讲一节课。一节课能讲什么呢？短短40分钟，如何把自己最重要的设计心得传递给学生们呢？

上课开始，和学生们打过招呼后，他一言不发地坐着看着大家，大家也看着他，等他开口。但是，等了很长时间，5分钟，10分钟，15分钟，他一直没有开口，只是静静地看着在座的每一位学生。学生们被他搞得有些蒙，不知这位被请来的“大师”要干什么。

开始，大家还有耐心等着，等来等去还不见他开口，慢慢地，学生们就失去了耐心，但是也不好意思离开教室，只好无所事事地看着手机或者窗外，有的学生趴在桌子上睡着了。

30分钟过去了，他站起来，在黑板上写了一行字：“同学们，对不起，时间十分宝贵，但是我浪费了大家30分钟。”看着学生们失望的眼神，他又写了一行字：“不过我在这里要提出一个问题，希望大家认真思考，不想清楚这个问题，你浪费掉的将是一生。”

学生们一下子都瞪大了眼睛，急切地盯着他。他转身写下最后一行字：“你为什么要学设计，你热爱设计吗？”然后，宣布下课。

他的这节“不言之教”课，本身已向学生们呈现了什么是“设计”，让学生们领略到“设计”的无处不在和力度，提出的问题又促使学生们对自己的专业和人生规划进行根本性的思考。

一节“无言之教”当然解决不了太多的问题，但是这节前所未有的课，一定会让学生们终生难忘。

故事2

他讲的另外两个故事，都与他的孩子所在的学校有关。他的全家在孩子上小学二年级时，移民到加拿大。出国时，他的孩子英语讲得不好，他从未因为准备出国专门给孩子补习过英语。到加拿大后，他们为孩子选择了一所普通的公立小学。

送孩子上学的第一天，他有些忐忑，担心孩子半路插班进去，和同学们不熟悉，语言又不通，听课听不懂怎么办呢，会不会孤独或自卑呢？

学校老师了解了孩子的情况后，说放心吧，孩子在这里不会感到孤独。果然，第一天孩子放学回来，很开心的样子，说一天没上什么正经课，都是和同学、老师们玩，简单的语言交流就够了。

第二天还是这样，第三天还是这样。他们有些着急，这所学校难道天天都不上课，天天都是玩吗？

很快他们就知道是怎么回事了。原来学校知道孩子的情况后，特意调整了这个班的课程表，把活动课，即不需要用到太多语言的课都调到前三天，让孩子在刚进入学校时，不感觉为难，并且有机会和同学们尽情地玩耍交流。

经过这三天，孩子的英语交流能力有了大幅提高，对于学校和同学们已经完全没有陌生感。接下来的一切过渡得很自然，孩子很快就适应了英语教学。

学校文化就是校长文化。一所能为一个孩子调整一个班的课（背后是很多班级、很多老师的课都要调整）的学校，其校长也一定有所不同。

故事3

第三个故事是关于校长的。很简单，校长是位男士。不知什么原因，学校某天开设理发课，或者是校长和孩子们闹着玩。总之，有一天，有近20个学生一起给校长理发。

尽管孩子们都很用心，每人到校长的头上推两推子，但是你能想象得到理出来的发型是什么样子的。校长就顶着那个发型，在校园里晃悠了很长时间，直到大家慢慢习惯。表面上，它考验的是大人对“丑”的容忍度，实际上检验的是大人“心口合一”的能力。

课后思考

不管我们愿不愿意承认，我们把“宝”过多地押在“言传”上，而不是“身教”上，这是因为我们“行”的能力不足，期望用加大“言”的比重来弥补。然而，单纯用嘴巴教育孩子，即使它目前看起来有效，却埋下了反噬的伏笔。所以，需要我们带着对教育中的“言”与“行”的思考，去领会三个“不言之教”的亲历者和讲述者文字背后的深意。

文/乔伴伴

批评孩子不能触碰的三个底线

1. 吼是最没有效果的教育方式

案例1

看到一个视频，一个小女孩有理有据地教育她的母亲：“你一直嗷嗷地嚷，谁会听你的呢?”是啊！批评孩子，是一种艺术。处理得好，能够启发与引导孩子；处理得不好，会严重影响亲子关系。批评孩子，一定要把握好度。

案例2

在商场里，一个戴着超人面具的小男孩，在自动扶梯上跳来跳去，他的爸爸走过来，把他拉到一边教训了一番。小男孩不服气，摘下面具大喊：“英雄是不怕死的。”孩子的爸爸一愣，然后又语重心长地说：“儿子，你确实很勇敢，但是英雄是不会将生命断送在玩乐上，英雄只有在保护他人时，才会豁出生命。”小男孩想了想，用力地点点头，然后牵着爸爸的手走了。

点评

俗话说：“人非圣贤，孰能无过。”成人尚且会犯错，又何况是一个孩子呢？而且犯错的时候，也是教育的最好良机。如果此时父母怒不可遏、大声斥责，孩子的行为可能就会产生两个极端：要么被吓住了，处处小心，如履薄冰；要么被激怒了，有样学样，变成和父母一样的人。教育孩子，吼是最没有效果的教育方式。真正有效的教育，是父母心平气和地和孩子好好地沟通，用爱与信任，将生活智慧慢慢地传递给孩子。

2. 打击式教育，比家暴更可怕

案例

沈阳市心理研究所研究发现：一些青少年走上犯罪道路，与他们童年时期遭遇的打击式教育密不可分。有个孩子回忆说，他12岁时，父母离婚了，他与母亲一起生活。母亲经常骂他，让他去死，骂他没用，是个废物。他一边说一边拍打着自己的脑袋，自言自语地说：“好像的确如此。”也许，他们的父母并未想过，他们的语言，真的会推动孩子走上犯罪的道路。

点评

心理学研究发现：父母对孩子说的一些气话，真的会使孩子形成消极负面的人格，产生自卑、内向、忧郁的心理，害怕与别人相处。俗话说：“良言一句三冬暖，恶语伤人六月寒。”父母的打击教育，比家暴更可怕。

事实证明，打击式教育是错误的，是父母欠缺科学教育观念的体现，不仅不会促进孩子进步，反而会成为孩子心中的痛。孩子是需要鼓励的，越鼓励孩子越好。

3. 当众揭短，对孩子伤害最深

案例

一个15岁的男孩，被母亲当众揭短后，离家出走。男孩因为偷拿家里的钱，被老师发现后，通知母亲到学校。母亲到学校后，没有看到孩子，一时着急，便口无遮拦，当着全班同学的面，说孩子偷了家里的钱，让同学们帮忙找到孩子。后来，同学们把这件事告诉了男孩。眼看纸包不住火，自己偷钱的事尽人皆知，他觉得没脸见人，一气之下，便离家出走了。

点评

古人有云，教育孩子七不责，“对众不责、愧悔不责、暮夜不责、饮食不责、欢庆不责、悲忧不责、疾病不责。”

英国教育家约翰·洛克说：“若父母当众宣布孩子的过失，使其无地自容，孩子便会失望，而制裁他们的工具也就没有了。”

著名教育家斯宾塞说：“当孩子感到被爱、被信任，奇迹不久就会出现在你的面前。”

孩子很在乎自己的面子，我们没必要去戳破他。哪怕父母感到难堪时，也应该坚决地站在孩子的身边，呵护他们的想法，理解他们的感受，接纳他们的不足，而不是揭他们的短，这大概就是尊重吧。

德国家教62句(5)

33. 孩子有十个缺点，父母要为其中的五个负责；肯定孩子的优点，也别忘了让他检讨缺点。

34. 让孩子多吃点苦，长大后就不会受苦。

35. 少量的衣物能保暖，大量的衣物是负担。

36. 订下规则，就要坚持下去，让孩子按照规则行事，才是关键。

37. 孩子自己能做的事情，父母不要帮忙。

38. 父母言行一致，孩子才会遵守规则。对待孩子有两个原则：事先约法三章，事后毫不妥协。

39. 建立“能与不能、可以与不可以”的概念。

40. 社会没有绝对的公平，只有规则与秩序。

文/李核桃

和孩子交流时多说积极意义的词汇

台湾心理学博士洪兰有一项研究，“人的观念和行为之间存在着因果循环，大脑产生观念，观念引导行为，行为导致结果，结果改变大脑”。比如父母骂孩子笨，孩子就会产生“我笨”的观念，于是人真的越来越迷糊，脑子越来越不好使。

1. 父母的消极暗示，对孩子的伤害是毁灭性的

案例

看过一个新闻，沈阳一个16岁男孩，24小时内纵火八次，第八次纵火后，他故意留在原地，等着警察抓他。为什么呢？他说，希望以入狱的方式，给父亲惹点事，报复他。因为父亲经常打他、骂他、训斥他，还扬言他早晚进监狱。

父亲的这些消极暗示，使他的内心发生了巨大变化。最后，他真的按照父亲所说，走上不归路。父亲暗示他早晚进监狱，他就真的进监狱给父亲看看。暗示的力量有多大？很多人想象不到。

观点

美国亲子沟通专家阿黛尔·法伯说：“永远都不要低估你的话对一个孩子一生产生的影响力。”如果父母总是评价孩子这里不好、那里不出色，孩子真的就会在这里、那里形成坏习惯，“坐实”父母的差评。

2. 给孩子积极的暗示，他就会优秀

案例

小时候，他抽烟、打架、逃课、盗窃，小小年纪沾染了一身恶习。后来，他却走上了正途。因为他遇到一个好老师。这个老师无意中发现，在他学架子鼓的三个月里，他没有打过架，于是鼓励他：专注做音乐，说不定还能成为大明星呢。这句话对他产生了影响。从此，他将自己的全部精力都投入音乐中，才有了后来的流行歌手萧敬腾。

观点

大人说孩子是优秀的人，孩子便会向做优秀者努力，证明大人所言不虚。在心理学上，将这种现象称作“自证预言”，即人会在不知不觉中按照预言行事，最终让预言成真。

意思就是说，父母夸孩子不挑食，孩子就能吃掉那些本不喜欢的

食物，来证明自己不挑食；父母夸孩子有礼貌，孩子就能注意自己的言行举止，向有教养的方向发展；父母夸孩子自觉，孩子就能好好地写作业；父母夸孩子是一个优秀的人，孩子就能优秀给父母看看。积极暗示能唤醒孩子的潜在能量。

3. 父母的嘴里，藏着孩子的未来

（1）孩子做对时，就及时鼓励，加深印象

看到一个案例，孩子才三岁就会自己吃饭、上厕所、穿脱衣服，并且爱跟家人分享，独立又暖心。因为妈妈经常变着法地鼓励他：“你今天能自己吃饭了，还没有把汤洒在衣服上，妈妈觉得你真的长大了。”“今天你主动叫人了，这是有礼貌的表现，妈妈很开心。”“今天你吃完零食，口袋没有扔在地上，环卫叔叔会很喜欢你。”

人天生喜欢被表扬，尤其是小孩子，更渴望亲人的支持，鼓励就是最好的支持。除口头上鼓励外，还可以通过眼神、肢体动作给孩子加油打气。越是被鼓励的孩子，越能做出符合父母期待的行为。

（2）孩子做错时，就淡化处理，弱化消极暗示

樊登老师说，一次考试，他的儿子写错了一个字，还是樊登的“登”字。樊登老师没有批评他，反而夸他：“你这种做法，在古代是很高级的，叫‘为尊者讳’，古人在写爸爸的名字时，都不直接写，要写错一点才行，是忠孝的表现。”孩子不但学到了古代的文化知识，反而对“登”字记忆深刻，从此再也不会写错这个字。

孩子犯错，父母不必焦虑。总盯着孩子不好的地方，就免不了批评孩子，在暗示下的孩子，更容易固化自己的不良行为，积习难改。

（3）少用消极词汇，多说积极词汇

大脑更容易接受负面信息。所以，父母跟孩子交流时，少说消极意义的词汇，多说积极意义的词汇。不说“别洒了”，而说“端稳了”；不说“别紧张”，而说“放松点”；不说“别挑食”，而说“吃得香”；不说“你很笨”，而说“你很努力”。父母期待孩子作出什么行为，直接说出正面词汇即可。

蒙特梭利说过：“你认定孩子会不听话，他大概会如你所愿；你认定他会合作，他也会如你所愿。”

孩子是最容易受到心理暗示的群体。你希望孩子追求卓越，那么从现在开始，多给他一些积极的暗示。你给孩子的积极暗示越多，孩子越自信。爱孩子，就赐予他改变的力量，他将变得更强大。

不要低估你的话对孩子的影响力

文/桑榆晚

1. 孩子的生活是否积极，全在父母一念之间

案例1

看过一个视频，一个妈妈录下了儿子的书包：试卷、纸张随意折叠，课本也被涂得破损不堪。她一边翻，一边还把儿子的书本、卷子扔在地上。当她看到儿子破烂不堪的课本背后，居然写着一句话：“目标是清华和北大。”这个妈妈的第一反应，不是欣慰，不是鼓励，而是嘲笑，她还解释了原因：这个小孩平时就不听话，目标还这么大。最后妈妈配上文字：“你要是能考上清华北大，你老娘我就围着镇子裸奔一圈。”

视频里的男孩，看起来早已习惯了妈妈的嘲笑。很多网友却坐不住了：“我妈也总说‘反正你也做不好’，我索性就不做了。”“我儿子的书包倒出来也是这样，但是和他考第一名并不冲突。”“这样的嘲笑，我会记一辈子。”对于父母而言，这只是脱口而出的一句话。他们没有意识到，这种语言上的打击，对孩子的影响有多深。

案例2

看过一期围绕“啃老”话题的节目，有个女孩大学毕业10年了，却理直气壮地待在家里啃老。在节目中，她激动地指着母亲说：“不管我做得怎么样，你只知道泼冷水。”在女孩的记忆当中，父母永远是那么毒舌：“将来你成事了，我给你跪下。”“你要是能成事，谁都能成事。”妈妈想用激将法激励女儿把事情做好，却没有想到，习惯性的“刀子嘴”，对于孩子而言，就是一种精神虐待。久而久之，女孩患上心理疾病，她无法与人交流，被迫待在家里。

网上有个短片叫《一句话毁掉一个孩子的一生》，里面的每句话都很扎心。短片里的孩子，人到中年甚至白发苍苍，还清楚地记得父母的每句贬低。孩子的生活是积极还是消极，全在父母一念之间。父母的嘴，藏着孩子的未来，父母经常说的话，是孩子的命运。

2. 你的鼓励和认可，是孩子人生中的一束光

案例1

一个女孩说，“小时候，我学习差，学什么都慢。小学的东西很简单，大部分同学都能考满分，我几

乎没考过满分。”每次，她都被老师留下来补习功课。但是，妈妈从没骂过她。一次，她很难过地问妈妈：“我是不是很笨？”妈妈说：“锅越大，水开得越慢；他们的锅小，所以水很快就开了；你的锅大，得慢慢开。你现在可能不如他们，但是以后，你肯定会比他们做得好。”后来，她考上了中国人民大学。

经常被鼓励的孩子，内心会有巨大的满足感，这种满足感会转化为动力。鼓励、认可孩子，能唤醒孩子心中的自我认同感，向你期待的方向前进。

案例2

一个初中男孩被选为班干部，他紧张得不知道说什么，双手不停地搓着衣角，眼睛不断地看向老师。老师笑着引导他：“看着同学们说，别看我。”他怯怯地说：“我也不知道说什么好，就两个字‘高兴’！”可爱的表情引来老师和同学们的阵阵笑声。之后，男孩鼓足勇气说道：“上小学时，没人选我，上中学了大家都选我，我很高兴。”男孩忍不住哭了，激动得泣不成声。

也许以前，男孩很少被肯定。而现在，老师看到了他的进步，推荐他当班干部，同学们也都选他，这份认可给了他莫大的信心。在他漫长的成长经历中，这可能真的只是一件小事，但是足以成为照亮他人生的一束光。

就像《麦兜的故事》里说的一样：“全世界的人不爱你，我都只爱你；全世界的人不信你，我都只信你；我爱你爱到心肝里，我信你信到脚指头里。”一言之辩，重于九鼎之宝；三寸之舌，强于百万之兵。也许你不经意的一句鼓励，正强有力地推动着孩子的成功之路。

假期带孩子做这些事比补课强(7)

7. 带孩子练练字

评论区有人提问：“孩子心浮气躁，做什么事都毛手毛脚，缺乏耐心，我该怎么办？”我的建议是带孩子练练字。因为练字时需要目不转睛地盯着字帖，这需要极高的专注力与耐心。在这个过程中，孩子的心境会越来越坦荡，慢慢地也会养成专注、严谨、细心的好习惯。

一手好字也是孩子最容易获得的“加分项”。2020年湖北高考理科状元唐楚玥从小就坚持练字，极其刻苦勤奋，她高考时的语文成绩之所以能拿到146的高分，与她工整漂亮的字迹不无关系。字如其人，拥有一手好字，是孩子一生的财富。

文/芒来小姐

孩子顶嘴不一定是错

1. 经常怼父母的孩子，在应对沟通分歧时，更加游刃有余

案例

网上有个视频，父亲和孩子沟通，讲事实、摆道理，语气十分温和，而且句句在理。大儿子抛招："这件事我认为是妈妈不对。"小眼神看向弟弟，示意他帮腔。小儿子接招："对呀，我也认为是妈妈不对。"父亲见招拆招："作业是你的事，不是妈妈的事，为什么要怪妈妈呢？你是男生，就不能把自己的事情做好吗？"见甩锅没有用，大儿子又挑妈妈的毛病："可是她语气不好。"小儿子帮腔："对呀，有些话说出来很伤人。"父亲接着拆招："你们把自己的事情做好了，妈妈就不这样了，事情都有前因后果，而且女生本来就情绪化一点，你们把事情做好，她为什么要说你们？"两个孩子心服口服，乖乖地道歉认错。

点评

美国弗吉尼亚大学有一项研究证明："在家经常怼父母的孩子，在学校应对沟通分歧时，更加游刃有余。"如果父母能够对孩子的心理多了解一些，就不难发现，孩子顶嘴不一定是错。正面表达能够提高孩子的沟通能力；表达得当，还能为家庭教育带来积极的作用。

2. 孩子不服管，因为他在"长大"

现象

在生活中，我们经常听到父母抱怨：这孩子不服管；这孩子一点都不听话；这孩子太难管了；这孩子我管不了了。

中国有句老话：七岁八岁狗都嫌。孩子长到七八岁的时候，开始进入难管教阶段，大人说话他们不听，让他们做事也不做，还到处惹是生非。十二三岁时，他们的思想更加独立，自我意识增强，不想受到任何控制。所以，就有了上述的"管管管"。

点评

但是，我们不是在管罪犯，而是在培育孩子。所以，父母要承认孩子长大，承认他们的行为和价值趋向，尊重他们的选择。

大禹治水成功的手段是挖渠排泻，而非筑堤堵水。了解孩子的特点，悉心和孩子交流，采用顺渠排水的方法引导孩子，应该是一种非常有效的方法。

在语言上，我们要改变那些不

好的习惯，将直白的话变得委婉一些，让孩子从心理上容易接受，也给孩子一个比较柔和的台阶下。父母和孩子之间礼貌语言的使用，会促进彼此的感情和交流。再倔强的孩子也是讲理的，关键是看父母的态度是否诚恳。

3. 孩子在说什么，你听懂了吗

案例

一个妈妈带着孩子路过冰激凌店时，孩子突然说："妈妈，我好热啊！我口渴了。"妈妈说："咱们快走几步，马上就到家了。"

你有没有仔细想想，孩子说好热啊，口渴了，真的是口渴吗？如果妈妈仔细听并分析孩子的话，就会明白，他的话外音是，我想吃冰激凌了。

点评

在书上看到一句话："孩子说了什么不重要，重要的是他到底想表达什么。"把别人的话，挑重点地复述一遍，叫"反馈"，这能让孩子感到自己被看到，被理解。父母经常反馈，孩子才知道应该怎么表达自己，沟通能力才会越来越强。

所以，如果你的孩子老是不听你说的话，不妨反思一下，是不是你从来没有反馈过孩子的话？是不是让孩子觉得你听不懂。表面上孩子顶嘴是听不听话的问题，背后其实是父母听得到不到位的问题。

所以，善于倾听的父母，爱用一些话术，"比如听起来像""你似乎想表达""我觉得你的意思是"。

4. 孩子的情绪，模仿了父母

案例

一个妈妈讲了一件事：一天，老公正在忙工作，三岁的孩子在旁边吵吵闹闹。老公突然吼孩子："你闭嘴。"本以为孩子会哭，没想到孩子却云淡风轻地说："我又不是你的员工，你吼我做什么？"老公哭笑不得，孩子怎么会这么理智？这个妈妈分析说，得益于她和孩子一直以来的沟通模式：妈妈爱跟孩子讲道理，很少冲孩子发脾气。

点评

英国心理学家康纳德·温尼科特说："孩子是镜子，会诚实地反映出父母的样子。"孩子的情绪模仿了父母，父母在日常沟通中，表达坏情绪多过传递信息，孩子表达自己时，才会发脾气。

一次，我去逛超市，看见一个两岁的小男孩碰翻了一盒糖，糖撒了一地。妈妈看见后，先是低头捡糖，然后训斥孩子："看看你干的好事。"自始至终，我都没有听到她和孩子沟通"你错在哪里"？孩子大哭，因为他不知道除了哭，他还能做什么。这就是典型的无效沟通，不说清道理，只发泄情绪。

5. 用对方的话，说服对方

案例

一个年过40岁的父亲，开始学习话术。因为随着孩子长大，他越发觉得与孩子说话，孩子越来越不爱听。为了扭转局面，他一字一句地学习“怎么让孩子听得进去——用孩子的话，说服孩子”的话术，比如孩子想先玩游戏再写作业，他希望孩子先写作业。

于是，他这样沟通：“我看到你在打游戏，旁边放着作业，你是想先放松一下吗？”孩子说：“对呀，我现在不得劲。”他说：“现在打游戏对你而言，比写作业更得劲。”孩子说：“是，今天老师拖堂了，我烦得很，不想写作业。”他说：“听起来，老师拖堂让你情绪烦躁，不写作业是为了宣泄情绪？”孩子说：“是。”他说：“你的感受一定不太好，放松一下确实很重要。但是我希望你也重视一下写作业这件事，等情绪好一点，就把自己的事做完好吗？”孩子欣然答应，没多久就丢下游戏，写作业去了。

点评

有效沟通的方式很重要。只要孩子愿意跟你说话，就有机会达成一致意见。孩子顶嘴时，记住以下三句话和六个准则：

（1）三句话

我知道你现在很生气，等你冷静下来，我们再谈好吗；我希望你生气时说“我不开心了”，而不是“我讨厌妈妈”；你想要什么，想要这个，还是那个？

（2）六个准则

不懂孩子想表达什么时，多用内容反馈；不理解孩子此刻的感受时，多用情感反馈；孩子顶嘴的次数变多时，多做有效倾听；孩子越来越沉默时，多用有效沟通；孩子词不达意时，多传递信息；孩子情绪失控时，先让他冷静。

微小说(5)

5. 酒

每次回家前，她总给父亲打电话：“你需要啥？”父亲总说：“用不着，浪费那钱干啥？”所以，她每次都空手回家。一次，她出差，想起父亲爱喝酒，顺手买了一瓶酒带回家。又过了一年，她在省城偶遇邻家大婶，大婶笑着说：“你给你爸买的酒，他喝了一年，逢人就夸你。”她眼睛湿润了。

文/明珠絮语

教育孩子无非是一道选择题

01

对于孩子的教育，我们算不上“虎爸”“虎妈”。但是，我们对孩子的要求确实很严格。我们没有多么高深的教育理论，但是从我们多年的求学经历，得出一个结论：对于普通人家的孩子，其学习成绩好坏，和未来的生活状态呈正相关。虽然谈不上一一对应，但是大抵如此。

比如在我的大学同学中，凡是考上研究生的，大多数在大学任教，不是硕导就是博导；直接选择就业的，大多数是中学老师。虽然，职业不分贵贱，但是大家的生活档次还是有区别的。

02

所以，我们对孩子的第一愿望，就是让他努力学习，尽量考上一所好大学。虽然，我们没有花钱给他报各种课外班，但是我们对他的学业非常重视，从小学到初中，他在班里都是第一名。

上高中的时候，我们把他送到一所全国著名的中学，受了三年的艰苦磨难。当时最心酸的就是，每次去看他，帮他搓澡时，根根肋骨清晰可见，学习压力之大可见一斑。

除了文化课的学习外，我们也尽量发现和培养他的兴趣爱好。

琴棋书画都让他接触。小孩子爱玩，当然不愿意上兴趣班，免不了又哭又闹，但是我们都让他坚持下来了。虽然，大多数的学习都随着年龄的增长忘记了，但是孩子的字写得好，会弹琴，能作曲，对于一名工科生而言，也算是丰富了他的业余生活。

孩子称不上多么优秀，考上了一所不错的院校，还读了研，如果一切顺利，在大城市立足没有问题。回想起小时候的学习生活，孩子也表示理解。

03

在电视剧《心居》里，顾清俞和顾磊是一对龙凤胎。按照常理他们出生在同一个家庭，具有同样的生活环境，成长的轨迹也差不多。但是，作为中学教师的父亲，却对姐姐顾清俞管教严格，对儿子顾磊从小就有些娇惯。

父母当然对哪个都爱，但显然是爱的方式有所不同，带来的结果也不同。严管下的姐姐成为外企高管，是家庭里最牛的一个，住着上千万的大房子，父亲有事也会找她商量，成为家庭的主心骨。而顾磊则不求上进，在姐姐的关照下找了一份工作，挣钱不多，养家都很困难，天天被妻子逼着考证。

父亲和姐姐说，不要急，慢慢来，马上引来顾磊的妻子冯晓琴的反驳："我没有你们那么好的心态，你们不急，我急啊，我现在不盯紧他，将来陪他喝西北风的不是你们，而是我。"冯晓琴的话，让所有人无言以对。她说得有道理，说实话，小时候过惯了好日子的顾磊，长大后一无是处，活得没有尊严。

04

有时，人生无非是一道选择题：是选择让自己对孩子狠一点，还是选择让别人对孩子狠一点。父母让孩子小时候多努力，是狠一阵子；否则长大了处处不如人，可能影响一辈子。

有个妈妈介绍自己的育儿故事，女儿琴棋书画培养了一遍，没有一项坚持下来。长大后女儿埋怨妈妈，"为什么不让我学琴。"妈妈说："我让你学啊！是你不坚持。"女儿回答："你为什么不打我啊？让我坚持。"是的，有些事孩子小不懂，大人应该懂。

很多孩子在人生的前期养成了消极的性格，对学习排斥、对规则漠视、对艺术无感，甚至语言和运动能力均落后于他人。日后，当他认识到这些问题时，想要改变提升花费的精力将是巨大的，而结果也不甚理想，几乎所有孩子长大后都这么说过："妈妈，那时，你怎么没逼我呢？"而父母也只能后悔了。

德国家教62句(6)

41. 父母破坏规则，孩子就会轻视规则。

42. 礼貌不是与生俱来，而是后天培养的。没有人会因为表现得有礼貌而出错。

43. 教育孩子独立、大方。

44. 培养好习惯，就能培养好性格，从小教起，从小事入手。

45. 告诉孩子，不要斤斤计较、钻牛角尖。教孩子学会原谅，宽容待人，到底谁对谁错呢？"原谅"就是解答。

46. 十分是进步,一分也是进步，孩子你不笨，只是还没有学会而已。

47. 鼓励和肯定是成长必需的雨露和阳光，培养自我意识，教孩子做自己的主人。

48. 如果孩子大声说"不"，应该为他开心，鼓励孩子，敢于表达自己的想法，勇于拒绝大人的要求。

文/沫沫

孩子不贪玩 才会输在起跑线上

最近，本着不添乱原则，我们能不外出就不外出，能就近解决的问题，也绝不往远处跑。结果儿子在家里哼哼唧唧，没有什么可玩的，天天待在家里，或者去家门口的公园玩，真是无聊极了。我建议他跟我一起去楼下转转，顺便练习一下跳绳。儿子百无聊赖地跟着我，戴上口罩、背着水壶、拿着跳绳，准备下楼。

这时，我们听到楼下邻居家的妈妈又在教训孩子，妈妈的声音充斥在楼道里："天天就想着玩，作业写完了吗？书背了吗？练习做完了吗？"儿子说："小姐姐真可怜，天天在家里写作业。"

孩子处在贪玩的年龄，贪玩是本性，没有错，也不必紧张。事实上，一个孩子不贪玩，也许真的会输在起跑线上。

不尊重孩子的生长规律，不把教育当成一条长线，揠苗助长，势必得不偿失，让孩子早早地偏离了跑道。

研究

美国心理学家罗森茨威格曾经做过一个实验：他选择了一批遗传素质基本一致的老鼠，把它们任意分成三组。

第一组，三只老鼠被关在铁笼子里喂养，此为"标准环境"。

第二组，一只老鼠被单个隔离起来，只身处在三面不透明的笼子里，光线昏暗，几乎没有刺激，此为"贫乏环境"。

第三组，十几只老鼠被一起关在一个大而宽敞、光线充足、设备齐全的笼子里，内设秋千、滑梯、木梯、小桥流水、各种玩具等，此为"丰富环境"。

经过几个月的环境熏陶后，用肉眼得出结论：第三组生活在"丰富环境"中的老鼠最贪玩；第二组生活在"贫乏环境"中的老鼠最老实。

科学家把老鼠的大脑进行解剖分析，诠释环境所导致的不同后果，以及带来的影响。

分析结论显示：第三组在"丰富环境"中成长的老鼠，优势最为显著。可见，环境越丰富、玩耍越充分，大脑的发育就越好。

启示

冰心曾经说过："淘气的男孩是好的，调皮的女孩是巧的。"事实上，淘气、调皮是贪玩的代名词。

这类孩子对“玩”永远充满着热情和憧憬。他们喜欢不停地摆弄各种各样的物品、玩具，对新鲜的事情永远好奇，愿意不断地去尝试；他们正是从这些尝试中形成了自己的认知，同时为自己的概括力奠定坚实的基础。

他们喜欢在户外奔跑、跳跃，做各种运动，玩各种游戏；他们正是通过运动和游戏，学会观察和寻找，养成细致思维的习惯；他们喜欢天马行空地想象，把子虚乌有的东西想象得活灵活现，即便是一个人也能够玩得津津有味；他们正是通过想象和玩耍，充分调动了大脑神经的活动能力，同时让自己保持舒畅、愉悦的心情。生活在快乐中的孩子更聪明。

贪玩对于孩子而言，没有任何错。这是他们的本能、本性，也是他们探索世界、感知世界的一种方式方法。因为玩耍能够满足孩子的欲望，激发他们的求知欲、好奇心和探索精神。和同伴们玩耍，还能完善孩子的个性发展，训练他们的社交能力。

事实上，善于玩耍的孩子有很多优点：聪明、伶俐、乐观、愉快、朝气蓬勃、有幽默感、乐于助人、善于交往、勇敢大胆、有强烈的自我发展倾向。

如果一个孩子不贪玩，对任何游戏、玩具都没有兴趣，对任何事情都没有兴趣，大人让他做什么他就做什么，没有自己的思想，对于孩子未来的成长，才是大麻烦。所以，对于孩子的教育，父母要走长期路线，而不是只看眼前。尊重孩子的行为规律，顺势而为，而不是让他们小小的年龄，必须学会多少单词、背会多少古诗、计算多少数学题、完成多少作业。

假期带孩子做这些事比补课强(8)

8. 带孩子读几本好书

2021年高考刚结束，各省作文题就上了热搜。评论区有不少网友炸了锅：“看不懂，还好我已经高考完了；现在的作文题比起我们那个年代，真的很难。”

不得不感叹，从小不培养孩子的阅读习惯，将来很可能连作文题都读不懂，早早输在了起跑线上。历数往年高考状元，那些名校学霸几乎都有共同特征：从小就开始阅读。

武亦姝的妈妈说：“从一岁半开始就培养孩子的阅读能力，经常是一家三口各自捧着一本书安静地阅读。”想要培养孩子的阅读习惯，提升孩子的阅读能力，父母需要以身作则，和孩子共同努力。不妨利用假期陪着孩子挑几本好书，静下心来细细品读。

孩子陷入社交误区 我这样引导

文/时风

孩子和小伙伴之间经常会陷入一些“社交误区”。我的教育方法是：有时“说些好话”，有时“说些坏话”。

1. 帮“坏人”说好话

案例

一天，正在外边玩得高兴的儿子，气呼呼地跑回家说：“我和小朋友们玩得正高兴，可是牛牛来了。我不愿意和牛牛一起玩，所以就回家了。”

原来，之前儿子与牛牛一起玩卡片时，儿子的技术更高一筹，将牛牛手中的卡片全赢过来了。牛牛大败，于是气急败坏，竟要抢回自己输掉的卡片。儿子觉得赢来的卡片就是“自己的”，所以死死地护住卡片。但是牛牛力气大，不但抢回了卡片，还将儿子拽倒了。

儿子回家找妈妈诉苦。妈妈见儿子被人欺负，当然很生气，就告诉儿子：“牛牛太坏了，他是坏孩子，很霸道，总欺负人，以后不要和牛牛一起玩了。”因为被牛牛欺负，又被妈妈“点化”，牛牛就成了儿子心中的“坏人”，所以这次看见牛牛来了，儿子就回家了。

其实，牛牛并不是一无是处，是一个优点多于缺点，“仗义大度”的孩子。抢儿子的卡片，只是偶尔的过激行为。为了让儿子继续和牛牛玩，我帮牛牛说好话。

我问儿子：“刚才你们在玩什么游戏呢？”“拔河比赛。”“如果你继续玩，你希望牛牛加入哪一队呢？”“当然是加入我们这一队啊，牛牛力气大，要是加入我们这一队，我们就赢了。”儿子十分肯定地说。

我故意跟儿子说：“现在你们这一队就要赢了，可是你已经看不到胜利的果实了——你退出了。”听我这么一说，儿子后悔了：“不行，我还得回去参加比赛，有牛牛在，我们一定会赢。”儿子回去与牛牛“并肩作战”了。

果然，儿子兴奋地回来告捷：“牛牛加入了我们这一队，我们每局都胜，一次也没有失败过。真开心！”儿子重新认识了与牛牛一起玩的“价值”，儿子和牛牛又成为十分要好的玩伴了。

感悟

当孩子心中有了“坏人”时，他的交际就陷入了障碍。父母此时不要出于“护犊”心态，将孩子心中的“坏人”完全抹黑，而是帮助孩子认识到“坏人”并非“坏”。抹黑孩子的一个同伴，就会让孩子失去一个朋友，也失去一份快乐。

2. 给“好人”挑挑刺

案例

最近儿子表现异常：听见敲门声，儿子不是立即开门，而是先搬来一个小板凳，放在门口，然后站上去，通过“猫眼”看看敲门的人是谁。如果是一个叫杰杰的小朋友，儿子就会高高兴兴地打开门，和杰杰一起躲进自己的小房子里搭积木。如果是其他小朋友，儿子就不给人家开门。

儿子只与杰杰玩，不与其他小朋友玩了。我很好奇，就问儿子为什么只跟杰杰玩。儿子说：“杰杰搭的积木最漂亮，所以我只想跟杰杰一起搭积木。”

原来，儿子找到“积木知己”了。儿子愿意搭积木，杰杰又是搭积木的高手，所以成为儿子心中的“好人”。儿子很崇拜杰杰，心里只有杰杰，放弃了其他小朋友，成了杰杰的“跟屁虫”。

我觉得这种交友方式不好，于是我寻找机会，以便帮助儿子重新变得“朋友满天下”。

我跟儿子说：“杰杰积木搭得好，但是我发现他搭的积木都是照着设计图搭的，没有自创的。”我直击了杰杰的“软肋”，儿子听了仍不服气：“杰杰就是最厉害的啊，还有谁能超过杰杰吗？”

我告诉儿子：“有个叫朋朋的小男孩，搭出来的建筑都是自己想出来的。还有一个叫慧慧的小女孩能自己搭出一个童话世界呢。”

当然，儿子不信。我说：“你可以请朋朋、慧慧到我们家与杰杰比比高低。”儿子较真，果然请朋朋和慧慧与杰杰一比高低；儿子上当了。

于是，杰杰来了，朋朋来了，慧慧也来了，还有更多的小朋友也来了，儿子“开门纳客”，从此，不再只接待杰杰一个人了。

一群孩子在一起，不但要“一比高低”，还要“相互切磋”，玩伴多了，大家有竞争、有合作，才会快乐无穷。

感悟

发现孩子只和一个固定玩伴“来往”时，不要“掉以轻心”。对于这种类型的孩子，父母可以引导他多参加一些集体活动，逐渐认识更多的人，从一个到两个再到三个，孩子只要慢慢去接触，深入地去交往，就能够使自己的社交能力得到强化。

给孩子的“远大理想”一个拥抱

文/时风

01

周末，妻子看电视，忽然看到一则新闻：手机有辐射，对身体有害。妻子叫我过来看，新闻上说：手机对身体健康有影响。打电话时，会辐射大脑；装在上衣的口袋里，对心脏不好；装在裤子的口袋里，对膀胱不好。妻子大惊：“哎呀，太可怕了。”

我也很惊讶，手机竟然对身体有这么大的危害？可是，电视上都这么说了，不得不信啊。但也没办法啊，总不能不用手机吧。

据统计，中国人现在每天人均玩手机的时间将近四小时，除去八小时的睡觉时间，意味着人们约四分之一的时间都在玩手机。

所以，我说：“手机照用，健康听天由命吧，大家都在用啊。”妻子也认同：“没有手机谁受得了啊，不打电话，耽误事啊！”

我和妻子讨论手机辐射的时候，儿子就站在我们的身边，歪着脑袋听。儿子虽然小小年纪，却已经听明白了，手机是个“坏蛋”。他知道手机会影响爸妈的身体健康，所以我看见他的脸上积聚了许多“提心吊胆”的表情。

儿子有些不安地问我：“爸爸，你用手机，你会不会死掉呀？”我呵呵笑了，跟儿子说：“傻儿子，没事的，大家都在用啊。”

02

妻子周末加班，我在家里看足球比赛，以往我看电视时，儿子总是缠在我的身边，央求我跟他玩，有时还给我捣乱。

这个周末，儿子怎么不见人影了，他在小卧室里，还关上门，不知在做什么。我也懒得问他在做什么，反正他“老老实实”的，不惹我心烦就行。我继续看足球比赛。

没有儿子来打扰，足球比赛我看得挺过瘾。第一场比赛结束的时候，还是不见儿子的身影。我推开了小卧室的门，想看看他到底在做什么？

儿子在“穷折腾”。儿子有一根“金箍棒”，那是前不久儿子过生日时，姑姑送的，是他最心仪的礼物，当宝贝一样珍爱。可是眼下，儿子却把这个金箍棒用小刀子将上面的油漆刮了个精光，金箍棒被刮成了秃木棍，秃木棍的前端还绑上了一个塑料袋，样子要多难看有多难看。

眼见儿子弄坏了金箍棒，我惋惜无比，冲着儿子呵斥：“你这是干什么。怪不得没来烦我，原来是躲在这里做坏事呀。等妈妈下班回来，我非告诉妈妈不可，让你以后再也收不到生日礼物。”

正当我呵斥儿子的时候，妻子下班回来了。妻子问：“你们爷俩又在吵什么？是不是儿子又烦你看电视了？你一个大人，怎么只顾着看电视，不陪儿子玩呢！”

我对妻子说：“这次不是儿子烦我看电视，而是他藏在小卧室里做坏事，他把漂亮的金箍棒弄残了。”

03

妻子看见金箍棒，脸色立即大变，冲儿子吼道：“你这个孩子，这可是姑姑从艺术商店里买来的高档品，上面是镀金的呀。”

妻子扬手要打儿子，我到底还是心疼儿子，于是拦住妻子：“你先别打他，先问个明白吧。”妻子放下扬起的手，憋住恶气，严厉地问：“为什么要把金箍棒弄残？”

儿子哭着说：“我想让爸爸把手机挂在金箍棒上，这样就辐射不到爸爸的身体了。爸爸是大人，花花绿绿的金箍棒是小孩子的玩具，我不想让别人笑话爸爸拿小孩子的东西，就刮掉了上面的画。”

原来，儿子是为了我的身体健康啊，听说手机放在上衣口袋里，对心脏不好，儿子就想出了这个办法，让我用金箍棒把手机挂起来，远离手机辐射。金箍棒的一端绑上的塑料袋，就是用来装手机的。

听完儿子的解释，我和妻子相互看了看，哈哈大笑起来，并且流下了感动的眼泪。我对儿子说：“爸爸错怪你了。”妻子也感动地拥抱了儿子：“你为爸爸着想，妈妈却骂你，对不起，妈妈错了。”

我动情地说：“儿子，明天我就用你的金箍棒挂手机。”儿子问：“可是妈妈还没有呢，我还要给妈妈做一个。”听着儿子为爱而生的“远大理想”，我和妻子的眼泪更是止不住了。

家教句典(5)

5. 何时教导孩子最有效

在论语中，孔子说：“不愤不启，不悱不发。举一隅不以三隅反，则不复也。”意思是，教导孩子，不到他苦思冥想而仍然领会不了的时候，不去开导他；不到他想说又不能明确地说出来的时候，不去启发他。教他一个，他却不能由此推知三个，就不再教他了。

启示

教导孩子要避免“注入式”“填鸭式”的做法。要启发孩子自己动脑，学会“举一反三”，这样才能培养孩子的思维力和创造力。 **(卓古金)**

文/史峰

顺从孩子的爱 让爱绵长成习惯

1. 爸爸让儿子喂

参加一个婚宴，宴会开始了，我不擅喝酒，只捉筷吃菜。邻座有一对父子，小朋友的爸爸也不喝酒。我劝他倒一杯喝，他摇摇头，并且用眼睛“偷瞟”他的儿子，我明白了：人家是带孩子来的，做爸爸的当然要在孩子面前做个好榜样，真是个称职有心的好爸爸。

都不喝酒，所以他们父子俩也拿起筷子准备吃菜。这时，小朋友对爸爸说：“爸爸，我夹菜给你吃。”“嗯，好的。”爸爸立刻答应，并放下自己的筷子，“呆坐”在那里，等着儿子把菜夹过来“喂”他。

小朋友拿筷子不稳当，一看就是个“生手”。他用筷子在盘子里戳呀戳呀，好不容易夹到一块，刚一抬筷子，菜又滑了下去，我替小朋友着急起来。可是，爸爸并不着急，而是轻声地说：“宝贝，没关系，再夹。”

得到爸爸的鼓励，小朋友一点也不气馁，又信心十足地开始了第二次“艰难”的夹菜行动，他还说：“爸爸，你别着急，我会夹到菜喂你。”爸爸没有说话，但是眼睛里充满了鼓励和期待的眼神。

小朋友拿着筷子在盘子里戳呀戳呀，这次用一支筷子“挑起”了一根绿叶菜，慢慢地移到爸爸的嘴边，爸爸张开嘴，一口吃下去，嘴里还响起“吧唧吧唧”夸张的声音，然后还不忘表扬儿子：“嗯，儿子夹的菜真香。”

小朋友得了爸爸的表扬，继续夹菜喂爸爸：“爸爸，你等等，我要夹好多菜给你吃。”爸爸仍旧坐在那里，一动不动等着儿子夹更多的菜。

小朋友还在认真地给爸爸夹菜，我小声地跟那个爸爸说：“别让孩子给你夹菜了，你吃不饱，他也饿啊。”那个爸爸却说：“没事，让他夹。儿子夹菜喂我，是爱的表现。制止孩子的爱，不如顺从孩子的爱。只有顺从爱，爱才能绵长成习惯。”

他的一番话，让我吃了一惊。原来这个爸爸宁可饿，也要等着儿子“喂”，是源于意义深远的家教心思——顺从孩子的爱心，让爱流淌不堵，恒久远。

我很惭愧，与那个“等喂”的爸爸相比，我对儿子的“爱心”绝对没有这般耐心，有时我甚至有些“粗暴”。

2. 儿子说要背我

一次，我和儿子在广场玩，儿子“疯跑”一阵后累了，让我背他回家。我背着儿子往回走，背了一会，我也累了，额头冒汗。儿子见我抹汗，就从我的背上滑下来，牵着我的手说：“爸爸，你累了，我背你。”

儿子有爱心的话，却被我当成了“疯话”。我没好气地说：“别闹了。”说完，我一把抱起儿子继续走。儿子挣扎着从我的怀里又滑下来说：“爸爸，让我抱你吧。”

儿子的爱心，又被我当成了“疯言疯语”，我恶声恶语地说：“别闹了行不行，再闹爸爸再也不跟你出来玩了。”儿子被我“威胁”之后，不再言语，让我抱着继续走。

现在想想，儿子要背我、要抱我，都是因为心里有爱，是心疼我，我应该顺从儿子的爱，让儿子背、让儿子抱。纵然他背不动、抱不到，我也可以“假装”被儿子背着走、抱着走。顺从孩子的爱心，让孩子的爱意得到流淌，是大人“义不容辞”的责任呀。

又是一个周末，我和儿子又在广场上玩。我很累的样子，儿子跑到我的面前说：“爸爸，我背你。”这回我没有制止，而是顺从了儿子的请求。儿子在前，我在儿子的身后，两只手搂着儿子的脖子，然后弓腰伏在孩子的背上，做出被儿子背着走的样子，其实我还是自己走的。

“假装”被儿子背着走的动作让我有些累，但是我学会了鼓励儿子的爱心，我说：“儿子有劲了，都能背着爸爸跑了。”儿子听了我的夸奖，越发“有劲”了，“背着我”跑得更欢了——顺从孩子的爱，爱才能源源不绝成涌泉。

家教典故(3)

3. 立德树人

北宋陈省华，以善于教子流芳百世。

陈省华家有一匹烈马，经常踢人。一天，他发现马不见了，便问仆人：“马呢？”仆人说是少爷卖了。陈省华马上叫来儿子：“你是朝中重臣，怎能把没有制服的烈马转手易人呢？”于是，赶紧命人去追回马，并退还马钱。

陈省华的妻子冯氏，贤淑明理，经常领着儿媳下厨。大儿媳是尚书马亮的女儿，不喜欢下厨，对丈夫说：“我不喜欢下厨，你去说说，给我免了吧。”大儿子摇摇头说：“我不敢。”马氏回娘家哭诉，马亮亲自向亲家求情。陈省华说：“她只是随山妻下厨。”马亮听说老夫人亲自下厨，肃然起敬：“小女就烦你多指教吧！”

（卓古金）

文/明珠絮语

“恨”老师就这样去“报复”他

咨询分析

有个妈妈问我：“孩子不喜欢他的班主任怎么办。”我说：“你问问他为什么不喜欢。其实不用问，他之所以不喜欢班主任，就是因为他觉得班主任不重视自己。”妈妈说“是”。

我告诉这个妈妈，老师对学生们不可能一视同仁，肯定会有倾向性。比如一个家庭有多个孩子，父母在他们身上投入的精力，也是会有区别的。父母尚且如此，何况是老师呢。

一个学生只要在学习上表现突出，老师一定会喜欢。而被老师喜欢的学生，一般也不会讨厌老师。所以，最主要的问题还是在学生自己。

学生在学校和成人在单位一样，不受重视都是因为自己的实力不够。成人在单位里不受重视，可能受方方面面的影响，而学生只要努力学习就够了。

学生因为自己不受重视而不喜欢老师，甚至因此“恨”老师进而“报复”老师，确实是很常见的一种现象。父母如何应对，将影响到孩子下一步的成长。

经验介绍1

我上高三时，就特别不喜欢我们的化学老师。因为他对那些成绩好的学生特别钟爱，而对我们这些成绩一般的学生，我们感觉不到一点热情。

于是，我就刻意地“不给他好好学习”，每次写作业，我都是直接写上题号，然后在题号的后面写个“略”字就交上去。然而，化学老师并不生气，也不找我谈话，对我的作业既不打钩，也不画叉，只在上面写个“阅”字就发回来。

整个高三，我和化学老师较了一年劲。其结果就是，在高考时我的化学不及格。对于化学老师的行为我无法评论，也无法改变，但是对于我自己当年的任性，我的确应该检讨。

对于老师而言，我只是他众多学生中的一名，是他几十年教学生涯、上千名学生中的一个，而高考对于我而言只有一次。和老师较劲，我只有输，没有赢。默默地恨老师，“不给他好好学”，于老师无损，伤害的只有自己。而自己对自己不负

教育孩子首先不要输在家庭教育上

提升家长的家庭教育综合素养从学习家庭教育开始

责，又怎么能寄希望于老师对自己负责呢?

经验介绍2

台湾作家刘墉曾经讲过一个故事：有个学生不喜欢英文老师，到处说他恨英文课，恨那个老师。他消极学习，当然成绩不好，英文老师对他很头痛，总是责骂他，他越发恨老师。

一天，这个学生的爸爸听到儿子又在说恨老师时问他：“你的英文好吗?”“不好。”“怪不得你恨老师，因为你学不好英文，所以用恨老师作借口。”学生的爸爸说：“你可以恨他，但是你要学好英文，再说他讨厌，才会有人听，否则人家只会说你是酸葡萄，对不对？爸爸给你找个家教，专教你英文，把你教得棒棒的，气气那个老师好不好?”

孩子觉得有道理，就用功学英文，成绩直线上升。学期结束，爸爸又说：“你现在的英文好了，可以去狠狠地批评老师了，甚至可以去校长那里告他教得不好。”

没想到，儿子一笑：“我不但不恨他，反而喜欢他了，因为他对我越来越好，昨天他还把我叫起来夸我呢!”

这个爸爸的做法，是非常正确的，这才是“报复”老师的最佳姿势。而事实也证明，老师是否喜欢学生，并不完全在于老师，更多地在于学生自己。

指导建议

如果恨老师，就像故事中的孩子那样去“报复”老师吧，这么做伤害不到老师，只会成全自己。退一万步，到时成绩上去了，就算老师仍然不喜欢自己，又有什么坏处呢?

当然，有人可能会说，如果孩子无论怎么努力，也不会像故事中的孩子那样，成绩上升呢?

这确实是一个问题。在生活中，并不是我们努力了，成绩就能够立竿见影上升。可能我们拼尽全力，进步一点点，仍然不能成为老师眼里最受重视的那个，那又怎么样呢?无非是老师仍然不喜欢自己。可是我们学习的最终目的，并不是为了老师。

虽然，我们不能达到最高水平，不能成为老师最喜欢的那个学生，但是只要努力进步，就是对自己最好的交代。

所以，不管喜欢不喜欢老师，不管老师喜欢不喜欢自己，好好学习才是正道。毕竟，我们是在为自己学习，和老师无关。

文/真心爸妈

孩子成绩不好还难以沟通怎么办

咨询

几个妈妈咨询的内容都差不多："上了初中，成绩下降""小学擅长的科目，到了初中就不行了""报了补习班，孩子并不上心，补习半途而废""想让他改变学习态度，却怎么说都不管用""很抵触和他沟通学习上的事"。成绩不好，让父母着急；成绩不好，还沟通不了，更让父母着急。遇到这种情况，父母到底应该怎么办？

分析

（1）初中成绩不好，孩子就没有希望了吗

孩子十三四岁，人生才刚刚开始，且不说从初中到高中，他还有好几年的时间可以提升学业，退一万步，就算他高考成绩不好，上不了名校又怎么样呢？很多成就斐然的人，都不是名校毕业，不少名校的毕业生，也可能在走入社会后，因为各种原因泯然众人负。

成绩确实重要，但不是孩子成长过程中唯一重要的事情。健全的人格、强大的内心和足够的社会能力才是最重要的事情。两者兼得当然是最理想的状况。

但是，人生焉能事事如意，如果鱼和熊掌无法兼得，你更想要一个什么样的孩子呢？是成绩好，但是人格、心理能量和社会能力都明显欠缺，离开学校就无法独立生活，也无法适应社会？还是成绩一般，但是身心健康、内心强大，能够充分适应学校和未来的社会生活？

如果我们真心爱孩子，就会选择后者。成绩不好是暂时的，我希望你能过好一生，为这个目标，我愿意和你一起努力、一起等待。

（2）现在成绩不好，未来成绩还能好吗

为了让孩子的成绩好起来，许多父母尝试过各种办法，比如每天监督他学习、给他补课等。但是努力一段时间，没有见到效果，就绝望了："我尽力了，没办法了，就这样吧。"

就这样放弃，未免太早了。很多成绩优异的学生刚上初中时，学习成绩也不好，到了初中后半程，才开始找到学习的感觉，有些甚至到高中才幡然醒悟、奋起直追。

发展心理学和认知心理学的研究，也为部分孩子在学习上"后发先至""后来居上"的现象提供了充足的佐证。

心理学家发现，孩子的认知能力，在青少年阶段会突飞猛进。他们对世界的了解越来越多，接触的信息也越来越多，知识量、理解能力、思考能力、记忆力都会快速发展。很多孩子都是在这个阶段，在学习上突然“开窍”了。

所以，要相信孩子，他虽然现在成绩不佳，但是随着年龄的增长，如果不遇到阻碍，他的认知能力也会快速发展，他在学习上还有无限可能。父母和孩子，都不必现在就丧失信心。

指导

如果不遇到阻碍，孩子在这个阶段，因为认知能力的发展，很可能在学习上突然“开窍”。但问题是，恰恰在这个阶段，许多孩子都会遇到严重的阻碍。

（1）糟糕的亲子关系

孩子到了青春期，自我意识会迅猛发展，但是一些父母无法理解和适应孩子在青春期的心理变化，为了避免“青春期叛逆”，会格外增加对孩子的管束。

这么做的后果就是父母对孩子各种“自作主张”“不服管教”的言行极度不满，孩子对父母没完没了的唠叨、说教也极度不满，亲子关系变得相当紧张，完全无法沟通。

于是，很多孩子都被青春期亲子关系的糟糕状态给困住，很多精力都用在和父母对抗、逃避父母的过度管束上，以至于无法按照正常的成长节奏发展自己。

（2）父母的过度施压

孩子成绩不好，许多父母都会着急。着急之下，父母都会向孩子过度施压，让孩子无法承受。

过度施压并不是提升成绩的有效方式，父母给的压力，并不能变成孩子的动力和能力。但是有些父母并不理解，他们并不关心这点，他们想的是，“不管你知道不知道努力，我得尽到自己的责任”。

于是，在父母无所不在的压力之下，有的孩子被压得喘不过气来，对自己的发展变得木然，怎么补课都没用的孩子，怎么说都不学的孩子，大抵如此。

所以，父母想为孩子提供帮助，就要改善亲子关系、避免过度施压，把孩子从心理困境中解救出来，让孩子有足够的信心、足够的精力投入成长。父母一定要克制自己，保持理性，不要把暂时成绩不佳的孩子逼到心理上的绝境。有些事情一旦发生，就再无重来的机会了。

文/詹大年

孩子难沟通 书是个很好的话题

咨询案例1

初二一女生，弃学一年，只在家里玩手机。已经出现低自尊、自伤的行为。其父母都是大学教师，父亲说："孩子已经将近两年时间不跟我们沟通了。谈什么她都不感兴趣。"

指导

一天，我发现她在花园里看一本黑色封面的书，很投入的样子。我走过去，用欣赏的口气问："你也喜欢王小波？""嗯，其实我以前也不知道王小波，这里的书架上有几本黑色封面的书，我很好奇，抽下来一翻，感觉很不错。一套六本快读完了。后来，我就去查王小波的资料，才知道王小波。他写得很真实。"女孩一下子就跟我讲了很多。

"我也喜欢读王小波的书，也是因为王小波很真实。如果王小波能活到现在，说不定能拿到诺贝尔文学奖呢。其实，在中学生当中，喜欢王小波的人并不多。大概是王小波的作品太深刻了。"我也一下子讲了很多。

然后，女孩跟我讲了一些读书的感受。后来，女孩跟别的老师说：

德国家教62句(7)

49. 不要将谦虚与表现自我混为一谈，让孩子学会表现自我、传达热情，教孩子敢于站出来、敢于唱出来、敢于说出来。

50. 要看到自己孩子的特点，也要看到别人孩子的特点。切记，每个孩子都是独一无二的，将两个孩子的优缺点做比较，会让孩子失去自我。

51. 不要把孩子的缺点与其他孩子的优点相比，贬低孩子，会让孩子的自信归零；不要贬低孩子，而是要鼓励孩子向他人学习。

52. 避开父母主导的教育方式，避免比较式的教育方法，顺着个性养，孩子也要因材施教，不同的孩子需要不同的教育方案。

53. 多给孩子自由空间，学会对自己负责，父母偷看孩子的日记，等于侵犯孩子的自由。亲近大自然，放养的孩子，眼界更开阔。

54. 孩子要放养，不要圈养。

55. 作决定前要思考，作决定后要负责，让孩子自己作决定、自己负责，让孩子自己做主，培养主见。

56. 与其多给钱，不如学会如何用钱。

“只有詹大年和我谈得来。”再后来，我经常有意无意找她聊天。五个月后，女孩可以正常上学，跟父母的关系也很好了。

咨询案例2

初三一女生，弃学两年。这两年白天睡觉，晚上玩手机。每天只有晚上八九点钟才会叫一次外卖。不跟父母交谈，也不跟父母一起吃饭。女孩的母亲对我说“她两年没有摸过书了”。

指导

一天，我看见她手里拿着一本《西游记》。我问她：“你爱看小说？”“不看书干什么呢？又不能玩手机。”女孩回答。

“这几天，你看完《西游记》了吗？”“怎么，《西游记》要看几天吗？这几天，我已经看完三本书了，《秘密花园》《简·爱》《西游记》，《西游记》我读过两遍，但是这个版本的《西游记》，我没有读过。我想研究一下这个版本和以前我读的版本有什么不同。”女孩有话说了。“你这是在研究《西游记》呀，厉害了。”我夸奖她。

女孩特别高兴：“这里的书很多，随手就可以拿到。”在后来的每一天，我看见女孩，她的手里总是捧着一本书。她每次迎上来，都会跟我聊几句。

书是一个很好的话题。孩子读什么书，就是内心的真实表达。你还愁找不到跟孩子聊天的话题吗？

与孩子聊书时，大人与孩子的关系是平等的。大人有丰富的社会阅历和阅读经验，但是孩子天真率直，善于发现细节，在对故事的理解方面，大人并不比孩子高明。所以，与孩子聊书时，大人要蹲下来，不要高高在上。

德国家教62句(8)

57. 二手市集体验，让孩子学习交易常识，举办儿童旧货市集，让孩子体验买卖的过程。

58. 在游戏时浪费，在现实生活中也会浪费。

59. 为孩子开立银行账户，从小学会金钱规划、发红包和对账本的理财观，教会孩子记账。

60. 让孩子知道，多花的钱是属于父母的。

61. 买东西前要想清楚，钱花完了不能再要；带孩子去银行存钱，感受储蓄的氛围，学习控制欲望。告诉孩子：花每一分钱都要考虑，乱花钱是欲望的放纵。

62. 小时候乱花钱，长大了就不懂节俭，带孩子去银行，关键不是存多少钱，而是拥有储蓄意识。

文/懂事妈

孩子口吃 教育方法越简单越好

咨询

儿子豆豆四岁半了，说话有些结巴。可是，家里没人说话是这样的，周围也没有模仿的对象。我们带着他去医院看医生，医生说口吃的原因可能是着急导致的，也可能是心理原因导致的，我们不明白是什么样的心理原因会让孩子口吃。

指导

在孩子出现口吃这个问题上，最难的往往不是了解原因和应该怎么做，而是知道原因和治疗方法之后，如何保持耐心地陪着孩子经过这个可能很漫长的阶段。

我家贝儿，有段时间也出现“口吃”现象。那时，她两岁，我给家人做了科普：“儿童2~5岁整个学说话期，都有可能出现口吃现象。”通常，这说明孩子的认知功能发展得很好，但是她的语言功能还没有跟上。

我之前看过一个比喻，这么大的孩子说话就像玩积木一样在搬运字词，一个个放下去、连起来，然后通过别人的反应，判断自己放的位置对不对。也就是说，孩子已经明白和想表达很多事情了，但是她搬积木的速度还没有那么快。

从方法论而言，对孩子的“问题”行为，越关注就是越强化。最好的办法是别太在意孩子口吃这件事，尤其是不要嘲笑、阻止。否则容易使孩子不愿意或不敢说话，无疑会阻碍他语言功能的发育。

假期带孩子做这些事比补课强(9)

9. 带孩子做几道菜

谢楠曾经在微博上晒出儿子吴所谓做饭的照片。才六岁的他站在小板凳上，有模有样地给妈妈做了西红柿疙瘩汤。他做菜的姿势非常老练，做好的汤也是看起来色香味俱全。

很多父母都会觉得孩子和厨房就是两个平行世界，格格不入。其实，柴米油盐里，藏着最简单的成长和修行。

邻居阿姨每到寒暑假都会教自己的儿子做三四道菜，到了今年他已经会做20余道菜了，平日里他有时间也会小露一手。邻居阿姨说：“孩子在学做菜的过程中，体会到了父母平日里的辛苦付出，变得更有责任感、更加热爱生活了。”

教孩子做饭，就是教他学会谋生与谋爱。趁着假期教孩子做几道菜，未来他才能真正自力更生，飞得更高、更远。

但是，如果口吃的那个是你自己的孩子，当你听着他磕磕巴巴说话的时候，是真着急啊。特别是当家里着急的人不止你一个时，情况会更糟。

比如姥姥姥爷带贝儿在小区里玩，她"我、我、我"了半天也说不出一句话，总会有热心人忧心忡忡地跟他们说："哎呀，这个孩子现在怎么这样说话呀，要赶紧纠正啊，否则长大了养成习惯就改不过来了。"多半会配上活灵活现的例子："你看谁谁家那个谁就是因为小时候淘气，跟着一个口吃学说话，没及时纠正，现在坏了，改不过来了。"

这样说过几次，姥姥姥爷就开始犯嘀咕了，回家就训我："你从哪里听的歪理邪说，口吃说明孩子聪明？你可得多上心，你看她最近口吃得这么严重，长大了改不过来就麻烦了。"

两个多月了，贝儿的口吃非但没有好转，反而愈演愈烈。说的人多了，别说我父母，就连我自己都跟着犯嘀咕。

好在我是学家庭教育和搞心理教育的，做临床心理的同学朋友多。跟大伙一讨论，认为除了认知发展的因素外，还有贝儿身边一直没有同龄或比她小的伙伴。她平时经常接触的人，比如我、姐姐，又都是语言表达能力比较强的人，无形中也给了她压力。

最简单的方法就是让贝儿和同龄或小的孩子多接触，找到自信。当然，更有效的方法是，全家人说话都放慢语速，而不是只跟贝儿说话时才这样。当她比较顺畅地讲出一句话后，及时地给予肯定。

不记得从哪天起，我们就像被集体催眠了一样全都忽略了她口吃的问题。同样，也不记得从哪天起，她说话恢复正常了。

假期带孩子做这些事比补课强(10)

10. 带孩子逛逛博物馆

如果时间不够，又想带孩子见见世面，建议带孩子就近去一些博物馆、艺术馆、天文馆、植物园、水族馆走一走。

同事英姐每逢放假、周末经常带儿子小杰去各个场馆参观。去的场馆多了之后，她发现小杰对那些历史文物、名人格外感兴趣，每次都会认真聆听，回到家还会上网翻阅、查找资料。现在，才上初二的他，对我国古代历史以及文物可谓是如数家珍。

博物馆等场馆都是有磁场的，孩子置身其中，就会自然而然地感受到历史的厚重，艺术的精美、大自然的奇妙。不一定非要学到点什么，最关键的是，要让孩子保持对大千世界的好奇和热爱。 **(番茄妈)**

文/高志宏

孩子参加比赛 父母要做哪些功课

咨询

孩子有机会参加比赛，我和孩子都很开心。老师组织参赛的孩子集训，孩子集训时并不认真，我问他需要帮助吗，他说不需要。我有点着急，好不容易得来的比赛机会，就这么随他去吗，我要不要督促一下、帮忙准备一下？

指导

我建议这个妈妈什么都不要做。在这里，需要父母认真思考以下六个问题：

（1）比赛是为得奖吗

在父母看来，既然是比赛，当然得关注输赢。所以，他们比孩子还上心、还紧张。得了奖，他们会比孩子更高兴；没得奖，他们会比孩子更伤心。

但是，对于孩子而言，参加比赛的意义只为得奖吗？不是。孩子参加比赛，收获有两个，一是参赛的过程，二是赢得奖项。

第一个收获，每个参赛者都能得到。无论是否获奖，参与的过程都会丰富孩子的经历，拓展孩子的视野，需要团队合作的赛事，还能锻炼孩子的合作能力。

第二个收获，不是每个孩子都能得到。因为能否获奖，取决于孩子的水平、实力。有些需要临场发挥的赛事，考验的是孩子的心理承受力，也就是抗压能力。有人输、有人赢，才叫比赛。

所以，只要参与比赛，父母和孩子都要做好可能赢、可能输的心理准备。只想赢、不想输，会让父母和孩子都变得玻璃心。有些孩子抗挫能力不强，很大程度和父母过于看重输赢的心态有关。

（2）比赛到底靠什么

赢得比赛当然靠实力，靠孩子自己的实力，而且这个实力还不是一朝一夕就能得来的。

一个平时作文一般的孩子，赛前多练习，就能拿到作文比赛的大奖吗？一个平时数学并不拔尖的孩子，多刷几道题，就能拿到数学比赛的大奖吗？大概率是不可能的。

（3）赛前准备有用吗

赛前不停地督促孩子认真准备，其实并不管用。不但不管用，还会起副作用，反而会把大家的开心都变成不开心。孩子不开心，因为他从妈妈这里得到的关注太多，得到的压力也太大。妈妈不开心，因为她觉得孩子不肯下功夫，胜算不大，辜负自己的期待。其实，大家都不开心，比赛还没开始，就已经输了。

(4) 包办代替好吗

为了让孩子得奖，一些父母甚至全程包办代替，比如作文比赛的作文、研究性的小论文、绘画书法的作品，全然不顾是否代表孩子的真实水平。他们想的是：比赛不就是为了得奖吗？只要能得奖，管那么多干什么。

但这么做，即便得了奖，大家又能多开心呢？得奖当然会让孩子获得很大的成就感，又能激发他的内驱力、强化他的自信心。但是不是凭自己的本事得来，是不是自己该得的，孩子心里很清楚。实至名归的奖，孩子拿得才足够安心、开心、骄傲、自豪；父母替他拿到的奖，只会削减孩子的自我价值感和自信心。

所以，明智的父母会鼓励孩子"重在参与，尽力而为"，不会给孩子施压，也不会上手帮忙。孩子参加比赛，父母能这么做，父母和孩子就赢定了。

(5) 获奖荣耀重要吗

如果没有赛前不遗余力的督促、施压、能力加持，没有对能不能得奖患得患失，这种荣耀感就相当健康——孩子很棒，父母开心，开心得发朋友圈晒晒，让亲朋好友周知，是父母再正常不过的心态。

但是，如果把这种荣耀看得过于重要，重要到没得到就伤心、失落、沮丧、失望、埋怨，父母的心态扭曲，给孩子的爱也会变质——孩子的成就，会成为父母的面子，父母爱自己的面子，会胜于爱自己的孩子。

在"面子重要还是孩子重要"这件事上，父母是口是心非的，嘴上说"是孩子重要"，但是当他们觉得面子受损时，他们的行为和言语就会表明，面子比孩子重要。

(6) 父母应该做什么

对于孩子参赛这件事，父母和孩子都有各自的功课：孩子需要学会不依赖父母帮忙，凭实力去参与；父母则需要学会不依赖孩子获得荣耀，用爱和信任去支持孩子。

做好这些功课，孩子赢了能力，父母赢了心态，比赛的输赢，就变得没那么重要了。

孩子能否学会不依赖父母，取决于父母给孩子传达了什么样的观念，父母能否学会不依赖孩子获得荣耀，取决于自己有没有实现真正的成长。说到底，起决定作用的还是父母。